Politische Utopien der Neuzeit

Klassiker Auslegen

Herausgegeben von
Otfried Höffe

Band 61

Politische Utopien der Neuzeit

Thomas Morus, Tommaso Campanella, Francis Bacon

Herausgegeben von
Otfried Höffe

DE GRUYTER

ISBN 978-3-11-045868-8
e-ISBN (PDF) 978-3-11-045992-0
e-ISBN (EPUB) 978-3-11-045996-8
ISSN 2192-4554

Library of Congress Cataloging-in-Publication Data
A CIP catalog record for this book has been applied for at the Library of Congress.

Bibliografische Information der Deutschen Nationalbibliothek
Die Deutsche Nationalbibliothek verzeichnet diese Publikation in der Deutschen Nationalbibliografie; detaillierte bibliografische Daten sind im Internet über http://dnb.dnb.de abrufbar.

© 2016 Walter de Gruyter GmbH, Berlin/Boston
Satz: Frank Hermenau, Kassel
Druck und Bindung: CPI books GmbH, Leck
♾ Gedruckt auf säurefreiem Papier
Printed in Germany

www.degruyter.com

Inhalt

Zitierweise und Abkürzungen —— VII
Vorwort —— IX

Otfried Höffe
1 Einführung —— 1

Teil I: Thomas Morus: *Utopia*

Giovanni Panno
2 Die Kulissen des Theaters: zwischen historischer Erfahrung und Fiktion. Vorrede und Bericht über das Gespräch bei John Morton —— 21

Jörg Tremmel
3 Thomas Morus: Der Philosoph als Fürstendiener oder Staatsmann? —— 43

Thomas Schölderle
4 Zwischen Reform und Satire. Vernunft als experimentelles Fundament in Morus' *Utopia* —— 57

Annemarie Pieper
5 Die Moral der Utopier —— 77

Luka Boršić und Ivana Skuhala Karasman
6 Krieg, Religion und Frauen auf der Insel Utopia. Analyse des zweiten Teiles des zweiten Buches der *Utopia* von Thomas Morus —— 93

Teil II: Tommaso Campanella: *La città des sole / Civitas Solis*

Andreas Kablitz
7 Universalpartizipation und Differenzierungsphobie. Die Ordnung des Gottesstaates (*La città del sole*) —— 111

Wilhelm Schmidt-Biggemann
8 Die Rolle des Militärs in Campanellas *Civitas Solis* —— 127

Ruth Hagengruber
9 Soziale Organisation und enzyklopädisches Interesse. Campanellas metaphysische Grundlegung der *Sonnenstadt* — 139

Teil III: Francis Bacon: *Nova Atlantis*

Corinna Mieth
10 Die Legitimation der Fortschrittsgeschichte in Bacons *Nova Atlantis* — 157

Volker Reinhardt
11 Die Insel des geheimen Wissens – Francis Bacons *Nova Atlantis* — 173

Otfried Höffe
12 Das Haus Salomons — 185

Otfried Höffe
13 Politische Utopie oder realistische Vision: Ein Ausblick — 205

Auswahlbibliographie — 219
Personenregister — 227
Sachregister — 231
Hinweise zu den Autorinnen und Autoren — 233

Zitierweise und Abkürzungen

Auf die für diesen Band wichtigsten Texte von Thomas Morus, Tommaso Campanella und Francis Bacon wird mit Siglen und Seitenzahlen verwiesen.

Bezugstext für alle drei Utopien ist: Der utopische Staat. Morus: Utopia – Campanella: Sonnenstaat – Bacon: Neu-Atlantis, übers. u. hrsg. v. K. J. Heinisch (Reinbek bei Hamburg, 1960).

Auf weitere Literatur wird durch Namen des Autors und das Erscheinungsjahr verwiesen. Verschiedene Textausgaben der drei Utopien finden sich in der Auswahlbibliographie am Ende des Bandes.

Folgende Siglen werden verwendet:
U   Utopia (Utopia) v. Th. Morus, in: Der utopische Staat, 7–110.
S   Der Sonnenstaat (Civitas Solis) v. T. Campanella, 111–169.
NA Neu-Atlantis (New Atlantis) v. F. Bacon, 171–215.
NO Neues Organon (Novum Organum) v. F. Bacon, lat.-dt., hrsg. v. W. Krohn, übers. v. R. Hoffmann, 2 Bd.e, Hamburg ²1999.

Vorwort

Der Humanist und Politiker Thomas Morus (1478–1535) gibt einer neuen Gattung des politischen Denkens sowohl den Titel vor: „Utopia" (Nicht-Ort, Nirgendland), als auch ihre literarische Form: den Reisebericht zu einer Insel mit idealen politischen Verhältnissen. Das Werk *Von der Staatsverfassung und der neuen Insel Utopia* (1516) wird zum Vorbild für Campanellas *Sonnenstaat oder Idee einer philosophischen Republik* (1602) und für Bacons *Neu-Atlantis* (1626).

Statt sich in politische Schwärmerei zu verirren, beginnt Morus die *Utopia* mit einer Kritik an den sozialen und politischen Missständen in England: an den vielen Kriegen, dem drakonischen Strafrecht, der wachsenden Steuerlast, der Verelendung des (Klein-) Bürger und Bauernstandes und an der zunehmenden Kriminalität. Der anschließende Entwurf eines idealen, sowohl wohlgeordneten als auch wohlhabenden Gemeinwesens entlehnt zwar Aristoteles, Epikur und besonders Platon einige Gedanken. Als ein Ganzes ist der Entwurf aber neu.

Drei Generationen später setzt Tommaso Campanella die Tradition von Platon und Morus fort. In seinem wirkungsmächtigsten Werk *Der Sonnenstaat oder Idee einer philosophischen Republik* (1602) entwirft er, erneut in Form eines Reiseromans, die Utopie eines christlichen und sozialistischen Gemeinwesens. Dieses besteht analog zu den sieben Planetenbahnen aus sieben ineinander liegenden Ringen, die sieben Bereichen von Wissenschaften und Künsten entsprechen. In dem zentral gelegenen Tempel thront der „Metaphysicus", eine Verbindung von Papst und Philosophenkönig, dem drei Minister, zuständig für Macht, Weisheit und Liebe, zur Seite stehen.

Francis Bacon wiederum entwirft in seinem Reiseroman *Neu-Atlantis* (1627) die Utopie einer wissenschaftlich-technischen Zivilisation. Den Mittelpunkt der abseits gelegenen Insel bildet eine Forscherrepublik: das „Haus Salomons". Gemäß dem biblischen Vorbild – Salomon als gerechter König, aber auch Naturforscher – verkörpern die Mitglieder wissenschaftliche und moralische Kompetenz zugleich. Das Haus heißt auch „Kolleg des Sechs-Tage-Werkes", denn durch umfassende Forschungen soll es die gesamte göttliche Schöpfung nachahmen und darüber hinaus vollenden. Zu diesem Zweck wird in alle nur erdenkliche Richtungen experimentiert: Man sucht Kunststoffe, Dünger und sogar Treibstoffe, widmet sich Lebensmittel-, Hochtemperatur- und Strömungsforschung sowie Versuchen zur Meeresentsalzung. Man entwickelt Roboter, Automaten und künstliche Sprachen und züchtet in Kleintierlabors Nutztiere von der Art der Seidenraupe und der Honigbiene. Man experimentiert mit Pfropfungen und antizipiert sogar die Gentechnik, allerdings nur im subhumanen Bereich. Die grenzenlose Wissbegier verbindet sich mit einem entfesselten Streben nach Macht („Wissen ist Macht"), und beide kommen nie zur Ruhe.

Eine gemeinsame Kommentierung aller drei Werke in einem Band im Rahmen der mittlerweile international renommierten Reihe „Klassiker auslegen" bietet sich aus mindestens zwei Gründen an: Zunächst fehlt im deutschsprachigen Raum ein entsprechender Kommentar, der diese drei Utopien durchgängig und systematisch interpretiert, zugleich ihre Argumentationen kritisch beleuchtet. Weiterhin sind die in den Werken verhandelten Themen, etwa religiöse Toleranz, die Rolle des Privateigentums, die Bedeutung wissenschaftlichen Fortschritts, auch für die gegenwärtige Politische Philosophie von großem Interesse. Zur Vorbereitung des Bandes wurden erste Fassungen der Beiträge im Rahmen eines schon zur Tradition gewordenen Tübinger Symposiums im Februar 2015 diskutiert. Danach gründlich überarbeitet, werden sie hier als Originalbeiträge veröffentlicht.

Mein erster Dank gilt allen Autoren. Weiterhin danke ich für die engagierte Hilfe bei der Vorbereitung und Durchführung des Symposiums und bei der Redaktion des Bandes meinen Mitarbeitern, diesmal besonders Annika Friedrich, B.A., und Karoline Reinhardt, M.A. Nicht zuletzt gebührt der Fritz-Thyssen-Stiftung Dank für die erneut großzügige finanzielle Unterstützung.

Tübingen, im Herbst 2015   Otfried Höffe

Otfried Höffe
1 Einführung

1.1 Sind Utopien modern?

Wörtlich genommen bezeichnen „Utopien" einen Nicht-Ort oder ein Nirgendheim. Das griechische Wort *topos*, Ort, Platz oder Raum, wird nämlich durch die Vorsilbe *ou* negiert. Begriffsgeschichtlich entscheidend ist der englische Humanist und Staatsmann Thomas More, latinisiert Morus. Denn mit seiner einschlägigen Schrift kreiert oder wiederbelebt er eine neue Gattung des politischen Denkens und gibt ihr den Titel vor. Nach dem Vorbild der kürzlich erfolgten Entdeckung der Neuen Welt, Amerikas, beschreibt Morus eine „voyage imaginaire", die fiktive Reise zu einer abgelegenen Insel mit vorbildlichen gesellschaftlichen und politischen Verhältnissen: Utopien entwerfen ein ideales Zusammenleben in einem besten Gemeinwesen.

Der Entwurf einer der Gegenwart weit überlegenen Gesellschaft und Politik hat eine längere Tradition. Schränkt man sich auf die politische Philosophie ein, so ist deren wichtigstes Werk Platons *Politeia*. In der Sache gehören zu dieser Tradition aber auch Platons Spätdialog *Nomoi*, Aristoteles' Entwurf einer „Polis nach Wunsch" (*Politik*, VII–VIII) und politische Gedanken aus Augustinus' philosophisch-theologischem *De civitate dei* („Gottesstaat"/„Gottesstadt"). Bei diesen Werken handelt es sich aber nicht um Utopien in dem Sinn, wie sie mit Morus' *Utopia* anheben. Man nennt sie daher besser Quasi-Utopien oder utopieartige Werke bzw. Werke mit utopischem Charakter.

Morus' *Utopia* wird zum Vorbild für zahllose andere Autoren: vom Entwurf eines idealen christlichen Gemeinwesens durch den Lutheraner Johann Valentin Andreae, *Christianopolis* (1619), und James Harringtons republikanischen Gegenentwurf zu Hobbes' *Leviathan*, *Commonwealth of Oceana* (1656), über Johann Gottfried Schnabels politische Robinsonade, *Die Insel Felsenburg* (1731–43), über sozialistische Utopien von Fourier und Karl Marx' und Friedrich Engels' *Manifest der Kommunistischen Partei* (1848) bis etwa zu Ernst Jüngers *Heliopolis* (1949). In Bernard Mandevilles *Bienenfabel* (1714) scheitert der Idealstaat an seiner Vollkommenheit, während Aldous Huxleys *Brave New World* (1932) und George Orwells *Nineteen Eighty Four* (1949) höchst abschreckende Verhältnisse verfassen. Man spricht dann von negativen Utopien, von Utopien des Misslingens, auch Dystopien, im Gegensatz zu denen des Wohlgelingens, den Eutopien.

Utopien oder Quasi-Utopien finden sich vermutlich in allen Kulturen und Epochen. Denn sprach- und vernunftbegabten Wesen wie den Menschen steht eine im Prinzip unbegrenzte Vorstellungskraft und Phantasie offen. Sobald sie nun mit ihren gegebenen Verhältnissen unzufrieden sind, sogar unter ihnen leiden, liegt es nahe, unter der Last von Hunger und Arbeit von einem Land zu träumen, in dem „Milch und Honig fließen"; und unter der Last von Kriegen sehnen sie sich nach einer Zeit, in der „die Schwerter zu Pflugscharen und die Lanzen zu Winzermessern umgeschmiedet werden" (Jes. 2,4). Trotzdem dürfte die große Zeit derartiger Träume, zumal wenn sie sich auf die Gesellschaft und die Politik beziehen und einen literarisch-philosophischen Charakter annehmen, in einer wohlbestimmten Zeit und einer ebenso wohlbestimmten Kultur anheben, in der europäischen Kultur mit ihrer Epoche des Humanismus.

Lässt man hier die politische Neuzeit beginnen, so ist sie die immer noch andauernde Hoch-Zeit der Utopie: In der europäischen Neuzeit werden Utopien zuhauf entworfen und mehr und mehr als ein nur vorläufiges Nirgendwo und Nirgendwann verstanden. Sie werden im Fall der Eutopien zum Vorbild, im Fall der Dystopien zum Schreckbild der Wirklichkeit. Die vollendete Utopie, das vollkommene Heil mitsamt der wahren Gerechtigkeit und dem ewigen Frieden, kommt freilich nach jüdisch-christlicher Vorstellung, wegweisend von Augustinus in *De civitate dei* dargestellt, erst am Ende aller Zeiten, im Jenseits des himmlischen Jerusalem, zur Wirklichkeit. In der europäischen Neuzeit wird daraus der Entwurf einer für das Diesseits erwarteten besseren Zukunft. Man kann diese Erwartung „modern" nennen, so dass in einer angeblichen „Post-Moderne" das Interesse an einer idealen Gesellschaft und Politik, heute zusätzlich der Wunsch nach einer idealen Weltordnung, verschwunden sein müsste. Dem darf man zweierlei entgegenhalten: Normativ wäre es für das politische Denken zu bedauern, verlöre die Menschheit ihre Fähigkeit von besseren Verhältnissen zu träumen. In empirischer Hinsicht ist, solange Menschen unter Armut, Hunger und Unterdrückung leiden, nicht zu erwarten, dass sie sich mit dem angeblichen Zwang der Wirklichkeit zufrieden geben. Aus beiden Gründen ist weiterhin mit Utopien zu rechnen und die Rede von einer Post-Moderne als voreilig zu kritisieren.

Von den mittlerweile schon insgesamt wohl Hunderten von Utopien werden in diesem Band zusätzlich zu Thomas Morus' Grund- und Leitschrift *Utopia* zwei der in der frühen Neuzeit einflussreichsten Nachfolgetexte kommentiert, Tommaso Campanellas *Civitas solis* und Francis Bacons *New Atlantis*.

1.2 Thomas Morus

1.2.1 Lebensweg

Thomas Morus ist ein jüngerer Zeitgenosse des Florentiner Politikers und Theoretikers der Politik, Niccolò Machiavelli (1469–1527). Im Unterschied zu ihm verbindet er aber sein hohes Maß an humanistischer Gelehrsamkeit mit einem unerschütterlichen Bekenntnis zum Christentum. Mit dem wohl bedeutendsten Humanisten, dem er schon im Jahr 1498 in England begegnet, einem ebenfalls christlichen Gelehrten, Erasmus von Rotterdam (1465/6–1536), ist er eng befreundet. Erasmus widmet ihm das *Encomium Moriae*, das *Lob der Torheit* (1509), wofür sich Morus einige Jahre später mit seinem Gegenstück, der *Utopia*, bedankt.

Am 7. Februar 1478 in einer Londoner Familie des aufstrebenden Stadtbürgertums geboren, beginnt Morus in jungen Jahren eine steile politische Karriere. Nach seiner Zeit als Page am Hof des Erzbischofs Morton von Canterbury (1490–92; in *Utopia*, 39 und 83, spielt er darauf an) studiert er zunächst Artes liberales in Oxford, später die Rechte in den Londoner Rechtsschulen New Inn und Lincoln's Inn; über seinen Lebensweg ist er sich jedoch noch unschlüssig. Die Vorlesungen, die er bald hält, befassen sich sowohl mit juristischen Themen als auch mit dem überragenden Werk christlicher Staatstheorie, mit Augustinus' *De civitate dei*.

Nach seinem Entschluss gegen einen Ordensbeitritt und für die Jurisprudenz wird er im Jahre 1509 Untersheriff von London. Später wird er Rechtsattaché bei englischen Gesandtschaften. Von der Brillanz des jungen Juristen beeindruckt (Morus gewinnt gegen den König einen Prozess um die Aufbringung eines päpstlichen Schiffes) beruft König Heinrich VIII. den mittlerweile 38-jährigen Morus in den Geheimen Kronrat, macht ihn zu seinem vertrauten Privatsekretär und adelt ihn zum Ritter (Sir Thomas More). Er beruft ihn im Jahr 1523 zum Sprecher des Unterhauses im Parlament und wenige Jahre später, 1529, zum Lordkanzler, also Justizminister. In diesem höchsten Staatsamt wird Morus der Nachfolger des viele Jahre einflussreichsten englischen Politikers, des Kardinals Thomas Wolsey.

Als der Papst Heinrich VIII. die Zustimmung zur Auflösung seiner Ehe mit Katharina von Aragonien verweigert, sagt sich der machtbewusste König vom Papst los. Er führt das englische Staatskirchentum (Anglikanische Kirche) ein und erklärt sich selbst zu dessen Oberhaupt, was seine Nachfolger bis heute bleiben.

Morus jedoch verweigert den 1534 von allen Geistlichen und Beamten geforderten Suprematseid, mit dem sie sich Heinrich VIII. als Oberhaupt der englischen Kirche verpflichten. Unter dem Hinweis, lieber seinen Abschied zu nehmen, als einer Sache zuzustimmen, die gegen sein Gewissen sei, gibt Morus sein Amt auf, wird daraufhin im englischen Staatsgefängnis, dem Tower, eingekerkert und seines Vermögens und seiner Rechtsfähigkeit beraubt. Von einem Sondergericht zum Tode verurteilt, wird er, der 15 Jahre loyal im Dienst Englands und seines Königs stand, am 6. Juli 1535 enthauptet. Mit souveränem Humor schenkt er nach dem Vorbild eines Kirchenvaters des dritten Jahrhunderts, des ebenfalls enthaupteten Cyprian, seinem Henker einen Goldtaler.

Morus, der Jahre vorher auf bahnbrechende Weise für die humanistische Erziehung seiner Töchter sorgt, wird als der erste Märtyrer unter den Denkern des Humanismus und der Renaissance von der katholischen Kirche zunächst, im Jahr 1886, selig-, später, im Jahr 1935, zu seinem 400. Todestag, heiliggesprochen.

1.2.2 *Utopia*

Trotz seiner zeitraubenden Aufgaben nimmt sich Morus schriftstellerische Muße und erweist sich als früher Meister englischer Prosa. Unter seinen zahlreichen Werken finden sich elegante Gedichte und Epigramme sowie die Übersetzung von Dialogen des griechischen Schriftstellers Lukian. In der *Geschichte König Richard III.* (um 1513), stilisiert er seine Titelperson zu einem „machiavellistischen" Schurken, womit er seinen Abscheu vor dem Typ des gewalttätigen und ruhmsüchtigen Renaissancefürsten ausdrückt. Wissenschaftsgeschichtlich gesehen wird er damit zum Begründer der englischen Geschichtsschreibung. Gegen Luthers Reformation, die bald auch nach England drängt, verfasst er zahlreiche religiöse Streitschriften, die ihn als Kenner der christlichen Theologie, vor allem der des Thomas von Aquin, ausweisen. Morus ist der seltene Fall eines gelehrten Humanisten, erfolgreichen Politikers und theologisch gebildeten, persönlich frommen Christen.

Die Zeiten überdauert aber nur der in einem ciceronischen Latein verfasste, lustvoll fabulierende Dialog *Von der besten Staatsverfassung und von der neuen Insel Utopia* (*De optime rei[publica] statu, deque nova insula Utopia*). Im Titelblatt wird er um den werbenden Zusatz erweitert: „Ein wahrhaft Goldenes Büchlein, nicht minder heilsam als kurzweilig zu lesen, verfasst von dem hochberühmten Thomas Morus, der weltbekannten Stadt London Bürger und „Vicecomes".

Das Werk erscheint im Jahr 1516, ein Jahr vor Morus' Berufung in den Kronrat, weshalb man in *Utopia* die Programmschrift eines zukünftigen Ministers sehen kann. Für die Geschichte des politischen Denkens hingegen ist die Schrift, drei Jahre nach dem anderen Hauptwerk des politischen Humanismus, Machiavellis *Il Principe* (Der Fürst), verfasst, dessen literarisch-philosophisches Gegenbild. Morus kennt Machiavellis Werk allerdings nicht, denn es wird erst weit später, im Jahr 1532, gedruckt.

Morus gliedert die *Utopia* in eine programmatische Vorrede und zwei grundverschiedene Bücher. Das erste Buch, ein Jahr später geschrieben, enthält unter anderem eine Kritik an den damaligen Verhältnissen, da sie nach der literarischen Person Morus fast alle dem widersprechen, „was Christus gelehrt" hat (*U*, 43). Das zweite Buch dagegen stellt, durch längere philosophische Überlegungen unterbrochen, die eigentliche Utopie vor. Sie handelt über fünf Lebensbereiche: über die Verfassung, die Ordnung der Gesellschaft, die Gewohnheiten und Sitten, die Außenpolitik und die Religion. Gemäß der Reise in eine Neue Welt kann man das erste Buch als eine „Kritik der Alten Welt" lesen und das zweite Buch als den „Entwurf einer Neuen Welt". Wegen des zweiten, aber auch nur des zweiten Entwurfs steigt Morus rasch zu einer europäischen Berühmtheit auf. Später trägt ihm das Werk sogar Weltruhm ein. Viele Sprachen der Welt übernehmen den Titelausdruck als Fremdwort.

Morus ist seitdem ein dreifaches Vorbild: für den Politiker und jeden Bürger das Vorbild eines rechtschaffenen Staatsmanns, für den Christen und jeden anderen das Muster eines Märtyrers des Gewissens und für das politische Denken der Erfinder, vielleicht genauer Neuerfinder der literarischen Gattung der Utopie.

1.2.3 Überblick

Morus' Schrift geht es unter anderem um das Verhältnis von politischer Moral und realer Politik in einem staatsförmigen Gemeinwesen. Statt sich in politische Schwärmerei zu verirren, beginnt er das schließlich veröffentlichte Werk mit einer Kritik an den sozialen und politischen Missständen in England: an den vielen Kriegen, dem drakonischen Strafrecht, der wachsenden Steuerlast, der Verelendung des (Klein-)Bürger- und Bauernstandes und an der zunehmenden Kriminalität.

Der anschließende Entwurf eines idealen, ebenso wohlgeordneten wie wohlhabenden Gemeinwesens entlehnt zwar einige Gedanken von Aristoteles, Epikur und besonders von Platon und dessen Hauptwerk, der *Politeia*. Als ein Ganzes ist er aber neu. Beispielsweise überträgt Morus eine Regelung, die Platon nur für die politischen Amtsträger, die Wächter (*phylakai*), vorsieht, auf die gesamte Bürgerschaft: Aufgrund des Verständnisses der Gerechtigkeit als strenger Gleichheit haben die „Utopier" kein Privateigentum und brauchen kein Geld. Genau deshalb seien sie fähig, in Eintracht zu leben, sich ernstlich um das Gemeinwohl zu kümmern und weder Arme noch Bettler zu haben. Morus' *Utopia* greift also dem sozialistischen, etwa Marxschen Gedanken einer klassenlosen Gesellschaft vor; nach Karl Kautsky ist Morus der „Vater des utopischen Sozialismus".

Zunächst aber beschreibt Morus die aktuelle Lage Englands. Aus deren ständigen Kriegen mit einem stehenden Heer folgt eine enorme Steuerlast, die wiederum die Bevölkerung in Armut stürze und sowohl wachsende Kriminalität als auch Hunger und Elend zur Folge habe. Die Adligen hingegen leben wie „Drohnen", von der Arbeit der Pächter, die sie um höherer Renten willen bis aufs Blut schinden, und um Land zu gewinnen, vertreiben sie die Pächter von Haus und Hof (*U*, 24 und 26).

Auf diese kaum pessimistische, eher schonungslos realistische Zeitdiagnose folgt im zweiten Buch ein Kontrastprogramm, das sich methodisch gesehen wie eine bestimmte Negation liest: Was im zeitgenössischen England höchst misslich ist, wird jetzt in einem konstruktiven Gegenentwurf, dem Bericht eines Weltreisenden, überwunden. Der Berichtende ist ein Raphael Hythlodaeus, dessen Nachname so viel wie „eitler Schwätzer" bedeuten kann, insofern die Glaubwürdigkeit des Berichteten infrage stellt: Nimmt also Morus sein Kontrastprogramm gar nicht ernst; soll es bloß „Seemannsgarn", Scherz und Ironie ohne tiefere Bedeutung, sein? Warum aber tritt dann der Berichterstatter selten als „Hythlodaeus", meist jedoch mit seinem Vornamen Raphael, „der heilt" (vgl. *Tobias, 12, 14 und 15)*, auf? Das Gewicht des Nachnamens wird zusätzlich durch den Vergleich des Weltreisenden mit Odysseus und Platon (*U*, 18) abgeschwächt. Und für den Berichterstatter sind nicht eitle Ziele wie Reichtum und Macht wichtig, sondern eine edle, des wahren Philosophen würdige Gesinnung (*U*, 21). Nicht zuletzt spricht gegen ein „scherzhaftes" Verständnis, dass die scharfe Zeitkritik des ersten Buches den Entwurf besserer Verhältnisse geradezu herausfordert und dass einige der Vorschläge, beispielsweise die Abschaffung der Todesstrafe und die Aufhebung des Privateigentums, schon im ersten Buch propagiert werden.

Dass der Gegenentwurf trotzdem einem Aufschneider in den Mund gelegt wird, verleiht ihm eine für den Humanismus typische Leichtigkeit. Hinzukommt eine ironische Relativierung von Vorschlägen, die, wären sie mit allem Ernst und ohne Vorbehalt vorgetragen, sich auf einen eklatanten Tabubruch beliefen.

Ohnehin: Was spricht dagegen, mindestens einen Großteil der Vorschläge für in Zukunft einmal realisierbar zu halten: Statt das Kriegshandwerk zu betreiben, pflegt man auf *Utopia* die „vernünftigen Künste des Friedens" (so schon in Buch I, 37). Man betreibt Landwirtschaft und übt Handwerke aus. Man bietet in öffentlichen Vorträgen jedem Bewohner Bildung an und ist, ohne mehr als Ansätze der antiken Wissenschaft zu kennen, in Musik, Dialektik und Mathematik zu etwa den gleichen Kenntnissen gelangt.

In der Religion verlässt man sich ebenfalls auf eine allgemeine Menschenvernunft und pflegt, woran es im damaligen Zeitalter der Glaubenskriege so grundlegend fehlt, von Humanisten wie Erasmus jedoch nachdrücklich gefordert wird: die religiöse Toleranz. Die im zeitgenössischen England schon für einfachen Diebstahl drohende Todesstrafe ist abgeschafft. Kein Bewohner darf vom Müßiggang leben, alle, auch Priester und Beamte, müssen arbeiten. Und während die Familien patriarchalisch geordnet sind, werden die Behörden streng demokratisch gewählt. Demokratischen Charakter hat auch, dass es nur wenige, überdies leicht auszulegende Gesetze gibt. Morus' Grund ist freilich ein anderer: Mangels Privateigentum braucht es nicht die zahlreichen vorher notwendigen Regelungen.

Der Weltreisende beschreibt jedenfalls eine bislang unbekannte Insel, Utopia, die sich durch höhere ökonomische Produktivität, gefestigte Sozialstrukturen und ein stabiles System von Werten auszeichnet. Vor allem ist ihr eigen, was sich „nicht leicht überall" findet, „ein vernünftig und weise eingerichtet[er] Staat" (*U*, 20).

Morus, der humanistische Intellektuelle und zugleich erfolgreiche Politiker, legt sich in *Utopia* auch die für ihn persönlich wichtige Frage vor, ob ein Philosoph sich der Politik zur Verfügung stellen solle. Die Frage liegt schon Platons *Politeia* und ihrem Ideal des Philosophenherrschers zugrunde: Gemäß dem berühmtesten Teil der *Politeia*, dem Höhlengleichnis, erwartet den in die Höhle zurückkehrenden Philosophen Sokrates' Schicksal, der Tod. Dass es ihm ähnlich ergehen wird, kann Morus nicht ahnen; den einschlägigen Unterwerfungseid wird sein König erst knapp zwei Jahrzehnte später einfordern. In *Utopia* widerspricht er jedenfalls der Ansicht, bei Fürsten sei kein Raum für Philosophie. Die „Schulphilosophie, die glaubt, alles passe überall hin", lehnt er zwar ab, er fährt jedoch fort: „Es gibt aber noch eine andere, weltläufigere Philosophie, die ihre Bühne kennt, sich ihr anpasst und in dem Stück, das gerade gespielt wird, ihre Rolle kunstgerecht und mit Anstand durchführt" (*U*, 42). Gemäß dieser Überzeugung lässt der humanistische Gelehrte und im Volk beliebte Richter sich schon mit 26 Jahren, im Jahr 1704, ins Unterhaus wählen, später in den Kronrat berufen, und als erster Laie übernimmt er das Amt des Lordkanzlers.

1.2.4 Bilanz

Um den Kurzblick auf Morus' *Utopia* zusammenzufassen: Gemäß der hohen literarischen Kunst eines gebildeten Humanisten gehen in dem Werk ernstgemeinte Überlegungen und ironische Distanz, didaktische Satire und brillante Rhetorik auf eine Weise ineinander über, dass man nicht jede einzelne Aussage als Überzeugung des Verfassers verstehen, das Ganze aber auch nicht als bloßen Scherz abtun darf. Während Morus' Vorbild, Platons *Politeia*, das ideale Gemeinwesen für eine nur durch glückliche Fügung zu erreichende Möglichkeit hält, beschreibt Morus sein Paradigma der besten Staatsgemeinschaft als (fiktive) Realität. Zu den zeitkritischen Elementen, die herausragen, gehört zweifellos die Kritik an der Todesstrafe, wahrscheinlich auch die Kritik am Privateigentum. Ob sich in der Beschreibung einer relativ statischen Subsistenzwirtschaft eine Kritik an der Dynamik des in Europa anhebenden Handelskapitalismus verbirgt oder ob

Morus eher im Namen eines frühen Kapitalismus den Feudalismus seiner Zeit angreift, lässt sich nicht leicht entscheiden.

Unstrittig ist vermutlich nur zweierlei: Ein dem Werk angemessenes Verständnis muss dessen verschiedenartigen Facetten, der bürgerlichen, der heidnisch-humanistischen und der christlichen, der frühkapitalistischen, der sozialistischen, der vielleicht imperialistischen und totalitären Perspektive, gleichermaßen Gerechtigkeit widerfahren lassen. Und wie auch immer die Interpretation ausfällt: Morus' *Utopia* ist zu einem Klassiker der europäischen Literatur, mehr noch: zu einem Bestandteil der Weltliteratur geworden.

1.3 Tommaso Campanella

Tommaso Campanella teilt mit Thomas Morus ein utopisches Denken, ferner den Einfluss von Platon, das Plädoyer für Gemeinbesitz und eine enge Beziehung zur katholischen Kirche. In fast allen anderen Hinsichten hingegen, nach Herkunft (ärmliche Verhältnisse), Bildung und Lebensweg (27 Jahre Gefängnis), ist er eine radikal andere Persönlichkeit.

1.3.1 Lebensweg

Giovanni Domenica, später Tommaso Campanella (italienisch: „die kleine Glocke") wird am 5. September 1568 in Steniano, nahe Stilo, Kalabrien, in ärmlichen Verhältnissen geboren. Schon in jungen Jahren, im Alter von 15, tritt er dem Dominikanerorden bei. Schon bald wird er ein unermüdlicher Leser von Philosophen und von Kabbala-, Astrologie- und chiliastischen Texten (sie erwarten ein tausendjähriges, alle Menschen vereinendes Reich). Ein prägender Anteil seiner Lektüre wird die vom italienischen Naturphilosophen Bernardino Telesio (1508–1588), einem scharfen Kritiker des damaligen Aristotelismus, verfasste Schrift *De rerum natura* (*Über die Natur der Dinge*, 1565–68). Dem Untertitel „iuxta propria principia" („gemäß den ihnen eigenen Prinzipien") zufolge soll die Naturforschung nicht länger von der Vernunft, sondern den Sinnen ausgehen.

Weil Campanella Telesios' Aristotelismus-Kritik folgt, wird er in einen anderen Dominikaner-Konvent versetzt. Damit beginnt ein bald ruheloses, abenteuerliches, von vielen Hin- und Her-Reisen und bald weit stärker von langen Gefängnisaufenthalten geprägtes Leben. In Neapel, wohin Campanella ohne obrigkeitliche Erlaubnis geht, wird er wegen seiner im Geist des mittlerweile verstorbenen Telesio verfassten Schrift *Philosophia sensibus demonstrata* (*Die Philosophie aus den Sinnen bewiesen*, 1591), ins Gefängnis geworfen. Er zieht dann über Rom, Florenz und Bologna nach Padua zu Galilei. Er wird wegen Häresien angeklagt, die er allerdings in Rom feierlich abschwört.

Nach der Rückkehr in seinen Heimatort wird er zum intellektuellen Haupt von Umsturzplänen, zur „Seele der Verschwörung" (Ernst 2002, 65), die sich gegen die repressive spanische Herrschaft, gegen feudale Machtansprüche einflussreicher Familien, gegen das in der Bevölkerung grassierende Elend und gegen das Banditen- und Piratentum richtet. Die Verschwörung wird aufgedeckt und Campanella wie viele andere ins Gefängnis geworfen, wo er, um der Todesstrafe zu entgehen, Wahnsinn vortäuscht. Seiner reichen schriftstellerischen Arbeit kann man entnehmen, dass er immer wieder Zugang zu Bibliotheken hatte, die Gefängniszeit daher, ist zu vermuten, nicht immer bloß grausam war.

Aber erst nach einem halben Leben, nach beinahe 27 Jahren, kommt er frei. Vermutlich auf persönliches Anraten von dem ihm gewogenen Papst Urban VIII. flieht er nach Frankreich, wird dort vom mächtigen Richelieu persönlich empfangen und tritt vor allem in Austausch mit führenden Intellektuellen, unter ihnen mit einem Freund Descartes', mit dem Mathematiker und Musiktheoretiker Marin Mersenne (1588–1648). Er kann hier den Druck von zahlreichen seiner Werke überwachen. Am 21. Mai 1639 stirbt er in Paris.

1.3.2 *Civitas solis*

Noch stärker als Thomas Morus ist Tommaso Campanella ein philosophischer Schriftsteller. Mit Hilfe seines Bekenntnisdrangs und eines messianischen Sendungsbewusstseins trotzt er den nicht immer, aber häufig genug drückenden Haftbedingungen und verfasst in nie ermüdender Produktivität ein Werk von erstaunlicher Breite und einer inneren Geschlossenheit, in die sich die *Civitas solis*, im italienischen Original *Città del sole*, gut einfügt. Entsprechend der damaligen Internationalität erscheinen die Schriften an verschiedenen Orten, teils in Rom, teils in Paris und, mit Hilfe des deutschen Protestanten Tobias Adami, zu einem großen Teil aus dem Gefängnis dorthin verbracht, im schon damals hoch liberalen Frankfurt am Main.

Im *Atheismus triumphatus* (*Der triumphierende Atheismus*, 1605, erschienen 1631) verteidigt Campanella gegen Machiavelli die Notwendigkeit der Religion und gegen Luther die Wahrheit des Katholizismus. Er verfasst eine *Allgemeine Philosophie* (*Universalis philosophiae*, 1619, veröffentlicht erst 1638); er schreibt *Vier Bücher von der Empfindung der Dinge und der Magie* (*De sensu rerum et magia libri quatuor*, 1620). Mit der ihn generell auszeichnenden Unerschrockenheit verfasst er, obwohl nach Weltbild und Wissenschaftstheorie anderer Ansicht, eine *Verteidigungsschrift für Galilei* (*Apologia pro Galileo*, 1622), der aber, vermutlich um sich nicht selbst zu kompromittieren, dazu schweigt. In *Vier Teile[n] einer epilogistischen Realphilosophie* (*Realis philosophiae epilogisticae partes quatuor*, 1623) wird die als schon vollendet angesehene Schöpfung bewundert. Nicht zuletzt drückt Campanella in formschönen Gedichten die in den langen Gefängnisaufenthalten erfahrenen Leiden und seine ihn nie verlassenden Hoffnungen aus.

Trotz der zahlreichen Veröffentlichungen und mancherlei Einfluss, der von ihnen ausgeht, wird zunächst vor allem die *Spanische Monarchie*, später aber und langfristig nur ein einziger Text wirkungsmächtig. Wie bei Morus ist es nur die politische Utopie, die den italienischen Titel trägt *La città del sole* (1602), in dieser Fassung aber nicht veröffentlich wird. Erst als Campanella sie selbst ins Lateinische übersetzt (1611/12), wird die Schrift, jetzt unter dem Titel *Der Sonnenstaat* (*Civitas solis. Idea reipublicae Philosophicae*, erst 1623 als Anhang zur *Realis Philosophiae* erschienen), der gelehrten Welt Europas zugänglich.

Wegen des weiten Bedeutungsspektrums von „civitas" und weil die beschriebene politische Einheit nicht wie Morus' *Utopia* in einem Gemeinwesen mit vielen Städten besteht, empfiehlt sich als deutscher Titel statt des verbreiteten „Sonnenstaat" die „Sonnenstadt" (von Ernst Jünger als „Heliopolis" übernommen). Allerdings klingt ein Gedanke an, der über ein städtisches Gemeinwesen hinausreicht, der eines universal geltenden Rechts: „alle Völker werden unter *einem* Gesetz versammelt sein" (*Monarchia Hispanica*). Der Gedanke wird aber nicht ausgearbeitet, weder zu einer Weltrechtsordnung, noch zu einer Weltmonarchie. In seiner etwa zur gleichen Zeit verfassten *Monarchia Hispanica* freilich plädiert Campanella für ein Weltreich unter spanischer Führung.

Beim schließlichen Erscheinen widmet Campanella die *Sonnenstadt* dem damals mächtigsten Politiker Frankreichs, dem Herzog Richelieu, der im Kampf gegen den Hochadel und die französischen Protestanten, die Hugenotten, endgültig den Absolutismus durchsetzt. Quasi wie eine Widmung soll er ihm zugerufen haben: „Von mir entworfen, von dir zu errichten" (vgl. Flasch 1996, 72). Wenn man diesem Zuruf folgen darf, versteht Campanella im Gegensatz zum beliebten Vorwurf der Weltfremdheit, den er aber selber in der *Quaestio quarta de optima republica* (*Vierte Untersuchung über einen besten Staat*, 110ff.), generell für sich zurückweist, seinen Idealstaat nicht als eine realitätsferne Fiktion. Er hält ihn für einen realisierbaren Entwurf, der auch tatsächlich realisiert werden soll.

Morus' *Utopia*, glauben einige Interpreten, könne man als Humanistenscherz abtun, Campanella jedenfalls meint es mit der *Sonnenstadt* ernst. Dass die Realisierung nicht erst in ferner Zukunft, sondern recht bald, möglichst mit Hilfe eines lebenden Politikers geschehen sollte, erscheint aber doch als der realen Politik weit fern. Wenn etwa Paris zur Sonnenstadt und Richelieu, immerhin der Anwalt eines Absolutismus, zu deren höchsten Herrscher, dem Sol, werden sollte, bräuchte es enorme politische Veränderungen: in der Hauptstadt Frankreichs, im weiten Land und – durch Eroberungen der europäischen und außereuropäischen Länder? – in der weiten Welt.

Ebensowenig überwältigend realistisch ist der Hinweis in der *Quaestio quarta* auf das Frühchristentum und die Mönchsorden als Vorbilder für die Praktikabilität der Sonnenstadt. Denn etwas, das für einige Fromme passt, lässt sich kaum ohne Moralisierung und (von Campanella doch selbst erlittenem) Zwang auf viele und Nichtfromme übertragen. Den Untertitel des lateinischen Textes der *Sonnenstadt „dialogus poëticus"*, ein dichterischer Dialog, könnte man dafür als Hinweis lesen, dass Campanella selber gegen die (rasche) Realisierbarkeit skeptisch war. In seiner Poetik bindet er aber die Dichtung an die Realität, was an Aristoteles' Gedanken der Mimesis, der Nachbildung und Nachschöpfung der Wirklichkeit, bei der *Sonnenstadt* freilich einer zukünftigen Wirklichkeit, denken lässt.

1.3.3 Überblick

Campanella verfasst die *Sonnenstadt* drei Jahre nach dem Scheitern der gegen die spanische Herrschaft gerichteten Revolte. Die Schrift eines knapp 35-Jährigen, „zugleich das Programm eines gescheiterten Aufstands und seine philosophische Idealisierung" (Ernst 1999, 231), steht in der Tradition von Platons *Politeia* und noch mehr von Morus' *Utopia*. Ihr gesellschaftlich-politisches Ideal verbindet metaphysische Prinzipien mit, für Campanella spezifisch, astrologisch-kosmologischen Sachverhalten.

Der Titelausdruck der Sonne erinnert an das Sonnengleichnis in Platons *Politeia*, in der die Sonne für die superlativisch höchste Idee, das metaphysische Prinzip des Guten, steht. Außer an diesen Platonischen Hintergrund ist an den zu Campanellas Zeit verbreiteten Sonnenkult zu erinnern, in dem die Sonne, für Campanella „das Zeichen Gottes, sein Antlitz" (*S*, 157), gleichzeitig ein Symbol für Licht, Gott und Wissen sowie, gemäß der kopernikanischen Wende vom geo- zum heliozentrischen Weltbild, für den Mittelpunkt der Welt steht.

Campanella übernimmt Morus' literarisches Vorbild, den als Dialog gestalteten Reisebericht. Allerdings weniger kunstvoll komponiert und formuliert besteht er weitgehend im langen Monolog eines vielgereisten Genueser Seemanns, der von einem Gastgeber, „Hospitaliter", zum Erzählen und Weitererzählen aufgefordert wird. (In späteren Fassungen werden die Gesprächspartner rangmäßig aufgewertet, der Gastgeber zum Großmeister des Malteser- [früher: Johanniter-] Ordens und der Seemann zu einem Admiral.)

Der Genueser will auf der Höhe des Äquators das vorbildliche Gemeinwesen Taprobana gesehen haben, vermutlich Sri Lanka, früher Ceylon genannt, eventuell aber Sumatra. Diese Sonnenstadt zeige schon in der architektonischen Anlage die Naturweisheit der Bürger. Analog den sieben Planetenbahnen besteht das Gemeinwesen aus sieben ineinanderliegenden Kreisen, denen sieben Bereiche von Wissenschaften und Künsten zugeordnet sind; auf die Mauern sind die jeweiligen Bereiche aufgemalt. Den Mittelpunkt bildet ein Tempel, in dem der Sol und Metaphysicus regiert. Seinem Titel zufolge sollte er das Wissen der Fundamentalphilosophie, vielleicht zusätzlich das der Fundamentaltheologie beherrschen. Tatsächlich wird von ihm weit mehr verlangt. Man erwartet von ihm, was auf den Verfasser, Campanella, in hohem Maße zutrifft: eine umfassende Bildung, mit einem enzyklopädischen Wissen, zusätzlich auch die Kenntnis aller Handwerke.

Campanella schreibt hier sehr detailliert. Zur entsprechenden Würde des Sol-Meta gelangt nur, wer „die Geschichte aller Völker kennt, ihre Sitten und Gebräuche, ihre Religionen und ihre Gesetze, die republikanischen und die monarchischen Einrichtungen, ferner die Gesetzgeber und Erfinder der Künste und Gewerbe, die Ursachen und Gründe der Erd- und Himmelserscheinungen ... Vor allem aber muss jener Metaphysik und Theologie beherrschen" (S, 126).

Der höchste Würdenträger, ein Großfürst und Hoher Priester in einer Person, braucht also, was Campanella gegen die Realisierbarkeit seiner Sonnenstadt doch hätte skeptisch werden lassen, er bedarf übermenschlicher Kenntnisse und intellektueller Fähigkeiten. Erstaunlicherweise treten die für das Platonische Vorbild unverzichtbaren Anforderungen an Charakter und Urteilsfähigkeit in den Hintergrund.

Auffallend viel Raum widmet Campanella militärischen Fragen. In Spannung zum Titel seiner *Sonnenstadt* ist sein Gemeinwesen hochmilitarisiert, sein antikes Vorbild ist nicht eine wissenschaftlich-künstlerische Metropole wie Athen. Trotz seiner Wertschätzung von Philosophie und Wissenschaft orientiert er sich an dem wissenschaftlich-künstlerisch auffallend armseligen Sparta.

1.4 Francis Bacon

Eine dritte, grundlegend andere Art von Utopie schreibt Francis Bacon. Es handelt sich zwar erneut um einen Reiseroman, der zu einer abgelegenen Insel führt. Deren Name, Neu-Atlantis, spielt auf die sagenhafte Insel Atlantis an, die nach Platon „außerhalb der Meerenge" (vermutlich von Gibraltar) gelegen sein und ein mächtiges Reich beherbergt haben soll, das jedoch 9.000 Jahre vor Platons Zeit von den Athenern besiegt worden und dann im Meer verschwunden sein soll.

Obwohl Bacon mit seinem Titel an Platon und die von ihm überlieferte Sage erinnert, stellt er in den Mittelpunkt eine klare Alternative, ein Forschungsinstitut, das Haus Salomons. Wie die Philosophenkönige in Platons *Politeia* verkörpern sie auch moralische Vorbildlichkeit. Hinzu kommt aber eine intellektuelle Fähigkeit, die anders als bei Platon, auch bei Campanella nicht in Philosophie oder Theologie besteht. Bacons Forscher zeichnen sich durch naturwissenschaftliche Kompetenz aus.

1.4.1 Wissenschaftsprophet und Ideologiekritiker

Erstaunlicherweise ist der Autor und zugleich Herold dieses Programms, eben Francis Bacon, weder Naturforscher noch ein professioneller Philosoph, sondern ein Jurist und Politiker. Trotzdem ist er zu einer zentralen Figur sowohl der Philosophie- als auch der Wissenschaftsgeschichte geworden. Dort kann er sich zwar nicht rühmen, präzise Begriffe oder scharfsinnige Argumente, und hier nicht, eine neue Methode oder ein bahnbrechendes Experiment eingebracht zu haben. Nicht nur kennt er kaum den damaligen Stand der Forschung, er hat nicht einmal ein Gespür für eine so wichtige Neuerung wie die Mathematisierung der Wissenschaften. Trotzdem stilisiert er sich zu einem wissenschaftlichen Revolutionär, und ist damit anders als etwa Campanella, der sich auch als Erneuerer der Wissenschaften empfindet, erfolgreich.

Gemäß dem Titel seines (vermutlich bewusst Fragment gebliebenen) Hauptwerkes, der *Instauration magna*, der *Großen Erneuerung*, und dessen bekanntestem Teil, dem – gegenüber Aristoteles' über Jahrhunderte einflussreichen logisch-wissenschaftstheoretischen Schriften, dem *Organon – Neuen Werkzeug*, dem *Novum organum*, hält sich Bacon für den Propheten einer neuen Wissenschaftsepoche. Diese Selbsteinschätzung greift zwar zu hoch. Denn der Anspruch, einen bislang noch unbetretenen Weg zu gehen, unterschlägt, dass es schon Kopernikus, Galilei und Kepler gab. Bacon, dem später so bedeutende und zugleich unterschiedliche Denker wie Descartes, d'Alembert und Rousseau, wie Hegel, Marx, Nietzsche und die frühe Frankfurter Schule ihre Wertschätzung bekunden werden, spricht eher allgemein verbreitete Ansichten seiner Epoche aus. Er bringt sie aber in eine so geschliffene und vor allem überzeugende Sprache, dass zusammen mit kraftvollen Metaphern und dem berühmten Titelkupfer seines Hauptwerkes erst durch ihn eine epochale Vision jene emotionale Kraft entfaltet, die zu einer über Jahrhunderte dauernden Wirksamkeit führt:

Bacons Programm einer künftigen Wissenschaft, die als Forschung auftritt, tritt an die Stelle der der Welt enthobenen scholastischen Dispute. Von „seiner" Alternative, der innovativen Forschung, fordert und erwartet Bacon Fortschritte im Wissen. Für diesen Zweck darf man sich nicht länger auf ein Hörensagen verlassen, vielmehr brauche es, was Bacon von seinem juristischen Metier her gewohnt ist, „gerichtsfeste Beweise" (NO, I, 98: „lawful evidence"). In der Forschung sind sie durch nachprüfbare Experimente zu erbringen, die „die Natur auf die Folter spannen", allerdings nicht, um sie zu quälen oder ihren Willen zu brechen, sondern um sie zum Sprechen zu bringen.

Bacon will den Streit der zwei damals widerstreitenden Richtungen durch einen mittleren Weg aufheben: Im Gegensatz zum Rationalismus der Scholastik soll man sich nicht in die Gelehrtenstube zurückziehen, vielmehr die Welt durch Experimente erforschen. Im Gegensatz zu einem (naiven) Empirismus dürfen die Experimente aber nicht planlos, „ins Blaue" durchgeführt werden, vielmehr müssen sich Vernunft und Erfahrung miteinander verschwistern.

Morus' Utopia lässt offen, ob sie zur Realisierung auffordern soll; Campanella will, dass seine Sonnenstadt wirklich werde, erweist sich damit aber als eher weltfremd; Bacon hingegen gelingt mit *Neu-Atlantis* der Entwurf einer realisierbaren und in vieler Hinsicht auch nach und nach realisierten Welt. Auf Einzelheiten braucht es nicht anzukommen. Bacons Grundbotschaft inspiriert jedenfalls die Errichtung der ältesten englischen Wissenschaftsakademie, der „Royal Society" (seit 1606), und gibt der Forschungsprägung der Neuzeit ihr Leitziel vor.

Bacons Einfluss reicht noch weiter. Über das neue Forschungsprogramm hinaus ist auch seine Lehre der Idole bedeutsam, der Gespenster oder Götzenbilder, die die Wurzeln aller Irrtürmer des Verstandes klassifiziert. Mit ihr, einer grundlegenden Ideologiekritik, arbeitet Bacon dem Zeitalter der Aufklärung vor.

1.4.2 Leben und Werk

Am 22. Januar 1561 in London geboren, geht Bacon ähnlich wie Thomas Morus schon im frühen Alter, als Zwölfjähriger, aufs College, jetzt das Trinity College in Cambridge, und studiert drei Jahre später an der Londoner Rechtsschule Gray's Inn. Schon im Jahr darauf, erst 16-jährig, begleitet er den Botschafter Sir Amias Paulet nach Frankreich, wo er sich für die Experimente des Mediziners Bernhard Palissy und dessen scharfe Kritik aller bisherigen Philosophie begeistert: Statt lateinische Klassiker zu studieren, solle man im Buch der Natur lesen.

Wegen des Todes seines Vaters nach England zurückgekehrt, macht er, erneut ähnlich Morus, eine steile Karriere. Er erwirbt die Zulassung als Rechtsanwalt, wird Parlamentarier, Kronanwalt, geheimer Staatsrat, Großsiegelbewahrer und schließlich im Jahr 1618 wie Thomas Morus Lordkanzler, also Justizminister. Er wird zum Baron Verulam, drei Jahre später zum Viscount St. Alban ernannt. Im selben Jahr wird er allerdings der Bestechlichkeit angeklagt, was zu seinem jähen Sturz führt. Bacon tritt als Lordkanzler zurück, wird sogar kurze Zeit in Kerkerhaft genommen, aber nicht wie Morus hingerichtet, nicht einmal zu lebenslänglichem Gefängnis verurteilt. Wenige Jahre später stirbt er, am 9. April 1626, an einer Lungenentzündung, der Folge eines Experimentes zur Konservierung und Haltbarkeit toter Körper (*Works*, XIV, 550). Auf der Fahrt zu seinem Wohnsitz fällt nämlich Schnee, und er stopft ein Huhn mit Schnee aus, um die Verzögerung der Verwesung zu beobachten.

Während seiner Rechtsanwaltszeit schreibt Bacon politische Expertisen: zu Problemen der Kirche, zur Legitimation Englands und zum Recht. Es folgen Schriften zur Reform der Philosophie und den Wissenschaften, so der erste Teil der *Großen Erneuerung*, *The Advancement of Learning* (*Der Fortschritt des Lernens/ der Gelehrsamkeit*, 1605), später umgearbeitet zu *De dignitate et augmentis scientiarum* (*Über die Würde und die Fortschritte der Wissenschaften*), danach als Band II das *Neue Organon* (1620) und als Teil III in zwei Halbteilen eine *Historia naturalis et experimentalis* (1622) sowie die Stoffsammlung *Silva silvarum* (*Der Wald der Wälder*, 1627: postum).

1.4.3 New-Atlantis

Anders als das (platonische) Atlantis ist Bacons Neu-Atlantis – auch hier versteht sich unser Autor als Denker des Neuen – keine vor langer Zeit im Meer versunkene Insel, deren ideale Verhältnisse „auf ewig" verschwunden sind. Statt einer (angeblich) besseren Vergangenheit nachzutrauern, entwirft er eine bessere Zukunft. Dabei hat er wohl sein Heimatland vor Augen. Denn geographisch (5600 Meilen Umfang: *NA*, 192) und der Bevölkerung nach handelt es sich um eine große, zudem außerordentlich fruchtbare (ebd.) Insel, auf der es viele Städte gibt, von denen die Gäste aber nur wenige besuchen. Man hat also an eine Insel wie Groß-Britannien, nicht wie Malta zu denken.

Den Mittelpunkt auf der Insel, zwar nicht das architektonische oder soziale Zentrum, aber die bedeutendste Institution und geistige Antriebskraft, die „Leuchte unseres Landes" (*NA*, 93), bildet das große Forschungsinstitut „Haus Salomon". Es trägt diesen Namen, weil man zu Bacons Zeit das alttestamentarische Buch der Weisheit dem Sohn und Nachfolger von David als König von Israel und Juda, eben Salomon, zugesprochen hat. Dessen Regierungszeit gilt später als das Goldene Zeitalter Israels, der König selber als Vorbild eines weisen und mächtigen Herrschers. Somit verkörpert Salomon ein doppeltes Ideal, den weisen Forscher und den gerechten König. In diesem Sinn sollen die Mitglieder des Forschungsinstituts etwas können, was für die Forschung ein immerwährendes Vorbild, aber auch Wunschbild darstellt, sie sollen wissenschaftliche mit moralischer Kompetenz in einer Person vereinen.

Wie man vom Herausgeber der Schrift, William Rawley, Bacons Seelsorger und Vertrauter, erfährt, wollte Bacon ursprünglich auch über Gesetzgebung und eine beste Verfassung schreiben. Dafür spricht, dass der Staatsgründer und Gesetzgeber einen Namen, Solamona (nicht: Salomona: ebd.) trägt, der die für das Forschungsinstitut charakteristischen Tugenden Salomons mit den Tugenden des Athener Gesetzgebers Solon vereinigt. Trotzdem dürfte Bacon auch für die umfangreichere Schrift das Forschungsinstitut, das „Haus Salomons", als Kernstück geplant haben.

Bacons Geschichte lässt sich einfach nacherzählen; wer das *Novum Organum* kennt, findet dort viele Parallelen: Eine von Peru nach China, also ausschließlich nicht entlang bekannter Küsten, sondern über das unbekannte offene Meer segelnde Schiffsmannschaft verirrt sich in der Südsee. Von einem „kräftigen Südost" abgetrieben, landet sie, mittlerweile ohne Lebensmittelvorrat, an einer unbekannten, als staatliches Gemeinwesen organisierten Insel. Der literarischen Gattung, der Utopie, gemäß gelangt man nicht dank eigener Leistung dorthin, sondern durch Glück im Unglück.

Das Gemeinwesen trägt den Namen Bensalem, was im Hebräischen „Söhne des Friedens" heißt. Die gestrandete Mannschaft wird einerseits in dem von einem christlichen Geistlichen geführten Fremdenhaus großzügig bewirtet, andererseits in bezug auf ihre Absichten, Sitten und ihren Gesundheitszustand sorgfältig geprüft. Nach erfolgreichem Bestehen der Prüfung werden die Gäste in die Geschichte und Eigenart von Neu-Atlantis eingeführt und am Ende verabschiedet. Sie haben also ein zeitlich begrenztes Besuchsrecht, kein Gastrecht. Die gestrandeten Seeleute erhalten aber als großzügige Ausnahme die Erlaubnis, alles, was sie über Bensalem erfahren, nach ihrer Rückkehr zu Hause „zum Wohl anderer Völker zu veröffentlichen". (Dieses „utilitaristische" Motiv, zum „allgemeinen Wohlergehen" modifiziert, wird Descartes, hier ganz Baconianer, in seinen *Discours/Abhandlung über die Methode*, 6. Teil, aufnehmen.)

Geführt werden die Gäste von einem Juden, worin erneut die Wertschätzung alttestamentarischer Weisheit anklingt, zusätzlich eine auf der Insel herrschende Toleranz. Es ist jene Einstellung, die nach Bacon die religiösen Streitigkeiten, die den politischen Frieden, damit den Fortschritt der Wissenschaft gefährden, endlich überwindet. Die Mitglieder des Hauses Salomons werden aber nicht als Juden bezeichnet. Da sie sich immer wieder auf Gott beziehen, sind sie jedoch keine Atheisten, sondern religiös. Sie erkennen die christlichen Grundprinzipien an, freilich erst nachdem ihre Quelle, die Offenbarung, wissenschaftlich überprüft worden ist. Jedenfalls sind sie der damals vorherrschenden Religion, dem Christentum, zuzuordnen, entsprechend der auf Neu-Atlantis herrschenden Toleranz aber keiner der christlichen Konfessionen.

Das Gemeinwesen sucht Politik mit Menschlichkeit zu verbinden (*NA*, 192). Der Staat hält sich in Rechtsfragen weitgehend zurück; er ist nur eine Art von

Aufsichtsinstanz über das gesellschaftliche Leben, für das ein naturwüchsiges, hierarchisch geordnetes Verwandtschaftssystem zuständig ist.

Die Wissenschaft wiederum arbeitet auf der Insel vollständig unabhängig, lediglich auf ein einziges Leitziel verpflichtet: Gemäß dem genannten biblischen Vorbild – Salomon als gerechter König, aber auch als Naturforscher, nicht zuletzt als Autor von Lebensweisheit – verkörpern die Mitglieder wissenschaftliche und moralische Kompetenz, darüber hinaus eine weise Führung ihres Lebens und dessen Lebenswerk, der Forschung. Wie diese Einheit zu mehr als nur einem „frommen Wunsch", wie sie zur realen Wirklichkeit wird, bleibt jedoch unklar. Ebenso bleibt unklar, wie der „Nationalstaat" Bensalem und seine insulare Abgeschiedenheit sich zum universalen Forschungs- und Humanitätsgebot verhalten.

Das Forschungsinstitut heißt auch „Kolleg des Sechs-Tage-Werkes". Der Name steht für die gesamte göttliche Schöpfung, die durch thematisch umfassende Forschungen nachgeahmt und zugleich vollendet werden soll. Zu diesem Zwecke wird in alle nur erdenklichen Richtungen geforscht: Man sucht Kunststoffe, Dünger und sogar Treibstoffe; man widmet sich der Lebensmittel-, Hochtemperatur- und Strömungsforschung sowie Versuchen zur Meerentsalzung. Man entwickelt Roboter, Automaten und künstliche Sprachen; in Kleintierlabors züchtet man Nutztiere von der Art der Seidenraupe und der Honigbiene. Man experimentiert mit Pfropfungen und antizipiert sogar die Gentechnik, allerdings nur im subhumanen Bereich. Bezeichnenderweise fehlt der siebente Schöpfungstag. Die im Titel des Forschungsinstituts „Kolleg des Sechs-Tage-Werkes" genannte Zahl steht für das aller menschlichen Wissenschaft und Technik innewohnende Merkmal des Unvollendeten und Unvollkommenen. Dass man nach einer gelungenen (Nach-)Schöpfung sich ausruht und zufrieden auf ein vollendetes Werk blickt, ist nicht vorgesehen. Statt dessen verbindet sich eine grenzenlose Wissbegier mit einem entfesselten, humanitären Zwecken unterworfenen, ruhelosen Streben nach Macht („Wissen ist Macht"). Und beide, Forscherneugier und humanitäres Machtstreben, kommen nie zur Ruhe. Der menschlichen Nachschöpfung fehlt die der göttlichen Erstschöpfung vorbehaltene Vollendung des siebenten Tages. Nachdem Gott schon am Ende jedes Schöpfungstages „sah, dass es gut war", kann er am siebenten Tag auf ein rundum gelungenes Werk zurückblicken. Die diesem zufriedenen Blick zugrundeliegende Allmacht bleibt jedoch allem Menschenwerk verwehrt. Ohnehin erwartet niemand von der Wissenschaft und Technik die anderen Eigenschaften, die man Gott zuzusprechen pflegt: Gerechtigkeit, Weisheit und Barmherzigkeit.

Literatur

Bacon, F.: The Works of Francis Bacon, hrsg. v. Spedding, Ellis und Heath, London 1857–1874, Neudruck Stuttgart 1963, 14 Bde.
Campanella, T.: De Monarchia Hispanica, Frankfurt/O. 1686.
Ernst, G. 1999: Tommaso Campanella, in: P. R. Blum (Hrsg.), Philosophen der Renaissance, Darmstadt, 222–236.
Ernst, G. 2002: Tommaso Campanella, Roma/Bari.
Flasch, K. 1996: Poesie, Philosophie und Politik: Tommaso Campanella, in: T. Campanella: Philosophische Gedichte, ital./dt., ausgew., übers. u. hrsg. v. Th. Flasch, Frankfurt/M., 11–95.
Höffe, O. ⁴2000: Moral als Preis der Moderne. Ein Versuch über Wissenschaft, Technik und Umwelt, Frankfurt/M., Kap. 4: Bacon oder die ambivalente Modernisierung.

Teil I: **Thomas Morus:** *Utopia*

Giovanni Panno

2 Die Kulissen des Theaters: zwischen historischer Erfahrung und Fiktion
Vorrede und Bericht über das Gespräch bei John Morton[1]

> Nessuno sa meglio di te, saggio Kublai, che non si deve mai confondere la città col discorso che la descrive. Eppure tra l'una e l'altro c'è un rapporto.
> Keiner weiß besser als du, weiser Kublai, daß man die Stadt niemals mit der Rede verwechseln darf, die sie beschreibt. Und doch gibt es zwischen der einen und der anderen eine Beziehung.
> I. Calvino, Le città invisibili, Einaudi 1972 (Mondadori, Milano 1993), 58f.; Die unsichtbaren Städte, übers. H. Riedt, DTV, München 1985, 68f.

2.1 Einführung

„Lieber die Wahrheit verfehlen als bewusst unwahrhaftig sein" (*potius mendacium dicam quam mentiar, quod malim bonus esse quam prudens*, U, 13, 12)[2], so weist Morus im Brief an Peter Aegid, als Vorrede dem Werk in der Ausgabe von 1516 vorangestellt, auf seinen Zweifel über die absolute Genauigkeit seiner Erzählung hin. Im Werk *Utopia* könnten also „zweifelhafte Stellen" auftauchen: Der Leser soll schon in ihrer Vorrede darüber informiert werden. Bei solchen möglichen Aussetzern seines sonst sehr zuverlässigen Gedächtnisses (*ut memoria non usque quaque destituor*, U, 13, 12) möchte Morus lieber die Tugend (*bonus*) statt die Klugheit (*prudens*) retten (ebd.).

Diese Stelle ist aus drei Gründen wichtig: Sie dient erstens als Rechtfertigung (*excusatio*) für das gewollte Fehlen mancher Informationen über Utopia und zeigt zweitens die scheinbare Präferenz Morus' für die Moral über der inhaltlichen Korrektheit. Das Thema der Wahrheit wird somit dem ironischen Stil der ganzen Schrift gemäß erwähnt.

---

[1] Für sprachliche Korrekturen danke ich Dr. Dirk Brantl und Herrn Eric Meyer.
[2] Die deutsche Übersetzung von Heinisch, in einzelnen Ausdrücken vom Autor geändert, wird als *U* und Seitenzahl zitiert. Diese Angabe wird durch eine zweite Seitenzahl ergänzt. Die zweite Zahl verweist auf den lateinischen Text nach Morus: Utopia, Stuttgart 1964.

In dieser Hinsicht dient die Stelle in der Mitte der Vorrede auch als Zäsur zwischen den nüchternen und möglicherweise historischen Informationen über die Niederschrift von *Utopia* und dem Hinweis auf eine neue Figur, Raphael Hythlodeus. Dieser tritt wenige Zeilen vor der hier erwähnten Stelle zum ersten Mal auf. Fast gleichzeitig mit der Ankündigung, man wolle lieber die Wahrheit verfehlen, als ein böser Mann sein, ist die Erfindung von Raphael als *dramatis persona* in Text mit einbezogen. Morus' Tenor weist also auf einen gewollten, ironisch leicht verkleideten Widerspruch hin, der den theatralischen Charakter der ganzen Schrift anzeigt, in welcher der Autor selbst eine Maske, eben eine „*persona*" im ursprünglichen lateinischen Sinne, annehmen wird.

Im Zwielicht dieses Spiels werden in diesem Beitrag die Vorrede und der erste Teil des ersten Buches von *Utopia*, welcher den Bericht über das Gespräch mit Morton enthält, ausgelegt. Eine allgemeine Auslegung der *Utopia* würde den Rahmen der hier zu kommentierenden Stellen sprengen. Allerdings möchte der vorliegende Beitrag den in der Debatte gängigen Deutungen der *Utopia* (Surtz/Hexter 1965, cix, Schölderle 2011, 64ff.; Voegelin 1995, 102ff.; *supra*) eine neue Facette hinzufügen. Die theatralische Struktur der hier präsentierten Schriftteile und die Charakterzüge Hythlodeus' weisen auf eine gewisse Andersartigkeit (*atopia*) im sokratischen Sinne hin (Platon, *Symposion* 215 a3), die im Laufe des vorliegenden Kommentars diskutiert werden soll. Nach der Vorrede (2.1, *U*, 13–16) wird der erste Teil des ersten Buches von Utopia analysiert, welcher vor allem von der Figur Hythlodeus' geprägt ist (2.2, Das erste Buch: eine *atopia*? *U* 17–23).

Als letzter Punkt des vorliegenden Beitrages (2.3, Der Vergleich mit der Lage in England) wird als deskriptiver Zugang ein Vergleich zwischen dem damaligen England – also dem zeitgenössischen England der Gesprächspersonen – und Utopia angestellt. Hinter dieser scheinbar platten Besprechung verbirgt sich ein zumindest rhetorischer Mehrwert: Es handelt sich hierbei um den Begriff des Fiktiven, der vor allem in der Beschreibung des Volkes der Polyleriten am Werk ist. Dieser Begriff prägt freilich die ganze Schrift schon von der Vorrede an und wird hier als roter Faden der Analyse genommen.

Die Haupttexte werden anhand unterschiedlicher Teilthemen analysiert: Im Rahmen der Vorrede wird zunächst das kulturelle Milieu erklärt, welches insbesondere aus den zeitgenössischen Beiträgen zu den Ausgaben der *Utopia* ersichtlich ist (2.1.1 Löwen 1516: Kulturelles Milieu, Sprache und *Parerga*, *U*, 13–14). Das Problem der Wahrheit und der Tugend wird im folgenden Schritt erklärt (2.1.2 Wahrheitsgemäß, *U*, 14–15); als letztes Thema der Vorrede wird die Einstellung Morus' gegenüber der Veröffentlichung besprochen (2.1.3 Anthropologie der Leser und Aufnahme der Schrift, *U*, 15–16).

2.1 Die Vorrede

2.1.1 Löwen 1516: Kulturelles Milieu, Sprache und *Parerga* (*U*, 13–16)

Der Brief an Peter Aegid fungiert in der Konstruktion von *Utopia* als erste Charakterisierung, zwar nicht einer rein biographischen, sondern einer stilistischen und – möchte man dem oben erwähnten Thema der Wahrheit Glauben schenken – einer philosophischen. Zusammen mit dem Anfang des ersten Buches, an dem der biographische Hintergrund nachgeholt wird, spannt der Brief ein Netz aus nachprüfbaren Informationen, wodurch die Gestalt des Hythlodeus' Glaubwürdigkeit erlangen soll.

Zunächst wird von seiner Freundschaft mit Peter Aegid berichtet, welchem die Schrift anvertraut wird. Durch einen Empfehlungsbrief von Erasmus hatten sich Morus und Aegid in September 1515 in Antwerpen kennengelernt, wo Morus, wie am Anfang des ersten Buches erklärt wird, auf Gesandtschaft war. Aegid (1486–1533) fand selbst im Rahmen seiner aufwändigen politischen Beschäftigung als erster Sekretär der Stadt die Zeit, unterschiedliche Werke herauszugeben (*Politianus* 1510, *Äsop* 1513), darunter nicht wenige der Schriften Erasmus' (1515–1517).

Durch Aegid wird die literarische Dimension an die biographische angebunden, welche sich mit Erasmus als nicht angesprochenem Dritten auf einen weiteren Zeugen beruft. In der Tat erweist sich die Schrift fast als ein Teil eines gemeinsamen Projekts, innerhalb dessen *Utopia* als vermeintliches Lob der Vernunft dem *Lob der Torheit* Erasmus' (*Moriae encomium*, mit einer klaren Assonanz zum Namen Morus'), im Hause Morus' komponiert, antworten soll (Surtz/Hexter 1965, 574). Anhand der unterschiedlichen Beiträge europäischer Intellektueller, die das Werk bis zur dritten, der letzten von Morus revidierten Ausgabe (Basel 1518, März und November) bereichern, ist man versucht zu sagen, dass schon dieser erste Brief an Aegid als Hinweis auf eine Debatte zu gelten hat, die sich entfalten wird oder, mindestens zum Teil, schon stattgefunden hatte. Für humanistische Kreise war es damals in der Tat Gewohnheit, sich über bestimmte Themen als Denkaufgaben auszutauschen.

Unter den so zu nennenden *Parerga* befindet sich ein Brief von 1516 desselben Aegids an J. Busleyden (1470–1517), wichtiger politischer Berater des Königs Karl I. von Frankreich. Der Brief bezeugt somit die Ausweitung der Schrift auf politische Kreise – obschon immer in freundschaftlicher Verbindung zu Morus –, enthält aber vor allem Hinweise auf Hythlodeus' Erzählung, so dass dessen Existenz bestätigt wird (Surtz/Hexter 1965, 21, *U*, 23). Noch mehr trägt Aegid durch die Wiedergabe des „Alphabets" der Utopier, eine Mischung aus griechischen und persischen Elementen, zur Verflechtung von fiktiver Erzählung und tatsächlichem Reisebericht bei (schon in der Löwener Ausgabe 1516).

Diese Dokumente zeugen, wie andere hier nicht weiter zu besprechenden *Parerga*, von einer Schrift, welche langsam einen – wenn auch auf den intellektuellen Kreis beschränkten – Platz in der Öffentlichkeit erlangt. Daher scheint es berechtigt, über *meta-utopische* Züge der *Parerga* zu sprechen (McCutcheon 2011, 57), also über eine weitere Ebene des Textes, auf der Reflexionen der Intellektuellen über den Begriff der Utopie und seinen politischen Wert verhandelt werden.

Diesbezüglich ist der Adressat der Schrift nicht von sekundärer Bedeutung, wenn man die dahinter stehende Absicht zu entziffern versucht. In dieser Hinsicht spricht gerade die Wahl des Lateinischen und die entschiedene Ablehnung einer Übersetzung ins Englische ein klares Wort gegen die breite Verbreitung der Schrift. Dass sich die humanistischen Kreise relativ früh schon um Übersetzungen gekümmert haben, ist nicht Morus geschuldet, so dass die Bewertung der politisch-philosophischen Botschaft davon nicht abhängen kann.

Die Intention des Autors ist in dem Spiel zwischen Morus als fiktiver Person und Hythlodeus als Vertreter eines den Umständen nach *neuen* Gedankens zu lesen. Inwiefern dieser neue Gedanke wiederum dem historischen Morus zuzuordnen sein soll, bleibt einer Gesamtinterpretation überlassen.

2.1.2 Wahrheitsgemäß: Rahmenbedingungen der historischen Glaubwürdigkeit (*U*, 13–15)

Der Ich-Erzähler weist schon in der Vorrede darauf hin, dass die Schrift überhaupt keine selbstständige Reflexion enthalte, sondern nur die platte Wiedergabe (*cui tantum erat recitanda*, U, 13, 8) einer Erzählung Raphaels sei. Das Werk fragt nach der besten Staatsverfassung, ein Thema, bei welchem von Morus als angesehenem Politiker eine gewisse Vorsicht zu erwarten ist. Das Thema *de optimo rei publicae*, was nicht nur als bloße Verfassung, sondern vielmehr auch als politisch-moralischer Zusammenhalt eines Gemeinwesens zu verstehen ist, wird in einer schlichten Sprache vorgetragen (*simplicitatem, tanto futura sit propior veritati*, U, 13, 8). Dafür gibt Morus zwei Gründe an, die dazu beitragen, dem Inhalt der Erzählung erneut historische Glaubwürdigkeit zu verleihen, aber gleichwohl auch das Spiel Wahrheit-Fiktion zu betonen: Einerseits habe er nicht so viel Zeit gehabt, um sich mit der Verfeinerung der Sprache zu beschäftigen, andererseits solle es sich in dieser Schrift um die Wahrheit und nicht um die Eleganz der Form handeln (*non tantum vere scriberetur*, ebd.).

Der erste Grund spannt einen biographischen Bogen zum Gespräch bei Morton über das Strafrecht (*U*, 23): Morus habe sich vor allem mit Gerichtsangelegenheiten beschäftigt, den Rest der Zeit wolle er nun aber seiner Familie widmen, um nicht im eigenen Haus ein „Fremdling" zu werden. Der juristische Hintergrund von Morus' politischer Karriere wird hier kurz erwähnt, bietet allerdings auch einen möglichen Interpretationsweg zur Schrift als einem juristischen Dialog/Monolog. Morus eröffnet hier also die biographische Dimension, in die Erzählung miteinbezogen wird.

Der zweite Grund, nämlich die Notwendigkeit einer aussagekräftigen Sprache, verweist auf das hier in der Einführung schon angesprochene Thema des bewussten Lügens, welches der moralisch aufrichtige Mensch meiden soll. In der Tat bezeugt genau die Insistenz auf das Wort „Wahrheit" ein Augenzwinkern Morus', der Zeit seines Lebens als aufrichtiger Mensch bekannt war und schließlich auch als Märtyrer von der Kirche heiliggesprochen wurde.

Damit lädt Morus den Leser ein, dem möglichen Standpunkt der Wiedergabe Aufmerksamkeit zu widmen. Wie kann man diesen aber bestimmen?

Nebst der Sprache findet man Hinweise auf die Notwendigkeit einer Garantie der Glaubwürdigkeit des Vorgetragenen. Allerdings hegt Morus keine Zweifel gegen den Gesamtinhalt der Erzählung, noch zweifelt er an sich selbst (*non hac parte penitus diffido mihi*, U, 14, 12). Sein Problem sind mögliche kleine Ungenauigkeiten, die ihm unterlaufen sein könnten – womit der Leser stillschweigend annehmen muss, dass die Erzählung *im Allgemeinen* glaubwürdig ist. Dabei wird nicht daran gezweifelt, ob der Fluss-Ohne-Wasser namens *Anydros*, oder die verschwommene-Stadt *Amaurotum* (*Odyssee* 4, 824; *urbem evanidam*, wie im zweiten Morus' Brief an Aegid die Stadt der Utopier beschrieben wird) überhaupt existieren, sondern z. B. wie viele Meter der Fluss breit sei. Wer kann nun für diese Einzelheiten der Erzählung garantieren?

Erstaunlicherweise wird diese Rolle sowohl von seinem Famulus, J. Clement, übernommen, als auch von Hythlodeus selbst. Somit verbindet Morus in einer Aufgabe wieder einen real existierenden Menschen, welcher ihm nahe stand (Firpo 1979, 52), mit der geheimnisvollen Figur des philosophischen Reisenden.

Die Charakterisierung des letzteren wird gleich im Laufe des ersten Buches vorgenommen, hier reicht es, den Fokus auf die Auswahl der griechischen Namen zu lenken. Den mit London vertrauten Leser werden manche Merkmale an London erinnern (z. B. die vernebelte Stadt, die 1209 gebaute Brücke über die Themse), im Allgemeinen handelt es sich jedoch um Ausdrücke, welche die Insel *ex negativo* beschreiben. Sie dienen also dem Zweck, die Aufmerksamkeit des Lesers von einem sicheren Standpunkt fortzubewegen. In dieser Hinsicht klingen *A-mauroton* und *Ou-topia* wirksamer als die alten Namen *Mentira* (d. h. „Lüge", noch in der ersten Ausgabe) und *Nusquama* (d. h. „Nirgendwo", s. Brief an Erasmus, „unsere *Nusquama*").

Ohne eine feste Verortung bleibt notwendigerweise die Insel selbst, bzw. meint Morus, dass er bei Hythlodeus' Bericht nicht genau genug aufgepasst habe (*vel quod suppudet nescire, quo in mari sit insula*, U, 15, 14). Um diese Angelegenheit zu klären sowie weitere mögliche Ungenauigkeiten zu berichtigen, soll sich Peter Aegid bei Hythlodeus melden, mündlich oder schriftlich. Dies setzt natürlich voraus, dass Hythlodeus selbst– wenn schon nicht die Insel – nun zu verorten ist. Damit „nichts an der Wahrheit fehle" (*U*, 15, 14) soll ihm das Buch gezeigt werden, in dem er selbst Utopia beschreibt (im zweiten Brief an Aegid behauptet Morus, er habe Nachricht von Hythlodeus aus Portugal erhalten). Dabei äußert Morus seine Befürchtung, dass Hythlodeus mit der Veröffentlichung des Buches nicht vollkommen einverstanden sein könnte. Diese Befürchtung leitet den letzten Teil der Vorrede ein, wo eine interessante Anthropologie entwickelt wird.

2.1.3 Anthropologie der Leser und Zweifel an der Aufnahme der Schrift (*U*, 15–16)

Morus war bis zu der Veröffentlichung von *Utopia* als Politiker bekannt, bis 1516 erschienen von ihm nur gemeinsame Übersetzungen aus Lukian zusammen mit Erasmus sowie eine Biographie über *Pico della Mirandolas*, jedoch auch diese nur in kleinen Kreisen verbreitet.

So muss auch die erste Ausgabe von *Utopia* für einen solchen kleinen Kreis gedacht worden sein (manche Interpreten stellen die Hypothese auf, es würde sich um eine Art Geschenk an Aegid handeln, vgl. Prévost cxci). Unter diesen Bedingungen kann man sogar nachvollziehen, warum Morus eine *captatio benevolentiae* benötigt. Einerseits wird die Undankbarkeit des Publikums angesprochen, welches nichts mit literarischen Dingen anfangen kann, andererseits die Hochnäsigkeit der „gelehrten Schulzöpfe", die das Neue verabscheuen (*U*, 15–16. Über den literarischen Wert s. Surtz/Hexter 1965, cxxv).

Die Liste der möglichen unzufriedenen Leser ist lang und Morus ist sich des Unterschiedes in Sachen Geschmack bewusst; vor allem scheint er sich auf diejenigen zu konzentrieren, die den Text als ein üppiges Mahl verzehren und „ohne ein Wort des Dankes für den Gastgeber" (*U*, 19) nach Hause gehen wollen. Der Gastgeber, wie der Leser am Anfang der Vorrede erfahren hat, verfügte wegen seiner politischen Verpflichtungen nicht über ausreichendes *otium*. Möchte man eventuellen Fehlern nachgehen, kann man allerdings einen Mangel an sprachlichen Feinheiten im (lateinischen) Text gerade nicht feststellen, vielmehr scheinen manche Stellen des Textes inhaltlich in einem Widerspruch miteinander zu stehen. Dabei handelt es sich wohl um eines der rhetorischen Mittel, das Morus einsetzt, um den aufmerksamen Leser zu verwirren und dessen Reflexion anzuregen.

2.2 Das erste Buch: eine *atopia*?

In einem der Briefe der *Parerga* nimmt Guillaume Budé (1468–1540, französischer Humanist am Hof vom Franz I.) *Utopia* als Anlass einer Kritik der zeitgenössischen Gesellschaft und Politik. Dabei spielt er mit den Ausdrücken *Ou-topia* als einer *Oude-topia*, und verknüpft somit die örtliche mit der zeitlichen Unbestimmbarkeit (*Oudetopia: Niemalsort*). In der Variation der Namen findet auch das Spiel mit christlichen Konnotationen statt, indem *Amaurotum* zu einer *Hagnopolis* wird, also zu einer moralisch *reinen* Stadt (Surtz 1964, 13). Durch diese partielle Änderung des Materials zeigt Budé einen Prozess des Mitdenkens, welcher als einer der Zwecke der Schrift betrachtet werden mag.

Bietet das zweite Buch die präzise Beschreibung der Insel Utopia, so wirkt das erste Buch als deren Vorbereitung. Hythlodeus ergreift schon hier das Wort, aber der Inhalt seiner Rede wird in einem meisterhaften *trompe d'oeil* manche Themen der aktuellen Lage Englands streifen.

Interessanterweise gewinnt Hythlodeus durch diese Verschachtelung der Erzählungen an Nähe und somit Glaubhaftigkeit, weil die von ihm angesprochenen Themen zeitgenössische Angelegenheiten miteinbeziehen.

Inwiefern diese Darstellung als eine Dystopie oder vielmehr als ein Spiegel der *Utopia* betrachtet werden kann, wird im Laufe des Kommentars ersichtlich.

2.2.1 Inschrift und Gesandtschaft (*U*, 17–18)

Der Titel *Rede des trefflichen Herrn Raphael Hythlodeus* [...] liefert wichtige Informationen über die rhetorische Rolle des Buches und die Rolle Morus'. Es handelt sich um eine *sermo* (Rede), welche zum Teil nach dem Muster der *Institutio Oratoria* von Quintilian verfasst worden ist (über die rhetorischen Mittel Morus' s. McCutcheon 2011, 55ff.). Die Benutzung des bekannten rhetorischen Aufbaus dient zu einer Entpersonalisierung der Erzählung: Morus möchte betonen, dass er lediglich wiedergibt, was er gehört habe (*U*, 13). Darüber hinaus wird im Titel die Glaubwürdigkeit Hythlodeus durch die politische Rolle Morus' (*civem et vicevomitem*) bestärkt. In einer Pause von politischen Aufgaben in Antwerpen ergibt sich für ihn nämlich die Gelegenheit, Peter Aegid zu begegnen. Dieser stellt ihm Raphael Hythlodeus vor. Die schlichte Darstellung dieser Angelegenheit weist auf die eine kommerzielle Gesandtschaft hin, in dessen Folge Morus Cuthbert Tunstall, später u. a. Bischof von London (1522), begleiten durfte. Thema waren die Erneuerung einiger Handelsverträge zwischen England und Flandern, die u. a. Zollbestimmungen und den Verkauf von Wolle betrafen (Firpo 1979, 106). Heinrich VIII. und der künftige Karl V. sind die großen Gestalten, die nicht nur der

Gesandtschaft einen klaren politischen Nachgeschmack verleihen, sondern die Geschichte Utopias in die große europäische Geschichte einfügen.

Verknüpfung zwischen diesen zwei Ebenen ist Peter Aegid, hier sowohl als angesehener als auch als tugendhafter Mann beschrieben. Allein zu seinen Tugenden kommt noch die Klugheit (*prudentia*) hinzu, die somit auf eine eventuelle *prudentia* Morus' (*U*, 14) Bezug nimmt. Die hier angesprochene *prudentia* ist nur dem Anschein nach dem Tugendkatalog der damaligen Fürstenspiegel entnommen. In Wirklichkeit ist die Verwendung dieses Ausdruckes in *Utopia* facettenreich und den jeweiligen Charakteren Morus', Hythlodeus' oder Aegids angepasst. Morus statuiert am Anfang eine Hierarchie zwischen der Tugend des guten Menschen, der das Falsche gutmütig behauptet (*bonus esse*, *U*, 14) und der Lüge des Klugen, welcher wissend das Falsche verbreitet. Diese Unterscheidung darf für Aegid nicht gelten, bzw. seine *prudentia* erweist sich als eine Tüchtigkeit, auf die Morus nicht näher eingeht. Dasselbe gilt für die *prudentia* Hythlodaeus', welcher die „Missgriffe" beleuchtet, die in der Welt begangen werden. Sein scharfer Verstand kann also die Kenntnisse, die er erworben hat („Lebensklugheit" oder „Weltklugheit", *prudentia rerum*, *U*, 23, 40) nicht nur behalten, sondern auch anwenden. Mit dieser Bedeutung ist allerdings auch nicht der *prudentia* Morus', der im theologischen Sinne die negative Verfärbung des bewussten Lügens zukäme, entsprochen. Somit könnte man von einem uneinheitlichen Bild der *prudentia* ausgehen, wodurch Morus möglicherweise auch eine absolute Folge der traditionellen Deutung der Fürstenspiegelliteratur verweigert. In dieser Hinsicht würde sich seine *prudentia* in die Richtung Machiavellis bewegen – allerdings ohne die Charakterisierung des Kap. XV des *Fürsten* zu erreichen. Dort ist jener Fürst klug (*prudens*), welcher in der Lage ist, der traditionellen Tugend zugunsten ein pragmatisches Handeln vorzuziehen. Tugendhaft ist er also, wenn er die Tugend eventuell vortäuschen kann, ohne von ihr abhängig zu sein. Die Wahrheit und Wirklichkeit der Tatsachen soll ihn mehr als die traditionelle Moral interessieren (Lazzeri 1995; für Machiavelli s. Panno 2012, 89ff. u. Höffe 2012, 107ff.).

An Aegid soll man noch seine „liebenswürdige Plauderei" (*mellitissima confabulatio*, *U*, 17) bewundern. Diese erlaubt es Morus, aus dem Bereich des *negotium* in denjenigen des *otiums* zu wechseln, womit auch die Kümmernisse über die Familie weniger „quälend" (*U*, 17) werden. Nur in der Zeit der Muße, nicht in derjenigen der Pflichten kann sich der Raum für die Begegnung mit Hythlodeus ergeben, welche mit seiner Erzählung eine andere Zeitqualität eröffnet, nämlich diejenige der Utopie als solcher.

2.2.2 Hythlodeus als platonischer Seemann? (*U*, 18–19)

Raphael Hythlodeus unterhält sich mit Aegid, als Morus, welcher an der Messe teilgenommen hatte, beide sieht. Diese Angelegenheit könnte eine Brücke zu dem Namen Raphael schlagen, wie wir gleich sehen werden. Es handelt sich um einen *Fremden* (*cum hospite quodam*, *U*, 18), der an äußeren Merkmalen des Seemannes nichts vermissen lässt (Vollbart, sonnenverbranntes Antlitz), wie es auch der Holzschnitt der Basler Ausgabe zu sehen erlaubt (Clemens, Morus, Hythlodeus und Aegid in Morus' Garten). Und in der Tat entpuppt sich Hythlodeus als erfahrener Seemann, allerdings nicht *nur* in der traditionellen Art eines Odysseus oder eines Palinurus, sondern vor allem in der Art des platonischen Seemanns. Diese Anmerkung weist auf die vielen platonischen Elemente hin, die in der Konstruktion der *Utopia* Eingang finden, aber vor allem auch, wie es der Kontext eigentlich anbietet, auf die platonische Erfahrung einer unterschiedlichen Schifffahrt. Damit fände also die Schifffahrt auf einer anderen See statt als derjenigen seiner Vorgänger, die *physiologoi* („Naturforscher"), welche sich noch im Bereich des *Physischen* bewegten, um eine Ursache, *archē*, aller Dinge zu finden. Sicherlich kennzeichnet die Unerfahrenheit eines einschlafenden und ertrinkenden Palinurus Hythlodeus ebenso wenig wie bloß die Neugier und die *polytropia* eines klugen und erfinderischen Odysseus' (*Odyssee* I, 1–3, u. a. Ciani 1994, 17ff.). Dass sich dieser einer eigentlich platonischen Dialektik bediene, bzw. dass die Ideenlehre eine Rolle spielt, wird sich im Laufe der Erzählung des zweiten Buches als überzogen erweisen. Wenn man den Bezug auf Platon in einem schwächeren Sinne nimmt, könnte man aber behaupten, dass Hythlodeus vor allem der Blick auf den wesenhaften Grund dessen, was man sieht, eigen sei. Ein Beispiel dafür bietet im ersten Buch die Erklärung der Todesstrafe in Bezug auf den Zustand der Gesellschaft.

Allerdings kann man hier schon die Tatsache vorwegnehmen, dass trotz der vielen Anklänge an Platons *Politeia* oder *Nomoi* in der *Utopia*, Hythlodeus oft der Vereinfachung und der Ungenauigkeit, wenn nicht sogar dem Widerspruch zugeneigt ist (vgl. zur Pauschalisierung der Besitzer, sowie die Einstellung gegenüber der Todesstrafe, Möbus 1953, 69; von Schölderle 2011, 83–4 wiederaufgegriffen).

Es ist allerdings keine einfache Aufgabe, Hythlodeus zu beschreiben: Schon bei seinem ersten Auftauchen weist Aegid nicht nur auf dessen Liebe für das griechische Denken hin, sondern auch auf dessen Entscheidung, seinen Erbteil seinen Brüdern zu überlassen und sich Amerigo Vespucci, dem bekannten Entdecker Brasiliens und Namengeber des amerikanischen Kontinents, anzuschließen. Er verzichtet also auf die Beständigkeit, um das Meer, die Entdeckung, auf jeden Fall aber auch um das Neue, um „die weite Welt kennenzulernen" (*orbis terrarum contemplandi*, *U*, 18, 24, s. Sorge 1992, 80).

Der Brief Amerigo Vespuccis (1452–1512) *Lettera delle isole nuovamente trovate* (1504) war zum Zeitpunkt der Niederschrift von *Utopia* spätestens durch die lateinische Übersetzung von Waldseemüller 1507 der Öffentlichkeit bekannt. Nicht weit von Rio de Janeiro soll Vespucci tatsächlich vierundzwanzig Männer zurückgelassen haben. Zu diesen zählt auch Hythlodeus, welcher ab diesem Punkt zur Weiterreise *ohne* Vespucci fortschreitet, wie es gleich in Morus' Bericht angemerkt wird.

Seine Sinnesart, so Aegid, würde die Reiselust einem schönen Grabmal vorziehen, und zwar in der Annahme, dass „zum Himmel [...] der Weg überall gleich weit [sei]" (*U*, 19). In diesen wenigen Zeilen, welche eigentlich ein Zitat aus Ciceros *Tusculanae Disputationes* sind (I, 43, 131, s. Firpo 1979, 113 Fn.), scheinen sich die zwei Hauptmerkmale des Reisenden zu verstecken. Die „Reiselust", im Original *peregrinationis*, besitzt einen eindeutig religiösen Unterton, während das Zitat Ciceros einen Bezug zur griechischen Kultur herstellt, in dem Fall zu Anaxagoras.

Beide Elemente spielen im Namen des Reisenden eine Rolle, indem sie unterschiedliche Facetten seines Charakters beleuchten, welche der Leser auf jeden Fall beachten muss, um die unterschiedlichen Kompositionsebenen nachzuvollziehen.

Während die Doppeldeutigkeit von *hythlos* und *daios* als Possenreißer, Lügenerzähler (ὕθλος-δαίος) oder Lügenexperte (ὕθλος – δάϊος) zum Repertoire jeder Darstellung der *Utopia* gehört, wird hingegen der Vorname viel weniger ernst genommen (für unwahrscheinliche Zuschreibungen s. Surtz 1964, 301, Firpo 1979, 106). Sicher ist einer radikal esoterischen oder gar kabbalistischen Interpretation nicht viel Gehör zu schenken, obwohl der Hinweis auf den alten Namen von *Utopia* als Abraxa (also eine unvollständige Umschreibung der 365 Tage eines Jahres, nämlich *abraxas*) diese Möglichkeit offen lassen würde (Prévost 1978, 134). Die Tatsache jedoch, dass Morus Hythlodeus nach der Messe trifft, sollte mit dem Hinweis auf *peregrinationes* den Raum für eine biblische Deutung *Raphaels* öffnen (für eine berechtigte Skepsis gegenüber der Auslegung Hythlodeus' als Engel *tout court* vgl. auch Schölderle 2011, 81 Fn.). Dabei sollte man der Lösung „Gott heilt" (Tob. IV, 17) in Hinblick auf den Platonismus der *Utopia* eine zweite Variante vorziehen. Dieser gemäß würde Raphael offenbaren, dass „besser das Wenige mit Gerechtigkeit, als das Viel mit Ungerechtigkeit [sei]. [Und dass gilt:] Lieber Almosen geben, als Gold sammeln". (Tob XIII, 6–8, Firpo 1979, 105). Der Umgang mit Gütern wird zentrales Merkmal der Ökonomie der Stadt Utopias sein.

2.2.3 Der Bericht: Hythlodeus als *theōros* (*U*, 19–21)

Die *dramatis personae* begeben sich nach dieser ersten Präsentation in den Garten der Wohnung Morus', um in aller Ruhe zu plaudern. Hier setzt der Bericht Hythlodeus' über seine Reise an, welcher noch als eine Zwischenstufe auf dem Weg zum zweiten Buch betrachtet werden kann. Nicht nur wird anhand des Berichtes die Diskussion über die Rolle des Philosophen im Staat eingeleitet (2.2.4), vielmehr stellt der Bericht auch deshalb eine Zwischenstufe dar, weil Hythlodeus selber nicht als Ich-Erzähler auftritt. Die ideelle Kamera des Regisseurs schwenkt zwar zu Raphael hin, doch gibt hier Morus seinen Bericht wieder, so wie ihn Aegid davor beschrieben hatte. Bloß im Rahmen der Debatte über die Rolle des Philosophen im Staat wird Hythlodeus selbst über das Gespräch bei Morton berichten (2.3.1).

„Narravit ergo nobis" (*U*, 19, 26): Die Erzählung von der Abreise Vespuccis aus einem Ort bei Rio de Janeiro, wo Hythlodeus und andere Genossen zurück blieben, über das Verhältnis mit den Eingeborenen, bis hin zum reibungslosen Umgang mit unterschiedlichen Fürsten, erinnert nur zum Teil an Reiseberichte aus der Neuen Welt, bzw. an die Reiseliteratur jener Jahre. Manche Informationen werden verschwiegen, wie z. B. die Namen der während der Reise getroffenen Fürsten, der genaue Ort der Reise („in der Gegend des Äquators" scheint in der Tat eine vage Angabe zu sein), während Hythlodeus sich auf eine Betrachtung des menschlichen Verhaltens, der Verhältnisse von Klima, Tieren und städtischer Struktur konzentriert. Er beobachtet, im Grunde genommen, die Gemeinsamkeiten an äußeren Lebensbedingungen, an der Schiffstechnik, oder die Unterschiede bei „zivilisatorischen" bzw. technischen Elementen, wie im Falle des Kompasses (*U*, 20), den er einigen nicht identifizierten Seeleuten schenkt.

Dies, was ihn in die Nähe der Figur des platonischen *theōros* (Betrachter) der *Nomoi* bringt, ist mit seiner Beobachtung der „trefflichen und klugen politischen Maßnahmen bei allerhand gesitteten Völkern" in Verbindung zu setzen (951 d ff.). Die *theōroi* sind Gesandte der Kolonie Magnesias, des zweiten politischen Entwurfes Platons nach der Stadt Kallipolis der *Politeia*. Diese sollen verreisen und die Gesetze anderer Städte, ihre Sitten, ihre Lebensarten beobachten, um der nächtlichen Versammlung, dem philosophischen Kern von Magnesia, einen Bericht erstatten zu können. Dieser ist nützlich, um die bestehenden Gesetze zu beurteilen und, sollte es nötig sein, zu ändern (Panno 2007, 194).

Hythlodeus lässt im Laufe des Gespräches die Elemente, die in der zeitgenössischen Reiseliteratur am meisten imponierten, die Ungeheuer und „menschenfressenden Lästrigonen", beiseite, um sich auf ein „gar seltsames Ding" zu konzentrieren, nämlich auf „heilsame und weise Staatsverfassungen" (*sane ac sapienter institutos cives*, *U*, 20, 30).

Der Platonismus Hythlodeus' scheint sich also, wie es sich im zweiten Buch bezüglich der Strafen im Bereich des Glaubens zeigt, auf das Thema der Verfassung zu beziehen, die in den *Nomoi* viel mehr als in der *Politeia* im Zentrum steht. Dies würde für die Gestalt Hythlodeus' als *theōros* sprechen, wie auch die philosophische Organisation von Utopia selbst, die nicht von einer differenzierten Gruppe kommt, wie es die platonischen Philosophen-Könige der *Politeia* sind, sondern von einem ursprünglichen Gesetzgeber, ähnlich dem *nomothētes* der *Nomoi*. Der philosophische Kern der Stadt bleibt also unsichtbar wie die nächtliche Versammlung (*nykterinos syllogos*) der *Nomoi*, die sich später in der Gestaltung des *House of Salomon* in Bacons *New Atlantis* wiederfindet, und ist vor allem mit dem Element des Religiösen eng verbunden. Andererseits nähert sich Utopia Platons *Politeia* dadurch, dass sich dank einer gewissen Durchdringung des Philosophischen in allen Ebenen der Stadt die Notwendigkeit vieler Gesetze erübrigt. Die Erziehung soll schon genug dazu beigetragen haben, die Ordnung zu statuieren und zu erhalten.

Trotz der nicht wenigen, kontextuellen Verweise auf den einen oder anderen Dialog, die hier nicht weiter zu vertiefen sind, das vornehmliche Bezugsthema des zweiten Buches der *Utopia*, bleiben zwei große Gemeinsamkeiten Hythlodeus' mit der Figur des *theōros* bestehen, worauf im Endeffekt der theoretischen Kern von *Utopia* basiert. Es handelt sich um die Kenntnis von Differenzen als philosophischer Gestus und um ihre Anwendung auf die politische Philosophie: Der Blick auf das Andere schärft den Blick für das Eigene, so dass Hythlodeus auch über die Fehler der bekannten Städte und Nationen berichten kann. Selbstverständlich soll diese Kenntnis im Sinne einer Verbesserung genutzt werden: Hythlodeus erzählt also, was „nützlich zu wissen ist" (*praesertim quidquid ex usu fuerit non ignorari*, U, 20, 30). Darüber – und über die Verbesserung – wird jedenfalls Morus noch an *anderer Stelle* zu sprechen kommen (*U*, 32). Hier möchte er zunächst die Sitten und Einrichtungen der Utopier wiedergeben, was ihm allerdings nicht sofort gelingen soll, weil er von einer „Wendung des Gesprächs" Notiz geben soll. Dabei handelt es sich um das Interludium über die Notwendigkeit der Philosophie für die Politik – woran der Bericht über das Gespräch bei Morton anschließt.

2.2.4 *Philosophia scholastica aut civilior?* Über den Nutzen der politischen Philosophie (*U*, 21–23)

In der großen Bewunderung der Kenntnisse und der Klugheit Hythlodeus' (erneut *prudentia*, *U*, 21), die dieser nicht nur auf einer theoretischen, sondern auf einer empirischen Ebene erworben hat, fragt ihn Aegid, warum er seine Fähigkeiten nicht *in* den Dienst eines Königs stellen möchte. Dabei hätte er die Möglichkeit, sein „Glück" zu schmieden (*tuis rebus egregie consulueris*, *U*, 21, 32) und seinen Angehörigen Vorteile zu verschaffen. Er würde also von einer Art *philosophia scholastica* zu einer *philosophia civilior* übergehen (über die Unterscheidung zwischen *philosophia scholastica* und *civilior* s. Voegelin 1995, 103).

Das Thema wird am Ende des Berichtes über das Gespräch bei Morton wieder aufgenommen, so dass sich eine komplette Antwort nur aus einer Betrachtung all dieser Stellen ergeben kann.

Die hier vorgestellten Argumente Hythlodeus' tragen zu der Konturierung seiner Person bei: Er muss sich überhaupt nicht um seine Angehörigen kümmern, da er dies schon im Vorfeld gemacht habe, indem er sein Vermögen verteilt habe (*U*, 21, 32). Seine Pflicht (*officium*) habe er ihnen gegenüber dadurch erfüllt. Für ihr Wohlbefinden habe er also schon genug getan. Die Betonung liegt bei Hythlodeus auf der Notwendigkeit, sich von jedwelchen Abhängigkeiten frei zu halten – *im* Dienste oder *zu* Diensten des Königs sei dabei nur eine Frage von Buchstaben. Ungebundenheit ist geboten, um das Neue beobachten zu können (Möbus 1953, 69; Voegelin 1995, 102).

Die Freiheit Hythlodeus' erstreckt sich durch das Materielle hindurch zum Geistigen, da er nichts anders wollen kann, als zu leben, wie er schon lebt (*atqui nunc sic vivo ut volo*, *U*, 21, 34, nach der Bestimmung der Freiheit Ciceros, *De Officiis*, I, 20, 70: *cuius proprium est sic vivere, ut velis*). Dies sei in den Augen Hythlodeus' eine Position, die von manchen Vertretern des Klerus auch beneidet werde. Damit wird ein erster Hinweis auf eine eher kritische Position Hythlodeus' gegenüber manchen religiösen Institutionen gegeben.

Morus' Antwort auf Hythlodeus setzt am Begriff der Aufopferung des wahren Philosophen für das Gute der Gemeinschaft an, in der Wiederholung des Gestus des Gefangenen des Höhlengleichnisses (*Politeia* 541 a ff.), welcher in die Höhle zurückkehrt (*U*, 21–22). Hythlodeus besitze dabei nicht nur ein sicheres Wissen (*absoluta doctrina*), sondern auch eine große Erfahrung (*tanta rerum peritia*), die dem politischen Gemeinwesen zugute käme. Neben dem König sitzend befände er sich in der Tat an der Quelle von Gut und Böse für das Volk (*U*, 22, 36).

Dieser Möglichkeit stellt Hythlodeus mit machiavellischen Akzenten *ante litteram* die Umstände in der real existierenden Politik entgegen (*Il Principe* wurde zwar bereits 1512–1513 geschrieben, allerdings erst 1532 veröffentlicht). Die Könige seien wohl mit dem Krieg viel mehr als mit dem Frieden beschäftigt. Sein *otium* zu opfern, brächte Hythlodeus nichts, gerade weil die Königshöfe der Weisheit kein Gehör verschafften. Taub seien sie vor allem gegenüber den Neuigkeiten oder den Unterschieden zum *status quo*. Im Grunde genommen ist also die Nähe der Mächtigen ein *un*-philosophischer Ort, wo das Alte seine Berechtigung schlicht darum hat, weil es schon immer da gewesen ist.

Auf diese Art und Weise spricht Hythlodeus den ersten Schritt zur Annahme der Utopie als eines Verbesserungsvorschlags des Gegenwärtigen an, nämlich die Bereitschaft, das Bestehende zu ändern.

2.3 Der Vergleich mit der Lage in England (*U*, 23–36)

Zur Überzeugungskraft des Schrift Morus' als kritischem Impuls gegenüber der Gegenwart trägt auch die Herkunft Hythlodeus' bei. Als weitgereister Portugiese verkörpert er die Idee der Offenheit gegenüber dem Neuen, von wesentlicher Bedeutung im utopischen Gedanken, insbesondere für dessen Anteil an einer *revolutionären* Perspektive (vgl. Arendt 1963, 29–31).

Die dramatische Funktion dieser Idee liegt wiederum auch in dem Einbezug Hythlodeus' in eine historische Gegenwart, was durch die Rückkehr der Rede zurück nach England an Glaubwürdigkeit gewinnen soll. Zusätzlich steigert sich dadurch auch die Brisanz der Erzählung im zweiten Buch, die mit dem Bericht über England direkt konfrontiert werden kann. Falls man diesen Teil des ersten Buches als eine *Dystopie* betrachten möchte, so müsste man diesen von herkömmlichen dystopischen Darstellungen – z. B. Orwells' *1984* und *Animal Farm* oder Huxleys *Brave New World* – unterscheiden. In Morus' *Utopia* wird kein Gedankenexperiment bemüht, sondern die real existierenden, gegenwärtigen Zustände Englands wiedergegeben. Nach Surtz portraitiert Morus sich selbst durch seine Haltung gegenüber der Gewichtung von Gut und Böse im Menschen (Surtz 1964, XXVIII) als dystopisch. Somit würde *Utopia* der historischen Wirklichkeit einen Spiegel vorhalten.

Diese Metapher ist im Vergleich mit dem Ausdruck Dystopie mit wenigen Bedenken zu vertreten. Wie schon Paludanus in einer der *Parerga* bemerkte, spiegeln sich (*in speculo*) in der *Utopie* die historischen Gemeinwesen (Surtz/Hexter 1965, 27). Der Bericht über das Gespräch bei Morton, der im Nachfolgenden zusammengefasst wird, repräsentiert *pars pro toto* die Verhältnisse eines zeitgenössischen *Commonwealth*, welches an seinem Heil arbeiten soll. Dies versteht sich allerdings am Besten im Anschluss an die Darstellung Amaurotums.

2.3.1 Erfahrungen bei J. Morton: Kritik am englischen Strafrecht (*U*, 23–24)

John Morton ist ein biographisches *trait d'union* zwischen Hythlodeus und Morus. Jener wohnte gemäß der Darstellung durch Morus bei Morton und war ihm zu Dank verpflichtet, der zweite, Morus, genoss die Erziehung im Hause Mortons zwischen 1490 und 1492. Der historische Hinweis auf den Bürgerkrieg in

Folge der Rebellion von 1497 wird von einem ungereimten Hinweis Hythlodeus', welcher die Fiktion im logischen Sinne bricht, abgetan. Hythlodeus behauptet, er brauche gegenüber Morus den Tugenden von Morton nicht zu preisen, denn dieser kenne sie schon. Bloß hatte es in der Schrift bis zu diesem Punkt keinen Hinweis auf die Bekanntschaft zwischen den beiden gegeben, Hythlodeus konnte also nichts davon wissen. Es sei denn, der wohlwollende Interpret möchte auf die *allgemein* bekannten Tugenden des Bischofs und Botschafters hinweisen, die Morus *notwendigerweise* bekannt sein mussten.

Jedenfalls verlässt sich der König auf den Rat Mortons, der „Weltklugheit" (*prudentia rerum*, U, 23, 40) durch seine Erfahrungen in großen Staatsgeschäften erworben hatte. Ein Gespräch bei ihm bietet sich als gute Veranschaulichung der Missstände des Rechts und der Gesellschaft an – denen anscheinend auch der Rat des Philosophen, wenn auch wahrgenommen, nicht zur Rettung genügt.

Hinter dem Gespräch über das englische Strafrecht versteckt sich die Tätigkeit Morus' als Jurist, die schon in der Vorrede 1516 erwähnt wird (*dum causas forenses assidue alias ago*, U, 13, 11). Trotz der juristischen Verfärbung reicht dieser Hinweis jedoch nicht aus, um hier den Begriff eines juristischen Dialoges anzuwenden. Die Todesstrafe wegen Diebstahls, die in England erst 1827 abgeschafft wird, erfreute sich zu Morus Zeit der großen Gunst der Mächtigen. Der erwünschten Erfolg der Abschreckung blieb allerdings aus, trotz der großen Menge an Hinrichtungen, wie ein italienischer, zeitgenössischer Kommentator es treffend anmerkte: „jeden Tag werden gute Dutzend erhängt als ob sie Bündel von Vögeln wären, und dies vor allem in London" (*ogni giorno ne sono impiccati le belle dozzine come se fossino mazzi d'uccelli, e massime in Londra*, ein Mitarbeiter von A. Trevisan, venezianischer Botschafter in England 1497-8, in Firpo 1979, 120).

Die Todesstrafe wird von einem Juristen am Tisch Mortons gelobt, obwohl Verwunderung über die bestehende Anzahl der hingerichteten Diebe geäußert wird. Hythlodeus hingegen argumentiert aufgrund der Unverhältnismäßigkeit zwischen Diebstahl und Todesstrafe (U, 23-24) gegen diese Maßnahme. Die Leute begingen seiner Meinung gemäß Diebstahl nur deshalb, weil ihnen eine sinnvolle Alternative fehle.

Die Analyse des Juristen am Hof Mortons erweist sich als kurzsichtig, weil sie die tatsächlichen Ursachen der „Gaunerei" übersehen. Er unterstellt den Dieben die Absicht, anderen Beschäftigungen wie dem Ackerbau oder dem Handwerk, nicht nachgehen zu wollen. Der Jurist sieht also in den Dieben eine Naturanlage (*ni sponte mali esse mallent*, U, 24, 42), die Hythlodeus mit wenigen Beispielen aus dem militärischen Bereich und dem adligen gesellschaftlichen Bereich kontert. Den verstümmelten Heimkehrenden, denen derart eine körperliche Beschäftigung verwehrt ist, folgen die Edelleute, die von den Pächtern leben, wie auch die Leute, die sich als Trabanten um diese Edlen scharen. Falls diese ihre Rolle verlieren, seien sie unfähig, einer Arbeit nachzugehen. Dabei schwingt in der Beschreibung ihres „einherstolzierenden" Verhaltens eine gewisse moralische Abwertung mit.

Die Rettung dieser Edelleute um des Krieges willen scheint Hythlodeus nicht vertretbar zu sein, denn aus demselben Grund sollten dann auch die Diebe erhalten werden, die ihrem Wesen gemäß eine große Affinität zu Soldaten haben (*U* 25–26). Hingegen bedeutet der Erhalt von wohlgeübten Soldaten, wie das Beispiel von Frankreich zeigt, für den Staat den Ruin, da man einerseits das Heer erhalten soll, andererseits die Menschen eher „Bestien", die „gezüchtet" werden, ähneln (*beluas alere*, *U*, 26, 48; am 29.11.1516 unterschreibt Franz I. mit den Schweizern einen Vertrag, der ihn zur Einberufung von 16.000 Männern ermächtigt. S. Firpo 1979, 123, Fn.). Diesem Problem wird die Stadt Utopia eine Antwort geben, die wenigstens das körperliche Wohlbefinden der eigenen Mitbürger schont: Die Feinde werden korrumpiert und andere Völker angeworben, um die eigenen Bürger als Soldaten zu ersetzen. Inwiefern dieser pseudo-utilitaristische Ansatz einen gewissen ethischen Widerspruch mit anderen Lösungen Utopias enthalten kann, wird im Text nicht weiter thematisiert.

Ein weiterer Grund für die große Anzahl an Dieben sei die extensive Schafzucht, welche das Land der Bauern und Pächter verringert. Die resultierenden Einhegungen begründen im Laufe der englischen Geschichte die großen sozialen Gegensätze. Natürlich bewegt sich die Lösung von Amaurotum in die exakt gegenteilige Richtung, mit einer zentralen funktionellen Zuweisung der zu verrichtenden Arbeiten auf dem Land, welches *res communis* bleibt. Dieser Abschnitt dient also als Vorbereitung des vermeintlichen „Kommunismus" des zweiten Buches. Hier scheint das Interesse Morus' jedenfalls nicht nur in den technischen-politischen Lösungen zu bestehen, sondern vielmehr im Aufzeigen einer strukturellen Schwäche des politischen Systems seiner Zeit, welches Lösungen erfordert (über die Zustände in England der Tudor s. Kenyon 1989, 67ff.).

Aus den oben angeführten Prämissen – und aus der Habgier der Landbesitzer (*U*, 27–28) – ergibt sich zwangsläufig eine Verteuerung der Lebensmittel. Die von den Landbesitzern verursachte Monopolsituation entscheidet auch über den Anstieg des Wollpreises. Zur Habgier gesellt sich die Verschwendungssucht in Kleidung und Lebenshaltung. Auch auf diese Frage wird Amaurotum mit einer Erziehung zu einem bescheidenen Auftreten eine Lösung anbieten. Mit Nachdruck fordert Hythlodeus, dass diese Probleme durch Beschränkung der Monopole, Senkung der Arbeitslosigkeit, Erneuerung der Spinnerei und Belebung des Ackerbaus, gelöst werden sollen. Wichtig an dieser Stelle ist die Betonung der Behebung des Übels, nicht seiner Folgen (*certe nisi his malis medemini*, *U*, 28, 56). Die Ursachen solcher Situation sind nicht in der Natur des Menschen, sondern in der Erziehung bzw. in der Verderbung einer ursprünglichen guten Anlage zu finden.

Erneut um eine Vertiefung seiner Argumente gebeten (die Replik des Juristen wurde von Kardinal Morton unterbrochen) führt Hythlodeus seine Argumente gegen die Todesstrafe ein, bzw. geht er auf das Thema der Verwandtschaft zwischen Diebstahl und Tötung ein: Trotz der gänzlichen Verschiedenheit der Tat ist die Bestrafung dieselbe (*aequitas ... nihil omnino simile aut affine*, U, 29, 60). Des Weiteren wird auf das göttliche Tötungsverbots hingewiesen: Es handelt sich um eine interessante Angelegenheit, vor allem in Anbetracht des sonst in religiösen Angelegenheiten ungebundenen Charakters Hythlodeus'. Dieser lässt hier die verschwommene Figur Morus' durch seine Maske hindurch scheinen. Die Gegenüberstellung zwischen göttlichem und positivem Gesetz verweist auf eine mögliche Unterordnung des zweiten unter das erste (s. Thomas von Aquin, *Summa Theologica*, II, 1, 91 und II, 2, 57). Diese würde sich z. T. mit der Rolle der Religion in Utopia reiben, weil die im Gespräch mit Morton abgelehnte Todesstrafe durch die Hintertür als eine Art staatlich verordneter ‚Sterbehilfe' in Utopia wiedereingeführt wird. Eher auf einer Linie mit den später erläuterten Lösungen Utopias ist die letzte Begründung von Hythlodeus, wonach die Todesstrafe auf Diebstahl eben dazu führt, dass der Dieb lieber mordet, da er damit die Wahrscheinlichkeit vergrößert, nicht entdeckt zu werden.

2.3.2 Polyleriten und Nachahmung in England: Ein Bruch mit dem Fiktiven? (*U* 30–33)

Ein gutes Beispiel findet der rede- und eventuell lügengewandte Hythlodeus beim Volk der geschwätzigen Polyleriten (πολύς-λῆρος), denen die persische Herkunft gewisse Affinitäten zu den Bewohnern Utopias verschafft. Diese haben einen persischen Namen für ihren Gott (Mitra) gewählt.

Mit dem Hinweise auf die Polyleriten wird ein nächster Schritt in Richtung Utopia unternommen, da hier zum ersten Mal ein fiktives Volk zum Vergleich mit den englischen Zuständen herangezogen wird.

Wie die Utopier leben die Polyleriten nicht nur von anderen Völkern und vom Meer entfernt, sondern auch von der Idee des Krieges, des Ruhmes und des Adels. Der Mittelpunkt ihrer Beschäftigung ist nichts weniger als der reine Glücksbegriff – somit schlägt Hythlodeus einen klaren Bogen zum epikureischen, hedonistischen Begriff des Glücks in Utopia.

Diebe werden hier zu Zwangsarbeiten verurteilt, aber nicht getötet. Die Stadt ahndet den Fall mit einer Rückgabe des Gestohlenen und einer Entschädigung von Seiten des Diebes. An Arbeit fehlt es durch diese Maßnahme jedoch nicht (*U*, 32). Die Todesstrafe ist jedenfalls bei den Polyleriten nicht abgeschafft (z. B. bei Fluchtversuch und bei Geldgeschenken). Die großen Vorteile seien dabei die

Humanität, die Bequemlichkeit und Funktionalität der Verordnung (*humanitatis et commodi*, U, 32, 70). Vor allem meint Hythlodeus, dass man somit „die Verbrechen beseitigt, ohne die Menschen zu vernichten" (*ut vitiaperimat servatis hominbus*, ebd.). Allerdings werden die Sklaven durch einheitliche Kleiderfarbe und Ohrmuscheln gekennzeichnet. Aus ihrer Lage gibt es keinen Ausweg, hingegen beschäftigt sich Morus mit dem Fall, wonach diejenigen, die eine Flucht planen, angezeigt werden. Da die entflohenen ‚Zwangsarbeiter' eine Gefahr für den Staat darstellen, werden Anzeigen über Fluchtpläne durch hohe Prämien, gar auch mit der Freiheit des Anzeigenden, belohnt. Allerdings stellt auch das gute Benehmen eine Möglichkeit dar, die Freiheit wieder zu gewinnen. Morus bzw. Hythlodeus scheint hier jedenfalls vielmehr die Minderung der Gefahr von Seiten der Verbrecher als die Belohnung des positiven Strebens nach Freiheit zu interessieren.

Die Kritik an den *enclosures* und die Aufforderung, die Lösung der Polyleriten nachzuahmen, könnte den Eindruck erwecken, dass die Wechselwirkung zwischen Fiktion und historischer Realität gebrochen wird.

Diesbezüglich lohnt es sich hier, den Status des Begriffes Fiktion bei Morus kurz zu charakterisieren. Das Wort Fiktion (lat. *fingo*) weist schon in seiner ursprünglichen Bedeutung auf die „Vorstellung", auf den Entwurf eines Bildes als Idee hin sowie, in seiner partizipialen Form, auf das Erdichtete auch im Sinne der Erfindung von etwas Falschem (*vultus ficti simulatique*, Cicero, *Epistulae Ad Familiares* 12, 13, 3). In dieser Hinsicht sind die der *Utopia* zeitnahen Reiseerzählungen mit Hinweisen auf *mirabilia* (Wunder) und *monstra* (unbekannte merkwürdige Gestalten) immer auch das Produkt einer Fiktion. Allerdings handelt es sich bei Morus nicht um die Überraschung, die seltsame und befremdende Gestalten in einem hypothetischen Leser wecken sollen, sondern um die Erregung eines Gedankens über das Gegenwärtige *durch das Fiktive* (über den Austausch von Realitätsprädikaten zwischen Fiktion und Wirklichkeit s. Iser 1991, 19)

Im Abschnitt über die Polyleriten zeigt sich die Fiktion als Impuls für die historische Gegebenheit, andererseits wird der Begriff der Fiktion durch den Bezug auf England aufgewertet. Es handelt sich hierbei um eine Art narrativen Chiasmus: Morus/Hythlodeus weist auf die Notwendigkeit einer Änderung in England, also auf der Ebene der historischen Wirklichkeit, durch den Hinweis auf das nicht-existierende, jedoch nachzuahmende Volk der Polyleriten, hin.

Hythlodeus' Vorschlag, solche Maßnahmen in England in das Staatsrecht einzubinden, stoßen auf der narrativen Ebene der Schrift auf die unbegründete Ablehnung der Zuhörerschaft. Die Ursache dieses Verhaltens wurde schon in seiner Argumentation gegen eine politische Betätigung des Philosophen angeführt: Jedwelche Änderungsvorschläge werden ungeachtet ihrer Qualität negativ bewertet.

Die Erzählung enthüllt die Unbeständigkeit – und also die entsprechende mangelnde Begründung – der Meinung der Zuhörerschaft. Der Kardinal bricht in der Tat eine Lanze für Hythlodeus und entwirft vorsichtig die Möglichkeit, dass der Landesherr eine Aufhebung der Todesstrafe und Erprobung des Vorschlages Morus' angehen könnte. Die entsprechenden Lobpreisungen von Seiten jener Zuhörer, die kurz davor der – wohlgemerkt – gegenteiligen Meinung des Juristen zugestimmt hatten, bestätigen Hythlodeus in seiner Ablehnung einer politischen Aufgabe. Das Verhalten dieser Zuhörer weist symbolisch auf die Irrationalität des Volkes und vielleicht sogar der politischen Betätigung als solcher: Nicht die Qualität der Vorschläge zählt, sondern die Gunst des Mächtigen. Die Betonung dieser Heuchelei spannt einen Bogen zur Figur der Hofschranze im nächsten Abschnitt.

In diesem Anticlimax bereitet Morus den Abschluss des Berichtes vor, nicht ohne eine weitere, leise Kritik gegen die Einstellung mancher Geistlichen anzuführen. Unter den Zuhörern, die nicht näher beschrieben werden, befindet sich auch ein Mönch, welcher zur Zielscheibe der Scherze eines eben eingetretenen Possenreißers wird. Dieser könnte eine weitere Maske Hythlodeus' darstellen, jedenfalls kritisiert der Possenreißer die Klosterbrüder auf dieselbe Weise wie zuvor Hythlodeus die Edelleute kritisiert hatte. Es handele sich um „Tagediebe", die lieber auch mit „Zwangsarbeit" beschäftigt werden sollten. Gleich einer Kamerabewegung zeigt Morus' Erzählweise abwechselnd das kleine Hofvölkchen, um die Zustimmung des Kardinals bemüht, den Possenreißer, welcher seine Witze ungebremst vorträgt, und zuletzt den Mönch, der vor Wut schäumt. Als dieser letzte versucht mit dem Possenreißer durch Bibelzitate zu wetteifern, ohne dabei zu obsiegen, befiehlt der Kardinal den Abgang des Possenreißers. Dadurch wird auch die Entlassung der übrigen Anwesenden eingeleitet.

2.3.12 Schluss des Berichtes (*U*, 33–36)

Die Erzählung dieser Gespräche im Hause Mortons bringt zwei Fortschritte, einen emotiven und einen argumentativen, innerhalb der Konstellation Morus-Hythlodeus. Durch die Erinnerung an Morton wird die Hinwendung Morus' zu Hythlodeus gesteigert (*quanto mihi sis effecuts hoc nomine carior*, U, 36, 82), während die Frage der politische Rolle des Philosophen auf eine höhere Ebene gestellt wird. Hythlodeus wird im Grunde nicht nur gefragt, ob die Philosophen Herrscher oder die Herrscher Philosophen werden sollen, sondern worin überhaupt das Glück einer Stadt bestehe.

Die Figur Hythlodeus' bewegt sich in diesem ersten Teil des ersten Buches stellvertretend für den narrativen und politisch-anthropologischen Wert *Utopias*.

Es wäre vermessen, in ihm – sowie in der fiktiven Person Morus' – *vollplastische* Figuren zu sehen (s. Schölderle 2011, 88). In dieser Hinsicht wird auch die Schwierigkeit, den prägnanten Charakter Hythlodeus' durch ein Schema einzugrenzen verständlich: Er soll wie die Insel nicht zu verorten sein, vielmehr sich in einem schwebenden Zwischenraum bewegen, von wo er den Leser zum Denken anregt. Zur Verdeutlichung dieser Merkmale Hythlodeus' könnte der Sokrates im *Symposion* behilflich sein. Aufgrund einer gewissen Vielschichtigkeit und durch das Vermögen, die Gefühle (und die Gedanken) der Zuhörer zu bewegen, lässt sich Sokrates an keinem bestimmten *topos* verorten. Seine *atopia* (*Symposion* 215 a1) setzt die Reflexion des Lesers über sich in Gang, zwingt zur Überprüfung und womöglich auch zur Selbstanklage, wie es Alkibiades passiert. Die hier hervorgehobene dramatische Architektur der Schrift zeigt den Versuch, einen Ort der Bewegung zu schaffen, welcher durch die ständige Verwischung der Grenze zwischen fiktivem und historischem genau die Operation des Denkens erfordert, diese Grenzen auf ihre anthropologische und politische Folgen hin zu überprüfen.

Die unterschiedlichen Ebenen von *Utopia* verfolgen ein ähnliches Ziel: Die Wechselwirkung von Fiktion und historischer Wirklichkeit soll die Reflexion der Zuhörer von Hythlodeus sowie der Leser von *Utopia* anregen. Am besten werden solche Wechselwirkungen durch den Begriff der literarischen Fiktion und dem der fiktionalen Kommunikation beschrieben (Sorge 1992, 77ff.). Morus spielt auf eine Art metatheatralischer Ebene, z. B. mit dem Briefwechsel der *Parerga*, und in der Minimierung seiner Rolle als Autor, so dass *Utopia* als ein vielfältiges Werk erscheint, in dem mehrere Akteure und unterschiedliche Leser kommunizieren (über die Fiktion und die Figur Morus' s. Schölderle 2011, 98 und Sorge 1992, 83 u. f.). Obwohl es in erster Instanz ein Werk über Politik für Humanisten – und für Politiker – sein soll, stellt es die Kristallisierung eines humanistischen Mitdenkens, eines *Synphilosophierens* dar. Durch diese Vielfalt an Ebenen, auf denen sich die Fiktion abspielt, bietet sich *Utopia* nicht nur als ein Werk *über* eine utopische Stadt an, sondern über *die* Utopie *tout court*.

Literatur

Arendt, H. 1963: On Revolution, New York; dt. Über die Revolution, München 1963.
Firpo, L.: 1979: Utopia, Napoli.
Ciani, M. G. 1994: Einführung, in: Omero. Odissea, Padova, 11–36.
Cicero, M. T.: Tusculanae Disputationes, Mailand 1928 (Genova 1990).
Cicero, M. T.: De Officiis, hrgs. v. E. Narducci, Mailand 1958 (1996).
Cicero, M.T.: An seine Freunde/Ad Familiares, hrsg. v. H. Kasten, Düsseldorf 2004.
Höffe, O. 2012: Provisorische Amoral, in: O. Höffe (Hrsg.), Der Fürst, Berlin, 107–119.

Iser, W. 1991: Das Fiktive und das Imaginäre. Perspektive literarischer Anthropologie, Frankfurt/M.
Kenyon, T. 1989: Utopian communism and political thought in early modern England, London.
Lazzeri, C. 1995: Prudence, éthique et politique de Thomas d'Aquin à Machiavel, in A. Tosel (Hrsg.): De la prudence des anciens comparée à celle des modernes, Paris, 79–128.
McCutcheon, E. 2011: More's rhetoric, in: G. M. Logan (Hrsg.): The Cambridge companion to Thomas More, Cambridge, 46–69.
Möbus, G. 1953: Politik des Heiligen, Berlin.
Omero: Odissea, hrsg. v. M.G. Ciani u. A. Avezzù, Padova 1994.
Panno, G. 2007: Dionisiaco e alterità nelle Leggi di Platone, Milano.
Panno, G. 2012: Die Tugenden des Fürsten zwischen Sein und Schein, in: O. Höffe (Hrsg.): Der Fürst, Berlin, 89–105.
Prévost, A. 1978: L'Utopie de Thomas More, Paris.
Schölderle, T. 2011: Utopia und Utopie, München.
Schölderle, Th. 2012: Geschichte der Utopie, Köln.
Sorge, Th. 1992: Gespielte Geschichte, Frankfurt/M.
Surtz, E. 1964: Utopia, Yale.
Surtz, E./Hexter, J. H. 1965: Utopia, The Complete Works of St. Thomas More, Yale.
Thomas v. Aquin: Summa Theologica, hrsg. v. H. M. Christmann, Heidelberg 1977.
Vespucci A.: Lettere di viaggio, hrsg. v. L. Formisano, Mailand 1985.
Voegelin, E. 1995: Die Spielerische Grausamkeit der Humanisten, Nicoló Machiavelli, Thomas Morus, München.

Jörg Tremmel
3 Thomas Morus: Der Philosoph als Fürstendiener oder Staatsmann?
3.1 Einleitung

„Der Philosoph als Staatsmann" – so lautet die nachträglich eingefügte Zwischenüberschrift des zu besprechenden Unterkapitels in der von Klaus J. Heinisch übersetzten Ausgabe der *Utopia* (*U*, 36–47). Der Ich-Erzähler Morus schlägt darin dem weitgereisten und philosophisch gebildeten Raphael Hythlodeus vor, Fürstenberater zu werden: „... ich bin nach wie vor der Meinung, daß du, wenn du dich dazu überwinden könntest, deinen Abscheu vor den Fürstenhöfen abzulegen, der Allgemeinheit durch deine Ratschläge außerordentlich viel Gutes erweisen könntest" (*U*, 36). „Quare nihil magis incumbit tuo, hoc est boni uiri, officio" (*Utopia*, lat.-dt. Ausgabe v. Ritter, 82), so fährt die *editio princeps* fort und die Heinisch-Übersetzung hat daraus, durchaus wörtlich, gemacht: „Deshalb ist das auch deine, als eines tüchtigen Mannes, erste Aufgabe". (*U*, 36) Die von Gerhard Ritter übersetzte *Utopia*-Ausgabe bei Reclam hingegen übersetzt freier: „Deshalb ist dies deine höchste Pflicht, die Pflicht eines braven Mannes." (*Utopia*, übers. v. Ritter, 36)

Tatsächlich ist der Begriff der *Pflicht* wohl am besten geeignet, um Morus' eigene Auffassung zur Kernfrage dieses kleinen Kommentars darzulegen. Diese Frage lautet: „Soll ein Philosoph (alternativ: ein Gelehrter, ein Literati, ein Wahrheitsliebender und -suchender) als Berater in die Dienste eines Herrschers (Fürsten, Königs, Mächtigen) treten?" Diese Frage ist so gestellt, dass die Entscheidung über ein solches Beschäftigungsverhältnis beim Gelehrten liegt, nicht beim Herrscher.

Um diese Frage überhaupt zu verstehen, ist es illustrativ, sich Machiavellis wahrscheinlichste Antwort zu vergegenwärtigen: „Natürlich, warum denn nicht?", so würde der Verfasser des *Principe* (Machiavelli 1532) vermutlich geantwortet haben. Hat er doch dieses Buch zu keinem anderen als dem Zweck geschrieben, bei den Medici als Berater in Lohn und Brot zu kommen.

Es geht Morus aber nicht darum, den Herrscher (in seinem Fall Heinrich VIII.) dahingehend zu beraten, wie dieser mit List und Gewalt möglichst lange den Fortbestand seiner Herrschaft sichern könne. Die Frage macht nur Sinn, wenn wir unterstellen, dass die Beratung *im Sinne des Gemeinwohls* erfolgen soll. Damit wird also schon implizit vorausgesetzt, dass die Philosophie moralischer ist als die Politik, dass „unmoralische Philosophie" eine contradicto in se ist, dass infolgedessen die in der Philosophie bewanderten Männer am Hofe der Könige als moralische Instanz zu wirken zumindest prinzipiell in der Lage sein könnten. Nur unter diesen Prämissen macht die Diskussion zwischen Morus und Raphael Sinn. Nur dann kann es aus Sicht des Raphael zwei mögliche Antworten – Ja oder Nein – geben. „Soll ich mein unpolitisches, aber tugendhaft führbares Leben einem Leben opfern, bei dem ich mit großer Wahrscheinlichkeit meine Hände beflecken werde?", so formuliert kann sich die Frage ein Sokrates, ein Seneca, ein Franz von Assisi oder eben auch der – immerhin posthum heiliggesprochene – reale Thomas More stellen, nicht jedoch ein Machiavelli, der zumindest bisher der Heiligsprechung entgangen ist.

3.2 Der Gang des Gesprächs

In einem herrlichen Dialog führt Raphael der Buchfigur Morus vor Augen, dass seine Beratertätigkeit so gar nichts gegen Kriegslust und Machtstreben von Königen würde ausrichten können. Man solle sich einmal vorstellen, er, Raphael, säße zwischen den Beratern des Königs von Frankreich, und es würde darum gehen, mit welchen Mitteln und Machenschaften der König Mailand behaupten und das abtrünnige Neapel zurückgewinnen, Venedig zerstören und schließlich ganz Italien erobern könne. Laut Raphael bekäme der König nun eine lange Reihe amoralischer Vorschläge von seinem Kabinett zu hören:

> Der eine rät, mit den Venezianern ein Bündnis zu schließen, das nur so lange dauern solle, wie es für einen selbst vorteilhaft sei ... Ein anderer schlägt vor, Deutsche anzuwerben, wieder ein anderer, Schweizer mit Geld zu gewinnen, ein dritter, den Willen der kaiserlichen Majestät mit Geld ... geneigt zu machen ... während der letzte der Ansicht ist, man müsse den Fürsten von Kastilien durch gewisse Aussichten auf Verschwägerung umgarnen und einige adlige Höflinge durch feste Jahresgelder auf seine Seite ziehen" (U, 37).

Niemand würde auf einen Berater hören, der inmitten all der eifrig vorgetragenen Vorschläge – militärische Gewalt, Subsidien, taktische Heiraten, Scheinverträge, Spione – das Friedensglöckchen läuten wolle.

> Hier also, ... wo so viele hervorragende Männer um die Wette ihre Ratschläge für den König anbringen, sollte ich armes Menschenkind aufstehen und befehlen, das Steuer herumzureißen, dafür stimmen, Italien aufzugeben, raten, daheim zu bleiben, meinen, Frankreich allein sei fast zu groß, als daß es von einem Einzigen richtig verwaltet werden könne, und der König solle doch nicht glauben, er müsse noch nach Gebietserweiterungen trachten (U, 37).

Es folgt das Beispiel eines fiktiven Volkes, der Achorier, die laut der überlieferten Geschichte ihren König gezwungen haben, sich auf sein ursprüngliches Reich zu beschränken und ein zweites, von ihm erobertes Reich freiwillig wieder abzugeben. Das Volk habe, so Hythlodeus' Erzählung, in aller Ehrerbietung den König vor die Wahl gestellt, welches von beiden Reichen er behalten wolle. Die Untertanen seines ersten Reiches wären schon zu zahlreich, um von einem „halbierten König" regiert zu werden. Beim Exkurs zu den Achoriern geht Morus nach der „Methode Utopia" vor: Er erzählt die Geschichte einer fiktiven Gesellschaft, um Alternativen zu den realexistierenden Verhältnissen aufzuzeigen.

Doch gleich geht es zurück nach Europa, denn Raphael wechselt von der Außen- zur Finanzpolitik. Diesmal geht es ihm um die Geldgier der Könige. Man möge sich vorstellen, nun werde unter den anderen Ratgebern diskutiert, welche Finanzpolitik am geeignetsten sei, um irgendeinem König die Taschen zu füllen. Soll man den Geldwert manipulieren, je nachdem, ob der König gerade Gläubiger oder Schuldner ist? Oder gar einen Krieg fingieren und dafür Kriegsanleihen emittieren, nach deren Zeichnung aber den Krieg wieder unter feierlicher Zeremonie beenden? Vielleicht könne man stattdessen ja auch in Vergessenheit geratene („längst von den Motten zerfressene" [*U*, 39]) Gesetze vollziehen und dadurch von Einzelnen hohe Strafgelder einziehen. Dadurch könne der König sich beim Volke beliebt machen, denn er stehe als gesetzestreu da. Wenn zudem diejenigen, deren Geschäfte durch die Gesetze zunichtegemacht werden, heimlich vom König dispensiert würden, so könne er gar doppelt daran verdienen.

Man beachte, dass bei der Finanzpolitik nicht mehr vom französischen, sondern von *irgendeinem* König die Rede ist (*U*, 38). Baker-Smith (2011, 160) ist sich sicher, dass der englische gemeint sein müsse. Bei angemotteten Gesetzen mag sich Morus an den Freund Erasmus erinnert haben. Dieser hatte 1499 aufgrund eines dubiosen Gesetzes einen großen Teil seines Vermögens englischen Zollbeamten überlassen müssen. Heinrich VII. hatte ein altes Gesetz aus der Zeit Edward IV., das die Ausfuhr von Silber- oder Goldmünzen, gleich ob englischer oder ausländischer Prägung, untersagte, wieder in Kraft gesetzt. Erasmus wurde davon überrascht und von den 20 Pfund in seiner Börse, mit denen er sein Studium finanzieren wollte, wurde alles bis auf zwei Pfund beschlagnahmt (Chambers 1947, 83).

Raphael fährt fort: „Wenn ich jetzt aufstünde und behauptete, alle diese Vorschläge seien eines Königs unwürdig und verderblich, nicht nur seine Ehre, sondern auch seine Sicherheit beruhe mehr auf des Volkes Reichtum als auf seinem eigenen …" (*U*, 40). Die Botschaft von Raphaels anschaulichen Beispielen ist klar und muss gar nicht mehr ausgesprochen werden.

Ethische Ratschläge seien völlig hoffnungslos. Unter diesen Umständen, den unabänderlichen Verhältnissen, dürfe man sich verweigern. Raphael fürchtet zudem, dass ein solches Amt ihn korrumpiere:

> ... da muß man offensichtlich üble Ratschläge billigen und die verhängnisvollsten Verfügungen unterschreiben ... Ferner findet man keine Gelegenheit, bei der man etwas nützen könnte, wenn man unter solche Amtsgenossen geraten ist, die ja eher den besten Mann verderben, als daß sie selbst gebessert werden. Durch den verderblichen Umgang mit ihnen wird man entweder selbst verdorben, oder, wenn man selber lauter und anständig bleibt, deckt man ihre Bösartigkeit und Dummheit (*U*, 43f.).

Was entgegnet die Romanfigur Morus in ihrer Replik, nachdem Raphael so schön begründet hat, warum er niemals Ratgeber eines Fürsten werden möchte? Morus erkennt an, dass die Welt unvollkommen ist: „Denn es ist unmöglich, daß alles gut ist, es sei denn, daß alle Menschen gut wären; aber das erwarte ich für eine ganze Reihe von Jahren noch nicht." (*U*, 42) Er plädiert unter diesen nichtidealen Umständen für eine flexible Moral, die sich auch mal verbiegt, um das Schlimmste zu verhindern. Die Philosophie müsse das Stück, das gerade gespielt werde, akzeptieren, so Morus. Wenn ein Philosoph zwischen die speichelleckerischen Ratgeber des Königs zu sitzen käme, so müsse der Philosoph sich bemühen alles geschickt darzulegen und, was er nicht zum Guten wenden kann, wenigstens möglichst wenig schlecht ausfallen zu lassen:

> ... wenn du abwegige Meinungen nicht mit der Wurzel ausreißen kannst und Fehler, die sich herkömmlicherweise eingenistet haben, nicht nach Wunsch und Willen beheben, so darfst du deswegen doch nicht gleich den Staat im Stiche lassen und im Sturme das Schiff aufgeben, weil du den Winden nicht wehren kannst (ebd.).

3.3 Vita activa versus vita contemplativa?

Auf den ersten Blick scheint die Frage der Fürstenberatung, welches die eigentliche Kernfrage des ersten Buches der *Utopia* ist, altbekannt zu sein. Immerhin war der Gegensatz zwischen einem politischen und einem philosophischen Leben schon in der Antike ein gängiges Thema und auf den ersten Blick finden wir viele loci classici für die Abwägung zwischen vita activa und vita contemplativa (zum Beispiel Kullmann [1995], Bubner [1992], Snell [1975], Gigon [1973], Kapp [1968], Bien [1968], Boll [1950], Jaeger [1928]). Vor allem die Ausführungen Ciceros sind einschlägig. Er diskutiert verschiedene Argumente pro und contra eines Lebens als aktiver Politiker innerhalb der Römischen Republik (vgl. *De re publica*, *De officiis*, *De finibus bonorum et malorum*, *Pro P. Sestio oratio*; ich folge hier im wesentlichen Morkel 2013). So beklagt Cicero etwa, dass Politik viele Strapazen mit sich bringe, ja sogar das Leben kosten könne; dass politischer Ruhm unstet und flüchtig sei; und dass Politik ein schmutziges Geschäft sei, durch das man zwangsläufig korrumpiert werde. Letztlich gebe es aber für alle Begabten eine Pflicht, politisch tätig zu sein, denn anders könne ein Staat nicht regiert werden (*De officiis*, 1,7). Nur wer sich aufgrund seiner überragenden Bedeutung in der Wissenschaft als unersetzlich erwiesen hätte oder wer wegen seiner schwachen Gesundheit den Anforderungen der Politik nicht gewachsen sei, sei davon befreit.

Es sollte nicht übersehen werden, dass in der bei Morus zu findenden Passage die *Interaktion* zwischen dem (moralisch) Gebildeten und dem Herrscher angesprochen wird. Bei beratungsresistenten Herrschern kann diese Interaktion den Berater schlimmstenfalls den Kopf kosten – siehe die Lebensgeschichte des realen Morus. Bei den obigen Beispielen wie auch schon bei Platons berühmtem Philosophenkönigtum geht es hingegen in der Regel um Personenidentität. Bei Platon wäre ein amtierender Philosophenkönig allenfalls gelegentlich im inneren Zwiespalt mit sich selbst, ob er moralisch oder „politisch" (gemeint ist: im Sinne der Staatsraison) handeln soll. So stellt sich die Frage für Raphael aber nicht, vielmehr müsste er sein jetziges selbstbestimmtes Leben komplett aufgeben. Raphael beharrt hier weniger auf einem Recht auf „contemplative retirement", wie Baker-Smith (2011, 158) behauptet hat. Wenn er nicht so genau wüsste, dass die Fürsten beratungsresistent sind, so würde er schon an den Hof kommen wollen. Noch aus einem zweiten Grund scheint die klassische Gegenüberstellung von *vita activa* und *vita contemplativa* hier ein bisschen schief zu sein. Raphael ist bisher Entdeckungsreisender gewesen, ein Gefährte Vespuccis. Zwar fährt er nicht zur See wie Palinurus, der Steuermann des Äneas auf dessen Irrfahrt vom zerstörten Troja nach Italien, sondern wie „Odysseus oder, besser gesagt, wie Platon" (*U*, 18). Seine Entdeckungen sind also primär intellektueller Natur. Aber ein bisschen von Odysseus, dem rastlosen griechischen Held, steckt eben schon in ihm.

Die Buchfigur Morus gibt zwar in der Romanhandlung den Gegenredner von Raphael, aber es ist möglich, dass der Buchautor Morus Raphael als advocatus diabolis gegen eine Beratertätigkeit bei Hofe sprechen lässt, um alle Gegenargumente zu Wort kommen zu lassen. Jedenfalls zählt der Text in prophetischer Manier einige der Methoden auf, mit deren Hilfe die Engländer im Laufe der nächsten dreißig Jahre durch Heinrich VIII. ausgebeutet werden sollten. Warum aber kommt die vernichtende Kritik am Kriegsgebaren und der Finanzpolitik der Fürsten dann nicht auch in der inneren Handlung aus Morus' Mund? Ein Grund könnte sein, dass Morus sich selbst schützen und sich seinen weiteren Lebensweg, in welcher Richtung auch immer, nicht erschweren wollte. Schon seine Tätigkeit im Rahmen der Handelsdelegation nach Flandern 1515 – während dieser Zeit schrieb er das Zweite Buch der *Utopia* – erfolgte im Dienst der Krone. Auch wenn bis zum endgültigen Übertritt in die Dienste des Königs noch rund 18 Monate vergehen sollten, wird sich der künftige Karriereweg vor seinem geistigen Auge abgezeichnet haben. Vielleicht hat der Schriftsteller Morus aber auch wirklich die Position des Raphael, so gut begründet sie auch vorgetragen wurde, nicht für ausschlaggebend gehalten.

3.4 Was dachte der reale Morus wirklich über die Pflicht zur Fürstenberatung?

In der langen Rezeptionsgeschichte der *Utopia* ist viel über Morus' Intentionen spekuliert worden – nicht nur, was er persönlich zur Kernfrage des Ersten Buches dachte, sondern auch, ob die gesellschaftlichen Arrangements der Utopier für ihn einen Idealstaat darstellten. An dieser Stelle sind einige methodische Bemerkungen angebracht.

Der Satz „es ist gänzlich unmöglich, einen klassischen Text heute so zu verstehen, wie der Autor ihn seinerzeit gemeint hat" mag ein wenig übertrieben sein. Aber wenn man den Sinn, den ein Morus in die *Utopia* legen wollte, verstehen will, so ist es hilfreich, über alles, was zwischen 1516 und 2015 passiert ist, einen Schleier des Vergessens zu breiten. Behauptungen, dass Morus mit der *Utopia* den Sozialismus oder den Utilitarismus als Gesellschaftsmodell propagieren wollte, verlieren dann ebenso ihren Sinn wie die Interpretation, er hätte einem englischen Imperialismus das Wort reden wollen. Die nur leicht anders formulierten Fragen, inwieweit der Text der *Utopia* als *Vorläufer* des Sozialismus (Kautsky 1888), Utilitarismus (s. hierzu den Beitrag von Annemarie Pieper in diesem Band) oder gar Imperialismus (Ritter 1948) gelten kann, sind hingegen methodisch zulässig.

Eine erste Form der Kontextualisierung (die „linguistische") ist die Einbettung des klassischen Textes in die ihm vorausgegangenen und ihm nachfolgenden Texte. Es sollte nicht vergessen werden, dass alle Theoretiker „Kinder ihrer Zeit" waren. Sie haben ihre Werke in erster Linie für ihre Zeitgenossen geschrieben. Die linguistische Kontextualisierung kann nicht losgelöst von der ihr übergeordneten „historischen" Kontextualisierung, also der Beachtung der historischen, ökonomischen und kulturellen *facta bruta* der jeweiligen Epoche, betrieben werden. Deutungen ideengeschichtlicher Texte können nicht ohne fundiertes „realgeschichtliches" Wissen, also das Wissen um Kriege, Dynastien, Staatsgrenzen und gesellschaftliche und soziale Zustände gelingen.

Die Antwort auf die Frage, ob eine kontextualisierende oder dekontextualisierende Interpretation des Textes („biografische" kontra „textimmanente" Methode in der Terminologie von Schölderle 2011, 64) angemessen ist, richtet sich danach, was man erreichen will. Will man erforschen, was Morus möglicherweise sagen wollte – dazu gehört auch die Unterfrage, ob es aus seiner Sicht eine

Pflicht für Gelehrte gibt, als Fürstenberater falsche Politik so weit wie möglich zu verhindern – so ist erstere das Mittel der Wahl. Die dekontextualisierende Methode behandelt – in extremo – einen Text so, als wäre er ohne Zeitangabe mit einer Flaschenpost an irgendeinen zufälligen Strand gespült worden. Aus der *Utopia*, wie aus allen „Klassikern" des politischen Denkens, könnte man sicher auch unter diesen Umständen noch etwas lernen, aber unsere Frage nach den Intentionen erfordert die kontextualisierende bzw. biografische Methode.

Morus hat immer zwischen einer Existenz als Mönch und einer weltlichen Karriere geschwankt. Während der juristischen Studien in Lincoln's Inn führte ihn sein Doppelleben zwischen der Jurisprudenz und dem geistlichen Stand nahe an eine innerliche Zerreißprobe. Rund vier Jahre lang nahm er an dem religiösen Leben der Mönche, an ihren Andachten und Gebeten in der Kartause zu London teil, soweit dies für einen jungen Studenten der Rechte möglich war. Es war der Vater, der seinen Einfluss geltend machte, und seinen Sohn mit Druck und Überredung davon überzeugte, dass die Weltabgewandtheit der Mönche nicht seine Berufung sei. Ein weiterer Grund dürfte gewesen sein, dass Morus nach sorgfältigster Selbstprüfung das Zölibat für seine eigene Person für unvereinbar mit einem glücklichen Leben hielt. Diejenigen Priester, die sich erst Gott weihten und das Zölibat dann bedenkenlos brachen, verachtete er zeitlebens.

Bekannt ist von Morus' Schwiegersohn und Biograf William Roper, dass Morus trotzdem weiter ein härenes, stechendes Hemd trug und auf Planken schlief mit einem Holzklotz als Kopfkissen (Roper 1986, 45). Und sein wohl akribischster Biograf, Raymond Wilson Chambers, schreibt, dass Morus traurig auf das mönchische Ideal zurückblickte, dem er entsagt hatte. „Im späteren Leben beteuerte er mehr als einmal, dass er zu diesem Ideal zurückkehren würde, wenn Frau und Kinder nicht wären." (Chambers 1947, 97; vgl. auch 95f. und 211–213) In Morus' späterem Haushalt in Chelsea wurde jeden Abend eine Hausandacht gehalten, an hohen kirchlichen Feiertagen musste sogar der ganze Haushalt um Mitternacht aufstehen, um ein Stundengebet abzuhalten.

Morus schien introspektives, abgeschiedenes Nachdenken geliebt zu haben. In der eindrücklichen Schilderung seiner Person kurz nach dessen Aufnahme der Beratertätigkeit, die Erasmus in einem Brief Ulrich von Hutten liefert, heißt es: „Niemand hat sich je so eifrig bemüht, eine Stellung bei Hofe zu erhalten, wie Morus bestrebt war, einer solchen zu entgehen." (Chambers 1947, 211)

Man kann also davon ausgehen, dass der „verhinderte Mönch" nicht leichtfertig in Heinrichs Dienste trat. Zu den persönlichen Opfern, die er dafür auf sich nahm, gehörte auch die Redefreiheit. In seinen Epigrammen, Morus' frühester schriftstellerischer Tätigkeit, gibt er seinem „leidenschaftlichen Hass gegen königliche Tyrannei Ausdruck, und zwar in einer Weise, die er sich später, als er des Königs Diener war, nie gestattete", schreibt sein Biograf Chambers (1947, 100) bezogen auf Heinrich VII., den Vater von Heinrich VIII.

Bei der Frage, ob es die Pflicht des Philosophen sei, politische Ämter anzustreben, kommt bei Morus noch eine speziell christliche Komponente hinzu, die die alten Griechen oder Lateiner in ihren Erörterungen der Frage nicht einbezogen. Morus' Pflichtgefühl, ja seine Aufopferungsbereitschaft, ist vergleichbar mit dem Pflichtgefühl eines Geistlichen, der sich um die Seelen der Menschen in seiner Umgebung sorgt. Knapp 20 Jahre später, im Tower, wird Morus weiterhin für das Seelenheil des Königs beten, der seine Hinrichtung plant. Gleichzeitig wird sich Morus aber auch beklagen über die geistlichen Ratgeber, die es unterlassen, die Großen der Erde vor ihrem verderblichen Eigensinn zu warnen. Dabei dachte er sicher an den unterwürfigen englischen Klerus, der es ihm, einem Laien, überließ, dem König in Religionsfragen entgegenzutreten (Chambers 1947, 61).

Man darf annehmen, dass der reale Morus Verständnis für Philosophen hatte, die nach sorgfältiger Abwägung *nicht* in Dienste von Herrschern treten (unabhängig davon, was die Romanfigur Morus im Ersten Buch der *Utopia* dazu sagt). Und dass der reale Morus sich dennoch im Hinblick auf sein eigenes Leben gezwungen sah, ein solches Angebot unter seinen konkreten Umständen anzunehmen. Als der englische König seine Dienste begehrte, konnte und wollte er sich nicht verweigern. Hier kommt sie wieder ins Spiel, die *Pflicht*. Die Romangestalt Morus lässt andere Pflichtgefühle durchblicken als sein Gesprächspartner, der im Roman Raphael ist und im wirklichen Leben durchaus Erasmus hätte sein können. Erasmus als freischwebender europäischer Geist war keinem Land – oder allen gleich – verpflichtet. Morus hatte sich in der Diplomatie im Dienste Englands einen Namen erworben und fühlte sich seinem Heimatland stärker verpflichtet als anderen Nationen.

War Morus' Entscheidung, seinen Dienst für die Stadt London 1517 mit dem Dienst für den König zu vertauschen, blauäugig oder gar irrational? König Heinrich VIII. hatte 1509 17jährig als zweiter Herrscher des Hauses Tudor den englischen Thron bestiegen, er sollte das Inselreich bis zu seinem Tod 1547 regieren. 1509 konnte noch niemand wissen, dass sich sein Charakter im Laufe seiner langen Regierungszeit stark verändern würde. Der polyglotte, charismatische junge Mann verfasste in den ersten Jahren seiner Regentschaft Gedichte und komponierte Musik. Immerhin war er der erste englische König mit einer Renaissanceausbildung. Überschwänglich lobt Erasmus den jungen Heinrich und seinen Hof: Unter ihm breche das goldene Zeitalter der Gesetzlichkeit, der Ordnung, des allgemeinen Friedens und der universalen Gelehrsamkeit an (Chambers 1947, 201). Auch Morus selbst äußert sich unmittelbar nach seiner Entscheidung für den Dienst an der Krone (1516/1517) sehr zufrieden. Thomas Wolsey, Erzbischof von York, leitete in England seit 1515 als Lordkanzler die Regierungsgeschäfte. Mit ihm, später sein erbitterter Feind, hatte Morus anfangs noch keinen Anlass zu Meinungsverschiedenheiten, beteiligte sich der Lordkanzler doch durchaus an den Friedensbemühungen in Europa, die auch Morus für das oberste Gebot hielt. Frieden in der Christenheit war eines von Morus' Lebenszielen. Nicht nur aus humanistischen Gründen, sondern auch, weil er voraussah, dass die Osmanen absehbar bald zu einer Bedrohung der europäischen Kultur werden sollten, wie man sie seit den Tagen Karl Martells nicht gesehen hatte.

Erst in der zweiten Hälfte der 1520er Jahre verliebte sich Heinrich VIII. in Anne Boleyn und strebte die Annullierung seiner Ehe durch den Papst an. Die Folgen sind Geschichte und müssen hier nicht wiederholt werden. Als Morus vor der Entscheidung stand, als Mitglied des Privy Council, des Geheimen Rates, in den Dienst des Königs zu treten, war dieses Szenario nicht vorhersehbar. Die Zukunft ist bekanntlich unbekannt, auch kaum prognostizierbar (vgl. Harari 2013, 289–294), für uns ebensowenig wie für Morus damals. Nichts deutete 1517 darauf hin, dass Heinrich VIII. in den nächsten drei Jahrzehnten tiefere Furchen in der englischen Geschichte hinterlassen würde als jeder englische Monarch vor ihm.

In der *Utopia* sagt Petrus Ägidius zu Raphael: „Ich meine aber nicht, du solltest *in* Diensten, sondern *zu* Diensten der Könige stehen" (*U*, 21, Kursivierungen im Original). Letztere Formulierung suggeriert ein größeres Maß an Handlungsfreiheit und Unabhängigkeit. Sollte Morus diese Hoffnung gehabt haben, so gab er sich Illusionen hin. Er konnte den Gang der Ereignisse in England, wie wir sie uns aus der bequemen Warte der Nachwelt rückblickend anschauen können, in keinem wesentlichen Punkt beeinflussen. Und im Umgang mit den Lutheranern hat ihn das Amt möglicherweise tatsächlich korrumpiert – ganz so, wie er es Jahrzehnte davor befürchtet hatte. Der Vorwurf, Thomas Morus habe als Lordkanzler in England Lutheraner foltern und hinrichten lassen, ist der schwerste, wenn auch strittige Vorwurf gegen seine Person. Hier ist nicht der Ort, die Richtigkeit dieses Vorwurfs zu prüfen. Es ist jedenfalls unstrittig, dass Morus es als eines seiner wichtigsten Ziele betrachtete, die lutherische Reformbewegung auszutreten. Er mag weitsichtig vorausblickend die generationenlangen Konfessionskriege befürchtet haben. Morus blieb unerschütterlich optimistisch hinsichtlich der inneren Reformfähigkeit der katholischen Kirche – auch als halb Europa schon der Reformation zuneigte und auch in England 1533/34 das Parlament grünes Licht für Heinrichs Bruch mit Rom gab.

3.5 Können wir den Sinn der *Utopia* heute verstehen?

Es wurde bereits gesagt, dass Spekulationen, Morus wolle mit der *Utopia* einen ganz bestimmten, erst Jahrhunderte später verwirklichten Gesellschaftstyp propagieren, unhistorisch sind. Dies gilt jedoch nicht für die Frage, ob Morus mit seinem Werk zu seiner Zeit die Mönchsregeln für die gesamte Gesellschaft (bzw. alle Städte) empfehlen wollte. Seit Beginn des Mittelalters trug das vom heiligen Benedikt geformte und von der *Regula Benedicti* kodifizierte Zusammenleben der Mönche in ihren Klöstern Züge eines unabhängigen (Gegen-) Gemeinwesens. Dort lebten die Mönche unter einem Regelwerk, das die Erfüllung religiöser Pflichten und körperliche wie geistige Arbeit – *ora et labora* – als höchste Werte ansah. Diese Regeln schienen für Städte in allen Erdteilen praktikabel. Man darf nicht vergessen, dass die Gemeinschaft der Mönche eine internationale war, entstanden durch die Fusion von zu unterschiedlichen Zeitpunkten bekehrten Völkern. Diese Internationalität kennzeichnet die Religionsgemeinschaften, speziell die katholische, bis heute. Papst Franziskus, der erste Argentinier im Amt, gibt davon beredtes Beispiel.

Auf der Insel Utopia findet sich ein Staatsmodell, das in vielen Punkten an das mönchische Leben erinnert. Da ist zunächst der weitestgehende Verzicht auf Privateigentum zu nennen. Die Insulaner tauschen ihre Häuser alle zehn Jahre nach dem Losverfahren. Private Besitzlosigkeit (gemeinschaftliches Eigentum) war auch eine Pflicht in allen christlichen Ordensregeln. Dazu kommt die einheitliche Kleidung in beiden Kontexten, also die funktionale Kleidung der Utopier vom Fürst bis zum Bauern bzw. die ganz ähnliche Mönchstracht; weiterhin die gemeinsamen eingenommenen Mahlzeiten der Syphograntie bzw. der Mönche; die Festlegung von Bevölkerungsober- und Untergrenzen sowohl in den Städten Utopias als auch in Klöstern; das Verbot schädlicher Karten- und Trinkspiele sowie natürlich von Bordellbesuchen für Mönche bzw. das gänzliche Verbot dieser Einrichtungen auf Utopia, und das Arbeitsethos, d.h. die Maßnahmen in beiden Gesellschaftsordnungen gegen Arbeitsverweigerung.

Wer waren die Adressaten der *Utopia*? Sicher nicht wir im 21. Jahrhundert. Die Adressaten waren einerseits die Renaissance-Humanisten, die eine europaweite intellektuelle Community bildeten: der Franzose Guillaume Budé, der Spanier Juan Luis Vives, die Deutschen Ulrich von Hutten oder Willibald Pirckheimer, der erwähnte Flame Pieter Gillis (Petrus Ägidius) und die englischen Humanisten in Morus eigenem Umfeld wie Lord Mountjoy oder John Colet. Aber zuallererst ist hier der rund zehn Jahre ältere Niederländer Erasmus zu nennen, der das *Lob der Torheit* in Morus' Haus verfasst hatte. Morus schrieb mit der *Utopia* eine Antwort darauf, die ihm in ihrer Mischung von Ironie und bitterem Ernst in nichts nachstand.

Ein zweiter Adressatenkreis waren die Mächtigen, bis hin zu Fürsten und Königen. Man darf sich das Verhältnis zwischen Herrschenden und Intellektuellen damals viel enger vorstellen als heute. Natürlich las Heinrich VIII. die *Utopia*. Wenn nun Morus im Ersten Buch (welches bekanntlich etwas später als das Zweite Buch entstand) das Beispiel der Achorier anführt, so liegen die Parallelen mit den damaligen Thronansprüchen Heinrichs VIII. auf den französischen Thron auf der Hand. Heinrich erhoffte sich 1513 im Pakt mit seinem Schwiegervater Ferdinand II. von Spanien Unterstützung bei seiner Rückforderung der Normandie, Guyenne, Anjou und Maine als englische Lehen. Morus' Text rät dringend davon ab, in Frankreich einzumarschieren. Die Achorier hatten wie erwähnt einst Krieg geführt, um ihrem König ein fremdes Reich zu erobern, auf das er aufgrund einer alten Verschwägerung Erbansprüche erhob. Zwar gelang ihnen die Eroberung des etwa gleichgroßen anderen Reiches, mit der nachfolgenden Besetzung aber wurden die Probleme immer größer. Immer wieder kam es zu Aufständen. Niemals hatten die Achorier die Möglichkeit, ihr Heer zu verkleinern, ihre Besatzungskosten blieben unaufhörlich auf hohem Niveau. Daheim verrohten die Menschen wegen des permanenten Kriegszustands, Prügeleien und Rauflust nahmen zu, Gesetze wurden immer weniger respektiert. Der Ausgang der Fabel ist, wie wir gesehen haben, dass sich der weise König freiwillig von seinem zweiten Reiche trennt, obwohl es ihn so große Opfer gekostet hatte, es zu erobern.

Morus schrieb das Zweite Buch der *Utopia*, als er 37 Jahre alt war. Chambers schreibt von einem „begeisterten jungen Humanisten" (1947, 13), womit Chambers allerdings Menschen bezeichnet, die antike griechische und römische Texte wiederbelebten, sie übersetzten und sie so einem größeren Publikum zugänglich machten. Neben dieser Bedeutung (heute hat sich dafür auch „Renaissance-Humanismus" eingebürgert) wird der Begriff „Humanismus" auch in einem anderen Sinne gebraucht. Wikipedia, eine der größten geistigen Errungenschaften der Moderne, ist in diesem Fall als Quelle zu gebrauchen: „Für die Befürworter einer epochenübergreifenden, auch die antiken Vorbilder einbeziehenden Begriffsverwendung ist das verbindende Element – das spezifisch Humanistische – ein Konzept von *humanitas*, das sowohl ‚Menschlichkeit' im Sinne von humaner Gesinnung als auch sprachlich-literarische Bildung umfasst. Damit werde der Humanismus sowohl der ethischen als auch der intellektuellen Komponente des Menschseins gerecht."

Und Morus war zweifellos von humaner Gesinnung, die ganze *Utopia* formuliert einen Primat des Lebens vor dem Geld. Morus' humaner Wesenszug mag aus „christlicher Menschenliebe" oder aus einer besonderen Ausprägung von Mitleid und Empathie herrühren. Man braucht nur einmal die Ansichten der Utopier zur Jagd anschauen, so begreift man, dass selbst in der Gegenwart noch nicht in allen Ländern der moralische Entwicklungsstand erreicht ist, den in diesem Punkt die

Utopier erreicht haben. Raphael referiert, dass die Utopier das ganze Geschäft des Jagens als eine der Freien unwürdige Beschäftigung betrachteten. Wie könne es einem Mensch angenehm sein, wenn sein Hund mit Geheule einem fliehenden Tier hinterherjagt?

> Hoffst Du aber aufs Töten, wartest du auf das Zerfleischen, das sich vor deinen Augen abspielen soll, dann sollte dich doch lieber das Erbarmen packen, wenn du siehst, wie das Häschen vom Hunde zerrissen wird, der Schwache vom Stärkeren, der Scheue und Ängstliche vom Wilden, der Harmlose endlich vom Grausamen. (U, 74)

Nach Ansicht der Utopier befriedigt die Institution der Jagd niedrigste menschliche Instinkte. Nun, das wäre Wasser auf die Mühlen derjenigen, die in unserer Gegenwart für ein Verbot der Jagd streiten, etwa im heutigen England.

In anderen Bereichen – etwa beim Strafvollzug – ist Morus zwar humaner als seine Epoche, aber nicht human im Vergleich zu unserer Praxis heute. Die Art und Weise der in Utopia praktizierten Zwangsarbeit läuft dem Gedanken von Reintegration statt Strafe zuwider, den viele Staaten, zumindest in Europa, heute für richtig halten. Die Utopier betreiben zudem Kolonialismus und führen Krieg gegen Naturvölker, die ihren Boden nicht beackern. Die utopische Gesellschaft kennt die Institution der Sklaverei und auch die Freien leben unter einem strengen Regiment, das ihnen zum Beispiel Reisefreiheit verwehrt.

Manches, was wir heute im Namen der Humanität diskutieren, hätte Morus für völlig verrückt gehalten, etwa Gesetze, die Eltern die körperliche Züchtigung ihrer eigenen Kinder untersagen.

3.6 Schluss

Der Autor Morus führte den Begriff der Utopie in die Weltsprache ein und begründete ein neues Genre in der Literatur. Ein Genre, das der Phantasie Flügel verlieh und viele Folgewerke hervorbrachte, die es ihren Lesern ermöglichten, mit anderen, kritischeren Augen auf die gesellschaftlichen Arrangements ihrer jeweiligen Epoche zu blicken. Utopien wie die von Morus, Campanella, Andreae, Bacon, Harrington, Schnabel, Morelly, Mercier, Saint-Simon, Owen, Fourier, Cabet, Morris, Hertzka, Bellamy, Samjatin, Huxley, Orwell oder Bradbury bringen uns zum Nachdenken, ob die beschriebenen Zustände gesollt, gewollt oder schlicht unmöglich sind. „Das Gedankenexperiment öffnet einen neuen Denk- und Vorstellungsraum. Dadurch wird die Welt in ihrer Wirklichkeitssicherheit erschüttert, sie ist nur eine unter den denkmöglichen Welten, und der Leser wird provoziert, die Wirklichkeit, ihre Institutionen, Traditionen und Dogmen vergleichend und kritisch zu prüfen und einen Maßstab der Kritik zu wählen, der außerhalb der gegebenen Wirklichkeit liegt – und zwar gleichgültig, wie er zur *Utopia* steht." (Nipperdey 1975, 123)

Dieses Verdienst kann niemand dem sozialutopischen Zweiten Buch der *Utopia* – dem ersten Werk des gesamten Genres – absprechen. Innerhalb des Genres „Utopie" ist zudem für Morus konkretes Werk bemerkenswert, dass er so geschickt von einer tatsächlichen historischen Handlung zur fiktionalen Beschreibung überleitet. Es ist absolut nachvollziehbar, dass manche Zeitgenossen glaubten, Morus' Rolle sei bloß die eines Schreiberlings gewesen, der die mündlichen Berichte eines Weltreisenden verschriftlicht habe, gerade so als hätte der reale Vespucci, Cortés oder Pizarro und nicht der fiktive Hythlodeus einen Bericht abgeliefert, damit er gedruckt und verbreitet werden könne. Wer konnte denn wissen, welche Sitten und Regeln in fernen Erdteilen wirklich existierten? Die wahren Berichte über fremde Kulturen, die nach Europa gelangten, waren unglaubwürdig genug. Morus setzt auf diesen Effekt, indem er das Buch mit historisch verbürgten Tatsachen beginnt. Er trat ja wirklich im Gefolge von Heinrich VIII. die Reise nach Brügge an, um mit dem Propst von Kassel über Handelsverträge zu verhandeln. Und es ist auch historisch verbürgt, dass er sich danach nach Antwerpen begab, wo sein Freund Peter Gilles als Stadtschreiber lebte.

Diese Überleitung aus einer verbürgten Geschichte in eine fiktive konstituiert das Genre der *Alternative History*, das freilich erst im 20. Jahrhundert zur Blüte kam. Morus kann auch hier als erster Vertreter gelten. Seine geschickte Einleitung bewog mich auch in diesem Kommentar dazu, sowohl für die historische Figur als auch für die Romanfigur den Namen „Morus" in der gleichen latinisierten Schreibweise zu verwenden. Andere Interpretatoren verwenden für erste das englische „More", und für letztere „Morus", womit noch mal extra betont werden soll, dass die Standpunkte nicht immer übereinstimmen.

Was aber bleibt heute, in unseren modernen Demokratien, vom Gegenstand der Fürstenberatung, so wie er im sozialkritischen Ersten Buch der *Utopia* aufgeworfen wurde? Transformiert sie zur Frage der „Politikberatung", die bekanntlich eines der Berufsfelder von Politologen und Politologinnen ist? Dann wäre sie wenig spektakulär und das Für und Wider eines solchen Berufswegs mögen die Studienberater mit ihren studentischen Klienten ausdiskutieren. Auch gestandene Politikberater werden rückblickend hier Auskunft geben können, ob sich falsche politische Entscheidungen auf diesem Wege verhindern lassen. Versteht man die Kernfrage des Ersten Buches im Sinne der Personenidentität, also dass der Gelehrte über die eigene Kandidatur für politische Spitzenämter nachdenkt, denn heute kann ja jede und jeder versuchen, selbst das höchste Staatsamt zu erreichen, so stellen sich Anschlussfragen, die nur noch in Maßen kongruent sind mit denen im Dialog zwischen Morus und Raphael diskutierten. Es gilt allerdings weiterhin der Satz, mit dem Max Weber gut 400 Jahre nach der *Utopia* seinen

Vortrag *Politik als Beruf* in Bezug auf ein politisches Engagement in der Weimarer Republik beendete: „Nur wer sicher ist, dass er daran nicht zerbricht, wenn die Welt, von seinem Standpunkt aus gesehen, zu dumm oder zu gemein ist für das, was er ihr bieten will, dass er all dem gegenüber ‚Dennoch!' zu sagen vermag, nur der hat den ‚Beruf' zur Politik." (*Politik als Beruf*, 560)

Literatur

Baker-Smith, D. 2011: Reading Utopia, in: Logan, G. M., The Cambridge Companion to Thomas More, Cambridge.
Bien, G. 1968: Das Theorie-Praxis Problem und die politische Philosophie bei Platon und Aristoteles, in: Philosophisches Jahrbuch, 76 (1968/69), 264–314.
Boll, F. 1950: Vita Contemplativa, in: Boll, Franz: Kleine Schriften zur Sternkunde des Altertums, Leipzig, 303–331.
Bubner, R. 1992: Theorie und Praxis bei Platon, in: Bubner, R., Antike Themen und ihre moderne Verwandlung, Frankfurt/M., 22–36.
Chambers, R. W. 1947: Thomas More: ein Staatsmann Heinrichs des Achten, Basel (engl. Orig.: Thomas More. London 1935), 144–171.
Gigon, O. 1973: Theorie und Praxis bei Platon und Aristoteles, in: Museum Helveticum, 30, 65–87 und 144–165.
Harari, Y. N. 2013: Eine kurze Geschichte der Menschheit, München.
Jaeger, W. 1928: Über Ursprung und Kreislauf des philosophischen Lebensideals, in: Sitzungsberichte der Preußischen Akademie der Wissenschaften, Berlin.
Kapp, E. 1968: Theorie und Praxis bei Aristoteles und Platon, in: Diller, H. (Hrsg.), Ausgewählte Schriften, Berlin, 167–179.
Kautsky, K. 1888: Thomas More und seine Utopie. Nachdr. d. 1922 erschienenen 5. Aufl., Berlin/Bonn 1973.
Kullmann, W. 1995: Theoretische und politische Lebensform, in: Aristoteles: Nikomachische Ethik, hrsg. von Otfried Höffe (Reihe Klassiker auslegen II), Berlin, 253–276.
Machiavelli, N. 1532: Il principe, in: Ders., Politische Schriften, hrsg. v. H. Münkler, Frankfurt/M. 1990.
Morus, Th.: Utopia. Lateinisch/Deutsch. Übersetzt von Gerhard Ritter. Nachwort von Eberhard Jäckel. Unveränderter Nachdruck (Erste Auflage: 1964), Stuttgart 2012.
Morus, Th.: Utopia. Übersetzt v. G. Ritter. Nachwort v. E. Jäckel, Stuttgart 2014.
Morkel, A. 2013: Marcus Tullius Cicero. Was wir heute noch von ihm lernen können, Würzburg.
Nipperdey, Th. 1975: Reformation, Revolution, Utopie: Studien zum 16. Jahrhundert, Göttingen.
Ritter, G. 1948: Machtstaat und Utopie. 6. umgearb. Aufl., München.
Roper, W. 1986: Das Leben des Thomas Morus. Nach d. Ausg. von E. V. Hitchcock ins Dt. übertragen von H. Buhr-Ohlmeyer, Heidelberg.
Schölderle, Th. 2011: Utopia und Utopie. Thomas Morus, die Geschichte der Utopie und die Kontroverse um ihren Begriff, Baden-Baden.
Snell, B. 1975: Theorie und Praxis, in: Ders., Die Entdeckung des Geistes: Studien zur Entstehung des europäischen Denkens bei den Griechen, 4. neubearb. Aufl., Göttingen, 275–282.
Weber, M.: Politik als Beruf, in: Weber, M., Gesammelte Politische Schriften. Herausgegeben v. J. Winckelmann. 5. Aufl., Tübingen 1988, 505–560.

Thomas Schölderle
4 Zwischen Reform und Satire
Vernunft als experimentelles Fundament in Morus' *Utopia*

4.1 Einleitung

Anders als das erste Buch von Morus' *Utopia* ist der zweite Teil mit seinen rund zwei Drittel des Gesamtumfangs fast ausschließlich als Monolog angelegt. Nicht mehr die anfängliche Szenerie des offenen Gesprächs, der Dialog, beherrscht das Geschehen. Vielmehr führt, abgesehen von der Schlussbemerkung, nur noch der fiktive Berichterstatter Raphael Hythlodeus das Wort. Dieser schildert in scheinbar zufälliger Weise und Reihenfolge die Sitten und Institutionen des utopischen Inselstaates. Auch verfällt seine Rede zu keiner Zeit in den Duktus einer staatsphilosophischen Abhandlung. Dennoch ist der Bericht umfassend und weitgehend logisch strukturiert.

Mit dem Porträt Utopias findet zudem kein scharfer Bruch statt. Der Übergang verläuft stufenweise. Bereits im ersten Buch erwähnt Raphael einige fremde und fiktive Völker und ihre vorbildhaften Einrichtungen: So müssen bei den „Polyleriten" Diebe nicht dem Fürsten, sondern dem Bestohlenen Entschädigung leisten (*U*, 31); die „Achorier" zwingen ihren König auf eines seiner beiden Königreiche zu verzichten (*U*, 38); und die „Makarenser" verhindern, dass ihr König allzu große Besitztümer anhäuft (*U*, 41). Mit diesen Beispielen führt Raphael seine Gesprächspartner einerseits schrittweise aus der ungerechten Realität in die Utopie hinüber. Andererseits werden auch im zweiten Buch immer wieder Bezüge zur realen Situation hergestellt. England und Europa dienen dabei durchweg als negative Folie: Verwiesen wird unter anderem auf die überzogene Wertschätzung für Geld, Prunk und Ruhm, auf undurchsichtige Gesetze, vertragsbrüchige Fürsten oder kirchliche Missstände. Diesen Rückgriffen kommt, an Umfang gemessen, eher marginale Bedeutung zu. Dennoch verweisen sie immer wieder auf den eigentlichen Anlass der Erzählung: Sie stellen die Verbindung zur ursprünglichen Intention der Kritik her und halten somit die Spannung zwischen utopischer und europäischer „Wirklichkeit" aufrecht.

Ausgelöst wird Raphaels Rede durch den Zweifel der Morus-Figur an der Idee des Gemeineigentums. Raphaels heftiger Kritik am Privateigentum hatte Morus im ersten Buch mit den Worten gekontert: „Mir dagegen ... scheint dort, wo alles Gemeingut ist, ein erträgliches Leben unmöglich. Denn wie soll die Menge der Güter ausreichen, wenn sich jeder vor der Arbeit drückt, da ihn keinerlei Zwang zu eigenem Erwerb drängt und ihn das Vertrauen auf fremden Fleiß faul macht?"

(*U*, 45). Auf diesen Einwand, der unübersehbar Aristoteles' Argument gegen den platonischen Kommunismus aufgreift (*Politik*, 1261b 32–37), reagierte Raphael allerdings mit einem kuriosen Verweis: Morus hätte mit ihm in Utopia sein sollen, um es mit eigenen Augen zu sehen. Das ist nicht nur ein recht amüsanter Hinweis, wenn man bedenkt, dass Utopia eine Fiktion ist und das Wort soviel wie „Nirgendwo" bedeutet, sondern lässt auch das Spiel erahnen, das Morus in seinem geistreich-gewitzten Werk mit den Lesern treibt. Dem Lob der Torheit seines Freundes Erasmus von Rotterdam nicht unähnlich, liegt die Botschaft nicht immer schon im Buchstabensinn. Der Rezipient muss bereit sein, zwischen den Zeilen zu lesen, sich auf das Spiel einzulassen. In jedem Fall kann der Leser als gewarnt gelten – vor einer allzu humorlosen oder eindimensionalen Lektüre der Schrift.

4.2 Aufbau und Struktur

In seiner Rede beschreibt Raphael zunächst die geografische Lage und Topografie der Insel sowie die Städte Utopias. Im Anschluss wird von der Verwaltungsorganisation und den politischen Strukturen berichtet, sodann vom Alltag der Utopier, ihrer Arbeits-, Sozial-, und Wirtschaftsordnung. Breiten Raum nimmt darüber hinaus die Schilderung der utopischen Lebensphilosophie und des Bildungs-, Wissenschafts- und Erziehungssystems ein. Auf das Porträt der Rechtsordnung mit Hinweisen zu Gesetzen, Gerichten und Strafrechtspraxis geht der Bericht zur Bündnis- und Kriegspolitik und schließlich zur Religion der Utopier über.

Der Aufbau erscheint stringent. Einzelne Aspekte, die zuweilen bei sachfremden Bereichen eingeschoben wirken, ebenso wie unvollständig erscheinende Themenbehandlungen, entsprechen durchaus dem assoziativen Charakter der mündlichen Rede. Wenn man in Rechnung stellt, dass der Monolog anfangs Fragen der äußeren Gestalt Utopias behandelt (Insellage, Architektur), gegen Ende aber existenzielle Themen dominieren (Krieg, Tod, Religion), dann ist das Etikett „dramatisch", das Willi Erzgräber für den Handlungsverlauf wählt, nicht von der Hand zu weisen (Erzgräber 1985, 35).

Noch wichtiger für das Verständnis des Textes scheint indes eine andere Beobachtung: Beim ersten Lesen wirkt Raphaels Darstellung konsistent, seine Beispiele und Illustrationen treffend gewählt, und die Argumentation schlüssig und eloquent. Doch jede weitere Lektüre fördert immer neue Widersprüche zutage, die allesamt nicht zufälliger Natur sind. Für eine erste handfeste Irritation sorgt, dass Raphael darauf besteht, von den Einrichtungen Utopias nur berichten, ohne sie rechtfertigen zu wollen (*U*, 77). Doch verträgt sich damit kaum, dass der Auslöser für Raphaels Erzählung bekanntlich das Vorhaben war, Morus durch das lebende Beispiel der Utopier von der Funktionstüchtigkeit einer auf Kollektiveigentum basierenden Ordnung zu überzeugen. Auch passt zu seiner Neutralität weder der Grundtenor der gesamten Rede noch einige eindeutige Bemerkungen, wie etwa sein Schlussplädoyer, wonach Utopia „nicht nur das beste, sondern auch das einzige ist, das mit Recht den Namen eines ‚Gemeinwesens' für sich beanspruchen kann" (*U*, 106).

Raphaels Argumentationen offenbaren zahlreiche Ungereimtheiten. So sehr er den Kollektivgedanken der Utopier lobt, so wenig ist Hythlodeus selbst bereit, sich einem Gemeinwesen einzugliedern, ja er verkündet sogar stolz, sich noch zu Lebzeiten von allen sozialen Verpflichtungen freigekauft zu haben (*U*, 21). Zudem ist er nicht nur ein höchst unabhängiger, sondern auch ein weitgereister Kopf, aber er findet kein Wort der Missbilligung, dass man in Utopia für jedes Verlassen des Wohnbezirks einen Erlaubnisschein benötigt und in aller Regel nur in Gruppen unterwegs ist (*U*, 63). Besonders paradox ist seine Haltung zur Todesstrafe: Dass in England selbst Bettler und Diebe am Galgen enden, hatte Raphael zu einer prinzipiellen Abrechnung mit der Strafpraxis veranlasst. „Gott hat verboten zu töten, und wir töten so leicht wegen eines entwendeten Groschens" (*U*, 29). Doch es dauert nur wenige Seiten, ehe Raphael lobende Worte für die Menschlichkeit und Zweckmäßigkeit der Todesstrafe beim Volk der Polyleriten findet, die diese schon bei Geldgeschenken für Gefangene anwenden (*U*, 32). Auch bei den Utopiern, die bei wiederholtem Ehebruch und bei unzähmbaren Gefangenen ebenfalls zur Todesstrafe greifen (*U*, 83), erhebt Raphael kurioserweise keinen Einspruch.

Obwohl sich Raphael in zahlreiche Widersprüche verstrickt, ist er auch derjenige, der die heftige und zweifellos ernst gemeinte Sozialkritik des ersten Buches sowie alle Reformperspektiven, die in der Utopia entwickelt werden, vorträgt. Viele Positionen des historischen Morus sind Raphael fast ungefiltert in den Mund gelegt, etwa die zentrale Unterscheidung zwischen ausbeuterischer Tyrannis und hirtengleichem Königtum (*U*, 40f.). Der Hythlodeus-Figur kommt auf diese Weise eine Schlüsselrolle für die gesamte Werkkonzeption zu. So sehr er phasenweise wie ein rechthaberischer und selbstgerechter Idealist erscheint, so sehr fungiert er zuweilen auch als das Sprachrohr des Autors. Aus dieser Ambivalenz leitet sich seine zentrale Funktion ab, weil der Leser beständig aufgerufen bleibt, die Äußerungen Raphaels zu hinterfragen, und damit auch, die Konsistenz des von ihm porträtierten „Idealstaates" auf den Prüfstand zu stellen.

4.3 Der Ort im Nirgendwo – Geografie und Städte Utopias

Morus' Spiel mit der vermeintlich realen Existenz der utopischen Insel war für seine Zeitgenossen weit weniger leicht zu durchschauen als für spätere Leser. Nur rund zwei Jahrzehnte nach den Entdeckungsfahrten eines Christoph Kolumbus, Amerigo Vespucci oder Vasco da Gama und einer Fülle von abenteuerlichen Reiseberichten aus der Neuen Welt besaß die Geschichte einer unbekannten Insel keine geringe Plausibilität. Die fingierten Angaben zur geografischen Gestalt des Schauplatzes trugen ein Übriges zur Quasi-Authentizität bei.

Raphaels Bericht zufolge liegt Utopia südlich der unwirtlichen Äquatorregion. Dort seien bereits wieder zunehmend zivilisiertere Völker anzutreffen. Das Klima sei mild und der Boden wohltuend grün (*U*, 19f.). Die Insel besitze eine halbmondartige Form mit einem Umfang von 500 Meilen und einer Breite von 200 Meilen (*U*, 48). So hartnäckig mit diesen Beschreibungen die Illusion der realen Existenz befördert wird, so wenig lässt Morus seine Leser im Dunkeln. Am einfachsten sind Anspielungen auf England und die britische Insel zu durchschauen. So hat es offenbar ein seltsamer „Zufall" gefügt, dass die Abmessungen Utopias exakt jenen der britischen Insel entsprechen, wie sie erst 1515 im Saint Albans Chronicle veröffentlicht wurden (Contzen 2011, 37). Gleiches gilt, verglichen mit London, für die Einwohnerzahl der Hauptstadt, und ebenso für die „aus Steinwerk kunstvoll gewölbte Brücke" sowie den gezeitenbedingten Wechsel im „Salzgehalt" des Flusses Anydrus als Anspielungen auf London Bridge und Themse (*U*, 51). Auch die insgesamt 54 Städte Utopias verweisen auf das reale England, das seinerzeit mit 54 Grafschaften einschließlich Wales und London auf dieselbe Zahl kam. Eine weitere Anspielungsebene lässt an die Zahl 5.040 denken, mit der Platon die ideale Zahl an Grundbesitzern und Verteidigern einer Polis beziffert hat (*Nomoi*, 737c–738b). Ein möglicher Hintergrund für die Mondform der Insel – mit der sich die Literatur bisher erstaunlicherweise kaum befasst hat – könnte in Morus' Lukian-Begeisterung liegen (*Ikaromenippus*). In jedem Fall wird man die Mond-Metapher als Anspielung auf die Lage Utopias – außerhalb der menschlich fassbaren Welt – verstehen müssen (Contzen 2011, 39).

Eine ähnliche Funktion erfüllen die vielen sprechenden Namen. Sie gaben bereits allen kundigen Lesern, insbesondere solchen, die des Griechischen mächtig waren, die Möglichkeit an die Hand, hinter die Tarnung zu blicken. Der Name der Hauptstadt „Amaurotum" (Schatten- oder Nebelstadt) spielt auf London an, der Flussname „Anydrus" heißt übersetzt „Wasserlos" und der Amtstitel für ihre jeweiligen Stadtregenten „Ademos" bedeutet „Ohnevolk". Wer die Kunstnamen zu dechiffrieren vermochte, dem war auch das Spiel mit der Illusion bewusst. Obwohl die Orts- und Funktionsbezeichnungen auf sprachliche Weise die Nicht-Existenz Utopias bezeugen, wird ihre Gestalt detailgenau beschrieben. Insofern ist die Schilderung Utopias als ein Paradoxon angelegt, weil sie gerade die Fiktion, ja das Unmögliche, räumlich fassbar macht.

Noch in einem weiteren Kontext spiegelt sich die Paradoxie als wesentliches Element von Morus' Entwurf. In ihrem historischen Umfeld stehen die Entdeckungsfahrten in die Neue Welt auch psychologisch für eine Grenzüberschreitung. Der Raum der engen mittelalterlichen Welt wurde nicht nur geografisch, sondern auch intellektuell erweitert. Utopia ist auch in diesem Sinne eine neue, denkbare Welt (Contzen 2011, 36). Doch dieser Grenzüberschreitung steht eine völlig konträr dazu stehende Symbolik gegenüber: Utopia ist eine Insel, sie besitzt folglich Grenzen, wie sie klarer nicht sein könnten. Und diese Grenzen sind überdies selbst gewählt. Die Isolation wurde durch Menschenhand erst künstlich geschaffen. Raphael berichtet, dass der Gründungsfürst Utopos vor 1760 Jahren die damalige Halbinsel Abraxa durch das Ausheben eines 15 Meilen breiten Grabens vom Festland abgetrennt habe. Die Symbolik hält noch eine weitere Botschaft bereit: Wenn selbst die Topografie „hergestellt" wurde, signalisiert dies zweifellos, wie sehr die utopische Welt Menschenwerk ist und lässt damit zwangsläufig an Hobbes und seinen neuzeitlichen Anspruch der politischen Philosophie denken.

Darüber hinaus wird die Isolation noch weiter illustriert: Der Hauptzugang zur Insel erfolgt über eine Hafenbucht, die wie von zwei Hörnern umschlossen wird. Im Inneren liegt sie ruhig wie ein riesiger, windgeschützter See, aber die Zufahrt ist durch Untiefen und Klippen gefährlich und die Fahrrinnen sind allein den Utopiern bekannt. Daneben existieren künstliche Verteidigungsanlagen, etwa der große Wehrturm in der Mitte der Buchteinfahrt. Die übrigen Häfen sind gleichfalls „von Natur oder Menschenhand" so befestigt, dass selbst „gewaltige Truppenmassen von wenigen Verteidigern abgewiesen werden können" (*U*, 48). Die Lage ist damit eindeutig als unzugänglich gekennzeichnet, Kontakt zur Außenwelt gibt es nur, wenn die Utopier ihn ausdrücklich wünschen.

Die Isolation besitzt eine zentrale Funktion, die gleichsam eine zwingende Voraussetzung für das Gedankenexperiment der *Utopia* ist (Schölderle 2014). Um die wirkenden sozialen Kräfte analysieren und ihre Folgewirkungen deduzieren zu können, wird die soziale Konstruktion wie unter Laborbedingungen von äußeren Einflüssen abgeschnitten. Die isolierte Lage wird zur Versuchsanordnung. Nur so scheint demonstrierbar, wie sich der utopische Erziehungsgedanke auf die Verbrechensquote, die ethischen Grundsätze auf das zwischenmenschliche Verhalten, ihr rationales Effizienzdenken auf Architektur, Wirtschaftsordnung oder Arbeitsorganisation auswirkt.

Der rote Faden der Konstruktion ist ein Experiment über die Vernunft. Bereits die geometrische Anlage der utopischen Städte folgt einem strikt rationalen Ordnungsdenken. Raphael kann sich mit der Beschreibung der Hauptstadt

Amaurotum begnügen, weil alle Städte über einen identischen Grundriss verfügen. Sie liegen stets nur maximal einen Tagesmarsch voneinander entfernt, das „Ackerland ist den Städten ... zweckmäßig zugeteilt" (U, 49). Das Straßennetz ist „zweckmäßig angelegt" (U, 52) und dient mit seinen dreistöckigen Häuserblockreihen nicht nur dem Verkehr, sondern auch dem Windschutz. „Funktionalität wird potenziert", wie Eva von Contzen treffend kommentiert (Contzen 2011, 45). Die Infrastruktur ist so sehr von Nützlichkeitsüberlegungen geprägt, dass selbst die Natur nicht davon ausgenommen bleibt: Ganze Wälder werden abgeholzt, um an anderer Stelle wieder aufgeforstet zu werden, weil Ertrag und Transportverhältnisse dies für günstiger erscheinen lassen (U, 78).

Allerdings ist bereits die funktionale Architektur nicht frei von satirischen Überzeichnungen. Berichtet wird, dass Amaurotum von einer massiven Stadtmauer mit Wehrtürmen und Schutzbesatzungen umgeben ist, und zusätzlich von einem tiefen Graben mit Dornengestrüpp sowie einem weiteren Fluss abgeschottet wird (U, 51). Die Unüberwindbarkeit und Wehrhaftigkeit muss rätselhaft bleiben. Wenn man bedenkt, dass die Insel ohnehin für Feinde uneinnehmbar ist und die allgegenwärtige Harmonie auf der Insel zwischenstädtische Konflikte überhaupt nicht kennt, dann erweist sich der innerutopische Verteidigungsaufwand als völlig übertrieben und ist unschwer als Ironiesignal zu erkennen.

Noch offensichtlicher wird Morus' Spiel mit der strikten Funktionalität, wenn der Leser gleich zu Beginn des zweiten Buches von einer recht sonderbaren Einrichtung erfährt: Eier lassen die Utopier nicht von Hühnern, sondern in künstlichen Apparaturen ausbrüten (U, 50). Dieser Scherz war in seinem literarisch-zeitgenössischen Kontext unschwer als reductio ad absurdum im lukianischen Sinne dekodierbar (Dorsch 1970, 24), gleichwohl hat man die Maßnahme später gerne als typisch für den fortschrittlichen Geist der *Utopia* angeführt. Morus aber liefert sogleich noch weitere Beispiele für den übersteigerten Effizienzgedanken, der das Rationale ungebremst ins rein Rationelle übergehen lässt. So verwenden die Utopier für ihre Feldarbeit bevorzugt Ochsen, weil diese, obwohl weniger feurig als Pferde, grundsätzlich ausdauernder, weniger krankheitsanfällig und kostengünstiger seien, und vor allem, weil man sie am Ende noch verspeisen kann (U, 50). Die Überzeichnung dient fraglos der Verdeutlichung; sie ist in der *Utopia* aber auch eine häufig wiederkehrende Quelle des Humors.

4.4 Politik und Verwaltung

In den soziopolitischen Strukturen setzt sich die strenge Rationalität, Überschaubarkeit und Regelmäßigkeit ungemindert fort, ja letztlich verweist die Ordnung der Architektur unmittelbar auf die Ordnung der Gesellschaft. In streng systematischer Weise wählen sich jährlich je 30 Familien, die aus zehn bis 16 Mitgliedern bestehen, einen sogenannten „Syphogranten" zum Vorstand. An der Spitze von zehn Syphogranten steht ein „Tranibor". Eine Stadt verfügt über 200 Syphogranten. Diese ernennen in geheimer Abstimmung einen von vier durch das Volk nominierten Kandidaten zum Stadtoberhaupt, das für gewöhnlich lebenslang amtiert (*U*, 53). Der Senat formiert sich aus den 20 Traniboren, zu dem sie stets wechselnde Syphogranten hinzuziehen. In der Regel beratschlagt der Senat, der auch die oberste richterliche Instanz verkörpert (*U*, 83), alle drei Tage mit dem Stadtoberhaupt. Als Hochverrat gilt, wenn außerhalb des Senats oder der Volksversammlung versucht wird, über politische Angelegenheiten zu verhandeln (*U*, 53). Auch hier wird der Widerspruch zum Protagonisten offenkundig, denn Raphael besitzt nicht nur eine besondere Gabe, sondern auch eine besondere Vorliebe, um Fragen von politischer Brisanz zu erörtern. Er hätte demnach in Utopia kaum lange ungeschoren bleiben dürfen.

Auffallend ist ferner, dass Morus lediglich die lokale Verwaltungspraxis beschreibt. Von nationalen Institutionen ist kaum die Rede. Erwähnt wird lediglich ein sogenannter „Rat der gesamten Insel" (*U*, 53), der sich aus je drei erfahrenen Vertretern der 54 Städte zusammensetzt (*U*, 49, 64). Über seine Funktionen wird aber nur Spärliches mitgeteilt. Obwohl die Utopier in Sprache, Sitten und Gesetzen völlig übereinstimmen, beruht ihr politisches System auf einer extrem föderalen Struktur.

Gesetze und Gerichte haben die Utopier nur äußerst wenige. Die einfachste Auslegung der Rechtssätze gilt ihnen prinzipiell für die richtige (*U*, 85). Zudem sind die Utopier von einem tiefen Misstrauen gegenüber allen gewerbsmäßigen Rechtsverdrehern beseelt, weil diese ihre Prozesse auf durchtriebene Weise führen, Gesetze und Verträge spitzfindig interpretieren und nach Vorwänden suchen, um zugesagten Verpflichtungen zu entgehen oder am Ende „zugunsten des Herrschers zu entscheiden" (*U*, 39). Mit dem Spott, den der Jurist Morus an dieser Stelle mit dem Advokatenstand treibt, zielt er freilich nicht zuletzt auf seine eigene Zunft.

4.5 Sozial- und Wirtschaftsordnung – Lebensalltag in Utopia

Das Leben der Utopier ist eingebettet in eine streng kollektivistische Ordnung. Sie kennen keinen Privatbesitz, selbst ihre Häuser wechseln sie alle zehn Jahre durch Losentscheid (*U*, 52). Mahlzeiten nehmen sie zumeist gemeinsam in öffentlichen Hallen ein (*U*, 61) und alle tragen einheitliche Kleidung, die nur Unterschiede zwischen den Geschlechtern sowie Verheirateten und Ledigen kennt (*U*, 54). Die Versorgung der Bevölkerung erfolgt über öffentliche Speicher, aus denen sich die Familienältesten ohne Bezahlung und je nach Bedarf bedienen können. Analog zur Distribution ist auch die Produktion gemeinwirtschaftlich organisiert. Den Ackerbau üben alle Utopier gemeinsam aus, jeder lernt zudem ein weiteres Handwerk. Die Erzeugnisse liefern sie bei den Behörden ab und weil alles Lebensnotwendige im Überfluss vorhanden ist, muss niemand Sorge haben, Mangel zu leiden.

Aus Sicht der Raphael-Figur ist das Prinzip des Gemeineigentums der Kern der idealen Gesellschaftsordnung. Bereits im ersten Buch hatte Raphael seiner Überzeugung Ausdruck verliehen, dass „die Geschicke der Menschen nur dann glücklich gestaltet werden können, wenn das Privateigentum aufgehoben worden ist" (*U*, 45). Am Ende seines Utopia-Porträts resümiert er: „Wenn ich daher alle diese Staaten, die heute irgendwo in Blüte stehen, prüfend an meinem Geiste vorbeiziehen lasse, so finde ich ... nichts anderes als eine Art von Verschwörung der Reichen .... Aber selbst wenn diese üblen Elemente in ihrer unersättlichen Gier alles das untereinander aufgeteilt haben, was für alle ausgereicht hätte: wie weit sind sie trotzdem entfernt von dem glücklichen Zustand der Utopier!" (*U*, 108).

Dieses leidenschaftliche Engagement der Raphael-Figur lieferte immer wieder Grund für die Vermutung, Morus habe mit seiner *Utopia* das Ideal einer kommunistischen Wirtschaftsordnung propagieren wollen. Doch der Blick auf den historischen Morus relativiert die Ernsthaftigkeit des Vorschlags deutlich. Bereits in seinen Epigrammen verteidigte Morus Privateigentum, sofern dieses rechtmäßig erworben wurde (*Epigramme*, 69). In der Spätschrift *The Confutation of Tyndale's Answer* (1532/33) werden dem englischen Bibelübersetzer William Tyndale „scheußliche Häresien" vorgeworfen, weil er behauptet habe, das Evangelium fordere, Land und Güter müssten allen Menschen gemeinsam gehören (*Confutation*, 664). Und schließlich heißt es in Morus' *Dialogue of Comfort Aganist Tribulation* (1534): Selbst wenn alles Geld des Landes auf einen Haufen gelegt und gleichmäßig verteilt werde, „dann würde am folgenden Morgen alles schlimmer sein als vorher. ... Denn das Vermögen der Reichen ist die Quelle des Lebensunterhalts für die Armen" (*Trostgespräche*, 292f.). Auch in der *Utopia* bleibt Raphaels Plädoyer, anders als die meisten seiner Vorschläge, nie unwidersprochen (*U*, 45, 109).

In das Bild von Morus gehört fraglos, dass er trotz seiner steilen Karriere nie die Anliegen und Sorgen der ärmsten Bevölkerungsschichten aus den Augen verloren hat. Zeitlebens gab er häufig Almosen, weigerte sich, überzähliges Personal einfach zu entlassen und behandelte als Richter die Armen mit besonderer Nachsicht. Erasmus schrieb: „Morus ist der öffentliche Beschützer aller Schwachen" (*Brief an Hutten*, 53). Doch Morus als „Urvater des Kommunismus" (Munier 2008) zu bezeichnen oder ihn als Ahnherren der modernen sozialistischen Theorie zu vereinnahmen (Kautsky 1888), setzt fraglos die Aussagen einer literarischen Figur kurzerhand mit den Positionen ihres Schöpfers gleich.

Keineswegs widerspruchsfrei sind auch die Ausführungen zu Ehe und Familie. Einerseits bilden sie den hochgradig geschützten Kern der gesamten utopischen Sozialordnung. Ehebruch wird mit Zwangsarbeit, im Wiederholungsfall sogar mit Todesstrafe sanktioniert (*U*, 82f.). Den Partner wegen Krankheit oder körperlicher Gebrechen zu verlassen, zieht lebenslanges Heiratsverbot nach sich. Zudem fehlt es in Utopia an allen sonstigen sozialen Organisationsformen der Zeit. Es gibt keine Ritterorden, Gesangsvereine oder Handwerksgilden. Die Familie ist die Hauptinstitution der moralischen Erziehung und dient bei einfachen Vergehen sogar als Gerichtsinstanz. Andererseits muss der Leser feststellen, dass in Utopia bei Überschreiten der Höchstzahl von 16 Mitgliedern Kinder an zahlenmäßig kleinere Familienverbände abgegeben werden (*U*, 59). Man reißt also Kinder aus ihren Familien, nur weil die Quantitäten nicht dem staatlich verfügten Optimum entsprechen. Unverkennbar schimmert daher auch in diesem administrativen Planungsanspruch eine satirische Überzeichnung des bedingungslos interpretierten Rationalitätsprinzips durch.

Noch offensichtlicher scheint die Ironie bei einem anderen Ritual: Um späteren Enttäuschungen vorzubeugen, werden die künftigen Partner noch vor Eheschließung einander nackt präsentiert. Nur plausibel sei dies, so rechtfertigen sich die Utopier, denn bei anderen Völkern würde man selbst bei einem elenden Gaul den Kauf verweigern, ehe nicht der Sattel abgeschnallt und alle Decken abgenommen sind (*U*, 82). Man hat diese Sitte als Vorschlag zur Eindämmung der zeitgenössischen Syphilis-Epidemie interpretiert (Dudok 1923, 137; Surtz 1957, 241). Doch offenbart die Deutung vor allem den Widersinn, sämtliche Einrichtungen als erstgemeinte Reformvorschläge zu lesen. Die Passage lässt sich unschwer als Platon-Parodie (*Nomoi*, 925a) und Humanistenscherz entschlüsseln.

Die utopische Sozial- und Wirtschaftsordnung ist ganz auf Nützlichkeitserwägungen ausgerichtet. Selbst die schwersten Verbrechen ahnden die Utopier in der Regel mit Zwangsarbeit, weil die Verurteilten durch ihre Arbeit dem Staat mehr nützen als durch ihren Tod, und weil das warnende Beispiel andere nachhaltiger vor ähnlichen Missetaten abschreckt (*U*, 83). Darüber hinaus kaufen die Utopier sogar aus fremden Ländern zu Tode verurteilte Straftäter frei (*U*, 80), weil auch daraus alle nur Vorteile ziehen: Die Verbrecher profitieren vom Erhalt ihres Lebens, die fremden Staaten von den Zuwendungen und die Utopier von der Ausbeutung der Arbeitskraft. Als Leitidee gilt offenbar der streng utilitaristische Grundsatz: Gerecht ist, was den Gemeinnutzen maximiert. Das Nützlichkeitsdenken verlässt die Utopier selbst außerhalb ihrer Arbeitspflichten nicht. Obwohl ihnen die Zeit zwischen Arbeit, Schlaf und Essen zur freien Verfügung überlassen ist, widmen sie auch diese „irgendeiner nützlichen Beschäftigung" (*U*, 55).

Eine schier revolutionäre Idee offenbart die Arbeitsorganisation: Mit Erstaunen durften Morus' erste Leser feststellen, dass die Utopier lediglich sechs Stunden am Tag einer Arbeit nachgehen. In seiner ganzen Tragweite wird die Idee im historischen Kontext deutlich: König Heinrich VIII. hatte nur gut ein Jahr vor dem Erscheinen der *Utopia* im *Act Concerning Artificers & Labourers* (1514/15) verfügt, dass grundsätzlich von Sonnenaufgang bis zum Anbruch der Dunkelheit zu arbeiten sei (Lüsse 1998, 64).

Die Idee einer spürbaren Reduzierung der Arbeitszeit ist später von fast allen (frühneuzeitlichen) Utopisten aufgegriffen worden (Schölderle 2012). Um dem Vorschlag Plausibilität zu verleihen, werden dabei stets drei Prämissen genannt, die sich schon bei Morus finden: Erstens sollen Fortschritte in Wissenschaft und Technik konsequent zur Produktivitätssteigerung eingesetzt werden. Zweitens gilt eine Art Luxusverbot. Da es in Utopia nicht länger nötig ist, andere durch „das Prunken mit überflüssigen Dingen zu übertrumpfen" (*U*, 60), müssen dort keine völlig unnützen Tätigkeiten mehr ausgeübt werden. Drittens trägt zur Reduzierung der Arbeitszeit bei, dass alle Arbeitskraftreserven ausgeschöpft werden. Adel und Klerus verlieren ihr Privileg auf ein arbeitsloses Einkommen und Männer wie Frauen werden gleichermaßen in den Produktionsprozess integriert. Raphael wird nicht müde, die „faule Gesellschaft" von Tagedieben aus Mönchen, Großgrundbesitzern und Adeligen zu schelten.

„Wenn aber alle", so resümiert er schließlich,

> die jetzt mit unnützen Gewerben beschäftigt sind, ... zur Arbeit, und zwar zu nützlicher Arbeit herangezogen würden, dann könntest du leicht feststellen, wie wenig Zeit reichlich genug, ja überreichlich wäre, um alles das bereitzustellen, was unentbehrlich oder nützlich ist – ja ... was zum Vergnügen, mindestens zu einem natürlichen und echten Vergnügen, dient (*U*, 56).

Der letzte Hinweis resultiert bereits unmittelbar aus dem Wertekanon der Utopier.

4.6 Lebensphilosophie und religiöse Grundsätze

Glückseligkeit besteht für die Utopier nicht in einer wahllosen Suche nach jeder Art von Vergnügen oder einer möglichst häufigen Befriedigung körperlicher Bedürfnisse. Obwohl sie der epikureischen Tradition folgen, denn ausdrücklich ist es die „Lust", in der die Utopier „den Endzweck und die eigentliche Glückseligkeit" sehen (*U*, 72), unterscheiden sie in aristotelischer Tradition zwischen äußeren, körperlichen und geistigen Gütern. Bei den Vergnügungen, die sie als echt anerkennen, stehen insbesondere die seelischen und geistigen an oberster Stelle und in allem halten die Utopier in fast strategischer Weise die Regel ein, dass „der größeren Lust nicht eine geringere im Wege stehen und das Vergnügen nicht Unbehagen nach sich ziehen dürfe" (U, 77).

Um die wahre Glückseligkeit zu ergründen, bedienen sich die Utopier der Vernunft, die ihnen die Weisungen der Natur offenbart. Das hat einige bemerkenswerte Konsequenzen, denn die Natur entlarvt rasch eine Vielzahl üblicher Wertigkeiten als puren Unverstand. So hätte nur die „Torheit der Menschen der Seltenheit einen besonderen Wert beigemessen", während die Natur „wie eine gütige Mutter gerade das Beste am zugänglichsten gemacht" habe: Luft, Wasser, Ackerboden (U, 65). Gold und Silber genießen nicht mehr Ansehen, als sie es „ihrer Natur nach verdienen" (ebd.). Sie finden daher bevorzugt Verwendung für Nachtgeschirr oder in Form von Ringen und Ketten als Erkennungszeichen für Verbrecher. Auch hier dient die heitere Illustration in erster Linie der Verdeutlichung. Als falsches Vergnügen gilt den Utopiern zudem die „Sucht nach eitlen und sinnlosen Ehrbezeigungen ... Denn was an natürlicher und wahrer Freude gewährt der entblößte Scheitel oder das gebeugte Knie eines anderen?" (U, 73). Für nicht weniger fehlgeleitet, halten die Utopier das Gewerbe der Jagd, weil das „Morden und Zerfleischen eines armen Tierchens" roh und grausam sei und „mit wahrem Vergnügen nichts zu tun" habe (U, 74).

Die unbestechlichen Richter zur Unterscheidung von falschen und wahren Bedürfnissen, Vernunft und Natur, lehren sie gleichermaßen gut gegen sich und andere zu sein. Die Utopier greifen unverkennbar auf philosophische Traditionslinien zurück, wie die Stoa und den Epikureismus (Schwarz 2003), und das Ergebnis sind fast durchweg sympathische Wertvorstellungen.

Bemerkenswert aber ist zugleich, dass diese Auffassungen explizit in Stellung gebracht werden gegen die Lustfeindlichkeit christlicher Religions- und Lebenspraxis. Selbst aus der Religion, die sonst „etwas Ernstes und Strenges, ja fast Düsteres und Abweisendes an sich hat", holen sich die Utopier Unterstützung für ihre sinnenfrohe Lehre (U, 70). Auch ihren religiösen Überzeugungen zufolge erweist es sich nämlich als „große Narrheit, ... auf die Freuden des Lebens zu verzichten, ... freiwillig Schmerz zu erdulden" oder das „ganze Leben freudlos" zu verbringen (U, 70). Und das alles wäre keineswegs widerspruchsvoll, gäbe es nicht einen Autor, von dem man fast das genaue Gegenteil weiß. Morus trug bereits zu dieser Zeit sein symbolträchtiges, härenes Hemd auf der bloßen Haut; von Zeit zu Zeit kasteite er sich mit einer geknoteten Geißel; und das Büßertum hat er später ausdrücklich gegen die Reformation verteidigt (*Trostgespräche*, 187–193).

Den Schlüssel zum Verständnis des Widerspruchs wird erst das Religionskapitel liefern. Schon der Abschnitt zu den philosophischen Grundsätzen aber enthält den entscheidenden Hinweis, dass den Utopiern die Gnade der christlichen Offenbarung nicht zuteil geworden sei (U, 77). Zwar stehen die Utopier auf dem Standpunkt, dass ohne Religion die „Philosophie, die sich auf Vernunftgründe stützt, ... zu schwach" sei, um aus eigener Kraft das wahre Glück zu ergründen (*U*, 70). Doch sei ihnen bisher durch keine „himmlische Offenbarung ... eine erhabenere" Auffassung eingegeben worden (*U*, 77). Den Utopiern steht somit – im Bereich der Ethik, aber auch der Religion – nur die Vernunft als Erkenntnismittel zur Verfügung. Besonders deutlich zeigt sich das am Beispiel des Euthanasie-Gebots. Noch im ersten Buch hatte Raphael in christlich-humanistischer Perspektive darauf beharrt, dass Gott den Menschen „nicht nur die Verfügung über das fremde, sondern auch über das eigene Leben entzogen" hat (*U*, 29f.). In Utopia aber gilt: Wenn dem menschlichen Leben keine Freude mehr abzugewinnen ist, dann soll der Betreffende ohne Furcht, aber voller Hoffnung freiwillig aus dem Leben treten (*U*, 81). Das ethische Fundament der Utopier ist kein christlicher, sondern ein ausschließlich vernünftiger Moralkodex.

Trotzdem standen viele Beobachter wiederholt unschlüssig vor dem Rätsel, weshalb der tieffromme Christ und spätere Märtyrer in seiner *Utopia* ein weitgehend heidnisches Volk porträtiert. Der Großteil der Irritation speist sich notgedrungen aus dem Missverständnis, die *Utopia* als persönliche Idealstaatskonzeption des Autors zu lesen. Ein genauer Blick offenbart allerdings, dass das Heidentum nicht nur ein bewusstes Element, sondern eine annähernd zwingende Konsequenz der gesamten Werkkonzeption ist. Nichts verweist so deutlich auf das Fundament des utopischen Staates, wie die Tatsache, dass die Utopier selbst im Bereich des Glaubens allein auf die Vernunft zurückverwiesen sind.

Aus der Vernunft folgt zunächst ein erstaunliches Toleranzgebot: Jeder darf in Utopia der Religion anhängen, die ihm beliebt (*U*, 97). Doch schließen sich die meisten Utopier letztlich jener Religionsauffassung an, „die die anderen an Vernünftigkeit zu übertreffen scheint" (*U*, 96). Auf diesem Wege gelangen sie zu einigen zentralen Einsichten, die in augenfälligem Einklang mit dem Christentum stehen: Mehrheitlich glauben auch die Utopier an die Unsterblichkeit der Seele, an eine jenseitige Gerechtigkeit und an einen einzigen, gütigen, ewigen und allmächtigen Gott.

Der Schluss liegt nahe, das Kapitel mit seinen frommen Priestern, einfachen Riten und demütigen Gläubigen als Appell zu deuten, mit dem die korrupte Christenheit zur Besinnung gerufen werden soll. Basiert nicht der Staat der Utopier allein auf den vier antiken Kardinaltugenden „Weisheit, Standhaftigkeit, Mäßigkeit und Gerechtigkeit", entbehrt aber der drei christlichen Tugenden „Glaube, Hoffnung und Liebe" (Chambers 1947, 148)? Wenn aber selbst die heidnischen Utopier ein derart wohlfunktionierendes Gemeinwesen einrichten könnten, um wie viel mehr sollte dies eigentlich den Christen möglich sein, die schließlich teilhaben an der Gnade Gottes? Es wäre falsch, diese kritische Botschaft zu überhören. Aber reicht der Vorbildcharakter wirklich so tief? Die Utopier kennen Priesterehen (*U*, 102). Luthers Heirat galt Morus stets als höchst schädlicher Akt der Wollust. Und was ist davon zu halten, dass einige Utopier sogar den Mond, die Sonne oder gar einen einzelnen Menschen als höchste Gottheiten verehren? Aus Sicht des gestrengen Katholiken treibt die Vernunftreligion hier wohl eher recht absurde Blüten.

4.7 Wissenschaft und Bildung

Die hohe Wertschätzung geistiger Güter dokumentiert sich auch im Bereich des Bildungs- und Wissenschaftssystems. Das besondere Privileg einer Arbeitspflichtbefreiung wird nur etwa 500 Personen einer Stadt zuteil, zum einen der Syphograntie, die aber, mit gutem Beispiel vorangehend, kaum davon Gebrauch macht; zum anderen den zum Studium freigestellten Wissenschaftlern. Aus dieser Elite wählen die Utopier grundsätzlich alle ihre Gesandten, Politiker und auch das jeweilige Stadtoberhaupt (*U*, 57). Regiert wird das utopische Volk also von einer Bildungsaristokratie. Die offensichtliche Nähe zu Platons *Politeia* wird durch die Durchlässigkeit der Schichtgrenzen noch verstärkt (*Politeia*, 415a–c, 423d). So kann ein Wissenschaftler zu den Handwerkern zurückversetzt werden, und es ist keine Seltenheit, dass ein eifriges Studium in der Freizeit zum Aufstieg in die Akademikerkaste führt (*U*, 57).

Der universale Bildungsgedanke bleibt keineswegs auf die geistige Elite begrenzt. Das stärkste Symbol sind die allmorgendlich stattfindenden Vorlesungen, die von einer großen Zahl an Zuhörern, Männern wie Frauen, aufgesucht werden, und zwar zur Gänze freiwillig, denn verpflichtend sind die Veranstaltungen nur für die erwähnte Wissenschaftlerelite. Bereits die signifikante Reduzierung der täglichen Arbeitszeit für alle Bürger dient vor allem dem Ziel, so viel Zeit wie möglich für die „Pflege des Geistes" freizuhalten. Nach Meinung der Utopier liegt darin – und dieser Satz kann den Status eines philosophischen Prinzips ersten Ranges beanspruchen – „das Glück des Lebens" (*U*, 58).

Dennoch ist dem Ausbildungsgedanken eine Mittel-Zweck-Perspektive nicht fremd: Mit der Arbeitsfreistellung verbindet sich fraglos die Erwartung, dass Nützliches für die Gemeinschaft erbracht wird, etwa die in anderem Kontext genannten „technische[n] Erfindungen, die zur Erleichterung und Bequemlichkeit des Lebens beitragen" (*U*, 79). Aber die Tatsache, dass alle Bürger Anspruch auf eine kostenfreie höhere Bildung haben, und dass der Staat diese Möglichkeit allen Interessierten bereitwillig und in ausreichendem Maße zur Verfügung stellt, lässt sich nur damit erklären, dass Wissenschaft und Bildung in Utopia Züge eines selbstzweckhaften Ideals tragen. Sie manifestieren eine Art Grundrecht, das in Utopia dem Menschen qua Menschsein zukommt.

Vergleicht man die Passagen mit anderen Kapiteln des Textes, dann tritt noch eine weitere Augenfälligkeit zutage: Der Abschnitt zum Bildungswesen ist weitgehend frei von bissigen Satiren. Gleichsam unbeschwert wird von Raphaels Handbibliothek erzählt, die er bei einer weiteren Reise nach Utopia mit sich führte. Es wird der Eifer geschildert, mit dem sich die Utopier auf die Texte Platons und Aristoteles', Plutarchs und Lukians, Thukydides' oder Herodots stürzten und sich die Werke rasch erschlossen haben. Allerdings: So ganz mag sich Morus der Seitenhiebe dann doch nicht zu enthalten, und so werden der ganze „Schwindel der Wahrsagerei aus den Sternen" und die „Erfindungen der modernen Dialektiker" erwähnt, mit denen die Utopier nichts anzufangen wissen (U, 69).

Letztlich täuscht der Eindruck nicht, dass Morus im Abschnitt zum Bildungswesen die Realisierung eines humanistischen wie ganz persönlichen Idealbildes veranschaulicht hat: Die geschlechterneutrale Bildung, wie er sie auch in seinem eigenen Haushalt praktizierte, die Vermittlung von Werten wie Bescheidenheit, Fleiß und Disziplin, die Kenntnis des Griechischen und die Begeisterung für Lukian oder Platon – all das sind persönliche Vorlieben von Morus, die sich zugleich auf die Utopier projiziert finden. Aus Sicht einer Idealstaatsdeutung kann das Kapitel gewiss am ehesten als Beispiel dienen. Doch bereits bei den Passagen zur Kriegspolitik zeigt sich ein ganz anderes, deutlich zugespitztes Bild.

4.8 Instrumentelle Vernunft – Kriegspolitik

Vordergründig stellt das Kapitel das unbedingte Friedensbekenntnis der Utopier heraus. Niemals würden sie einen Angriffskrieg beginnen. Was als solcher zu werten ist, wird allerdings rasch zur Definitionssache. Verteidigungskriege in eigener und fremder Sache kennen die Utopier ebenso wie Befreiungskriege gegen Tyrannen unterdrückter Völker. Sie führen Handels- und Bündniskriege, und sogar Rachefeldzüge für befreundete Staaten. Überdies erscheint ihnen auch ein Territorialkrieg legitim, falls andere Völker ihren Boden brachliegen lassen. Besonders pikant: Die Utopier, die Geld als Medium und Maßstab rundweg ablehnen, verfolgen „sogar in Geldangelegenheiten, ein ihren Freunden angetanes Unrecht" mit unerbittlicher Strenge (U, 88).

Die Kriege kommen den Utopiern nicht sonderlich teuer zu stehen, denn ihre hochbezahlten Söldner setzen sie meist an den gefährlichsten Stellen ein, sodass nur wenige überhaupt zurückkehren, um ihren Sold einzufordern. Scheint hinter dieser ausgekochten Machenschaft die humane Gesinnung kaum mehr zu erahnen, so wird sie durch eine mehr als zynische Bemerkung noch übertroffen: Sollte das rohe Söldnervolk der „Zapoleten" am Ende ganz ausgerottet werden, so sei dies kein Schaden. Ganz im Gegenteil: Die Utopier hätten sich den größten Dank der Menschheit verdient, weil sie den Erdball von „Abschaum" befreien (*U*, 92).

Wenn die Miene des Lesers bisher zwischen zustimmendem Kopfnicken oder amüsiertem Lächeln wechselte, so gefriert nun das Lachen. Man braucht nicht lange zu spekulieren, um zu erkennen, welch bitterböses Spiel Morus an diesen Stellen treibt. Morus' zeitgenössischen Lesern stand deutlich vor Augen, wer mit den Passagen gemeint war. Hatten nicht auch die Utopier den Krieg als bestialisches Gewerbe bezeichnet, und dann ebenso zahlreiche Gründe gefunden, um doch in den Kampf zu ziehen? Hatten nicht auch die Utopier die Praxis beklagt, den Wortlaut bei Bündnisverträgen so abzufassen, dass man bei geänderter Interessenanlage leicht einen Vorwand finden konnte, um seinen Zusagen zu entgegen (*U*, 87), und sich dann gerühmt, auf ihre Feinde Nachbarvölker zu hetzen, „indem sie irgendeinen alten Rechtsanspruch ausgraben" (*U*, 91)? Wie passt es außerdem zur Bescheidenheit der utopischen Lebensphilosophie, dass einige Bürger Utopias unter dem Titel von „Quästoren" in ehemals besiegten Ländern nunmehr als große Herren auftreten und dort ein „großartiges Leben führen" (*U*, 95)?

Ähnlich wie sein Freund Erasmus, der zwischen 1513 und 1516 drei Anti-Kriegsschriften veröffentlichte, hat auch Morus wiederholt die verlogene Machtpolitik, etwa in seiner Geschichte König Richards III. (1514), attackiert. In gleicher Weise wird in der *Utopia* die Doppelmoral der Fürsten angeprangert, die die Existenz von zwei verschiedenen Gerechtigkeiten offenbare: Die eine sei eine „minderwertige Tugend des kleinen Mannes", die andere eine erhabene „Fürstentugend", der „alles erlaubt ist, was ihr beliebt" (*U*, 87). Diese Heuchelei, so heißt es, sei zwar besonders typisch für die Politik in jener Weltregion, in der *Utopia* liege, doch es braucht ein gerütteltes Maß an Taubheit, um nicht den eigentlichen Adressaten der Botschaft herauszuhören, der hier mit Hohn und Spott überzogen wird. „In Europa, und zwar besonders in den Ländern, in denen der christliche Glaube herrscht, ist ja überall die Heiligkeit der Verträge unverletzlich und unantastbar, teils dank der Gerechtigkeit und Redlichkeit der Fürsten, teils aus Ehrerbietung und Scheu vor dem Papste, der ... allen übrigen Fürsten gebietet, ihre Versprechungen auf jede Weise zu erfüllen" (*U*, 86).

Das Lob der europäischen Verhältnisse ist restlos vergiftet. In der Satire sollen die Mächtigen Europas, die sich gerne „Christen" nennen, ihre eigene Verlogenheit erkennen. Das utopische Kriegswesen ist ein Spiegelbild für die Machenschaften der europäischen Fürsten, den römischen Bischof eingeschlossen, denen kein Grund zu abenteuerlich, kein Argument zu abscheulich und kein Hinweis zu absurd ist, um ihre Machtinteressen nötigenfalls mit Gewalt durchzusetzen.

Indes: Führte die Vernunft bisher meist zu sympathischen Wertanschauungen, zu nützlichen Institutionen und humaner Gesinnung, so dominiert im

Kriegskapitel eine kalte Zweckfunktionalität, die sich auch den moralisch verwerflichsten Zielen zur Verfügung stellt. Wie jene mit Natur, Tugend und Moral in Einklang stehende Vernunft findet sich in der *Utopia* auch das Porträt einer sich selbst genügenden Rationalität, die über der puren Effizienz keine Werte mehr anerkennt. Und dieses Porträt ist eine ausdrückliche Warnung! Die Vernunft wird als rein instrumentelle Kategorie präsentiert. Damit erinnert ihre Ausprägung auffallend deutlich an die Beschreibung und Kritik, mit der Max Horkheimer die sogenannte „instrumentelle Vernunft" später überzogen und als ebenso prägend wie verhängnisvoll für die europäische Neuzeit diagnostiziert hat (Horkheimer 1967). Dass Morus bereits zu Beginn des 16. Jahrhunderts die Konsequenzen eines solchen Vernunftverständnisses satirisch und zynisch ausmalt, zählt gewiss zu den bemerkenswertesten und innovativsten Aspekten seines Werkes (Schölderle 2011, 99–109).

4.9 Zwischen Ideal und Satire

Einen wichtigen Hinweis auf die Werkintention liefert das offene Ende des Werkes. Auf Raphaels flammendes Schlussplädoyer reagiert die Morus-Figur ausweichend. Sie lobt Raphaels Rede und das beschriebene Gemeinwesen. Dann aber dreht sich Morus gleichsam auf der Türschwelle nochmals dem Publikum zu, und schließt mit den Worten: „Inzwischen kann ich zwar nicht allem zustimmen, was er gesagt hat ..., jedoch gestehe ich gern, daß es im Staate der Utopier sehr vieles gibt, was ich unseren Staaten eher wünschen möchte als erhoffen kann" (*U*, 110). Bei aller gebotenen Vorsicht dürfte diese Bemerkung nicht weit von Morus' persönlicher Haltung entfernt liegen. Noch entscheidender aber ist: Der zentrale Aspekt einer endgültigen Bewertung wird vertagt. Es ist nun am Leser, Raphaels Standpunkte zu prüfen. Die Aufgabe des Nachdenkens und der eigenen Urteilsbildung wird dem Publikum übertragen.

Jede ernstzunehmende Interpretation der *Utopia* muss die Ambivalenz des Textes, sein oft unvermitteltes Schwanken zwischen Ideal und Satire, zwischen Reformmodell und Ironie, in Rechnung stellen. Bei jedem Vorschlag gilt: Er kann ernst gemeint und als Vorbild intendiert sein. Er kann aber auch, bewusst überzeichnet, die Lächerlichkeit der Maßnahmen oder Prinzipien offenlegen. Dabei ist die Antwort nicht immer beliebig oder nur dem Standpunkt des Betrachters überlassen. In vielen Fällen verfolgt Morus eine klare normative Botschaft und lässt den Leser über seine wahren Ansichten nicht im Zweifel: Die Passagen zur Kriegspolitik sind in einer so offensichtlich satirischen Absicht vorgetragen, dass man sich wundern muss, wie Autoren wie Hermann Oncken, Michael Freund oder Gerhard Ritter sie als typisches Zeugnis eines imperialistischen Machtbewusstseins deuten konnten. Ganz offensichtlich ist außerdem, dass die heidnische wie vernunftbegründete Religion der Utopier nicht deckungsgleich mit dem persönlichen Glaubensbekenntnis des frommen Katholiken ist. Ebenso entspricht der utopische Kommunismus nicht der Überzeugung des historischen Autors, weil Morus die Institution des Privateigentums bei allen Gelegenheiten außerhalb der *Utopia* auf erstaunlich eindeutige Weise verteidigt hat. Diese drei besonders zentralen Aspekte des Werkes als maßstabsgetreue Realisierungsvorschläge zu interpretieren, geht fraglos auf das Konto einer Missdeutung der ganzen *Utopia* als politischen Reformtraktat. „Inzwischen kommen keine Nachrichten aus Utopia, die uns lachen machen", schrieb Erasmus 1518 an Cuthbert Tunstall anlässlich von Morus' Entscheidung für den Königshof (*Correspondence V*, 410). Erasmus hat die Intention des Freundes und den Charakter der Schrift von Anfang an weitaus treffsicherer erfasst, als viele spätere Kommentatoren.

Doch auch vor einer gegenteiligen, rein ironischen Lesart ist größte Vorsicht geboten: Für Menschen, deren Städte aufgrund engster Bauweise und fehlender Kanalisation vor allem Orte der Brandgefahr und der Seuchen waren, haben die großen, weiträumigen und rational geplanten Reißbrettstädte Utopias keine abschreckende Wirkung. In einer Zeit, in der ein Arbeitstag für gewöhnlich 14 bis 16 Stunden dauerte, kann eine tägliche Arbeitspflicht von sechs Stunden keinen bedrohlichen Charakter entfalten. Gleiches gilt für das bestens ausgebaute Gesundheitswesen, die humane Pflege der Kranken (*U*, 60, 81), das hohe Ansehen der wenigen, aber vorbildlichen Priester (*U*, 101), das Fehlen von Armut und Bettelei (*U*, 64) oder die eifrige Bereitschaft der Utopier zur eigenständigen Weiterbildung. Hier gibt es keine Satire, kein abschreckendes oder warnendes Beispiel. Vielmehr werden die kritikwürdigen Verhältnisse der Heimat ins glatte Gegenteil verkehrt.

Die *Utopia* ist also keine schwarze Utopie. Die Vernunft und das insistierende Fragen nach dem Nutzen für das Gemeinwesen dienen Morus nicht nur als Konstruktionsprinzip der utopischen Gesellschaft, sondern auch als oberste Leitlinie seiner kritischen Analyse der Gegenwart. Es ist schlechterdings nicht möglich, den zuweilen vorbildhaften Charakter, vor allem aber die kritische Intention der Schrift bei der Bewertung zu übergehen. Die Kritik aber wechselt beständig ihre Perspektive, sie sucht sich ihre Objekte in jeder Passage aufs Neue. Man muss zweimal hinschauen, um zu erkennen, wer oder was eigentlich gemeint ist.

Unbestreitbar ist: Morus will Missstände bewusst machen, er will eine Auseinandersetzung über Reformziele und er will eine Diskussion über die Vernunft als Staatsprinzip. Aber er bedient sich dazu nicht einer nüchternen Form theoretischer Erörterung, sondern dem spielerischen Instrumentarium einer literarischen Fiktion. Wer die *Utopia* verstehen will, muss sich auf das hintersinnige Spiel aus Anspielungen, Spott und Witzeleien, gepaart mit wohlüberlegten

Reformideen einlassen. Er muss sich hineinziehen lassen, in den fast „infiniten Prozess des Auslegens, des Kombinierens und des Abwägens" (Erzgräber 1985, 26), weil das Werk seine Wirkung oft erst zu entfalten beginnt, wenn man die Einzelteile des Werkes in Beziehung setzt.

Was anderes also macht Morus, so muss abschließend gefragt werden, als die Möglichkeit der Kritik am porträtierten Gesellschaftsmodell sogleich mitzuliefern? Die *Utopia* ist im höchsten Maße ein selbstreflexiver Entwurf. Vor diesem Hintergrund mutet es fraglos sonderbar an, wenn die postmodernen Utopien gerne als Neuerungen charakterisiert werden, die ihre Lehren aus den totalitären Erfahrungen gezogen haben und nun endlich „kritisch" und „selbstreflexiv" auch mit dem Porträt ihres alternativen Gesellschaftsmodells verfahren. Bei Lichte besehen scheint diese Entwicklung eher eine geglückte Rückbesinnung auf Morus' *Utopia*, und damit den Urtypus der modernen Utopien.

Und so bleibt letztlich auch der eingangs erwähnte Diskurscharakter des ersten Buches im zweiten Teil erhalten. Dieser verlagert sich nun allerdings auf die Ebene zwischen Werk und seinen Rezipienten. Dort, vor allem im ersten Leserkreis humanistischer Gelehrter, sollte die Diskussion ihre Fortsetzung finden – doch bis heute, 500 Jahre später, ist sie noch immer zu keinem Ende gelangt.

Literatur

Aristoteles: Politik, übers. u. hrsg. v. O. Gigon, 8. Aufl., München 1998.
Chambers, R. W. 1947: Thomas Morus, Basel.
Contzen, E. von 2011: Die Verortung eines Nicht-Ortes. Der fiktionale Raum in Thomas Morus' Utopia, in: Neulateinisches Jahrbuch 13, 33–56.
Dorsch, Th. S. 1970: Sir Thomas Morus und Lukian. Eine Interpretation der „Utopia", in: W. Erzgräber (Hrsg.), Englische Literatur von Morus bis Sterne, Frankfurt/M., 15–35.
Dudok, G. 1923: Sir Thomas More and His Utopia, Amsterdam.
Erasmus von Rotterdam: The Correspondence of Erasmus (11 Bde.), hrsg. v. R. J. Schoeck, Bd. 5: Letters 594–841 (1517–1518), Toronto/Buffalo 1979.
Erasmus von Rotterdam: Brief des Erasmus an Ulrich von Hutten über Thomas Morus (1519). Zweisprachige Ausgabe. Deutsch von K. Büchner, in: Die Freundschaft zwischen Hutten und Erasmus, München 1948, 26–61.
Erzgräber, W. 1985: Utopie und Anti-Utopie in der englischen Literatur. Morus, Morris, Wells, Huxley, Orwell, 2. Aufl., München.
Horkheimer, M. 1967: Zur Kritik der instrumentellen Vernunft, Frankfurt/M.
Kautsky, K. 1888: Thomas More und seine Utopie, 2. Aufl., Berlin 1907.
Lukian, 1967: Zum Mond und darüber hinaus (Ikaromenippus). Übers. von Ch. M. Wieland, Zürich.
Lüsse, B. G. 1998: Formen der humanistischen Utopie. Vorstellungen vom idealen Staat im englischen und kontinentalen Schrifttum des Humanismus 1516–1669, Paderborn u. a.

Morus, Th.: The Confutation of Tyndale's Answer. Part 2 (Complete Works, Bd. 8.2), hrsg. v. L. A. Schuster u. a., New Haven/London 1973.
Morus, Th.: Epigramme (Thomas Morus Werke, Bd. 2), hrsg. v. U. Baumann, München 1983.
Morus, Th.: Trostgespräche im Leid (Thomas Morus Werke, Bd. 6), hrsg. v. J. Beer, Düsseldorf 1988.
Munier, G. 2008: Thomas Morus. Urvater des Kommunismus und katholischer Heiliger, Hamburg.
Platon: Nomoi, in: Ders., Platon, Werke in acht Bänden, Griechisch und Deutsch, hrsg. v. G. Eigler, übers. v. F. Schleiermacher, Achter Band, zweiter Teil, 6. Aufl., Darmstadt 2011.
Platon: Der Staat (Politeia), in: Ders., Platon, Werke in acht Bänden, Griechisch und Deutsch, hrsg. v. G. Eigler, übers. v. F. Schleiermacher, Vierter Band, 6. Aufl. Darmstadt 2011.
Schölderle, Th. 2011: Utopia und Utopie. Thomas Morus, die Geschichte der Utopie und die Kontroverse um ihren Begriff, Baden-Baden.
Schölderle, Th. 2012: Geschichte der Utopie. Eine Einführung, Köln u. a.
Schölderle, Th. 2014: Thomas Morus' Utopia (1516). Das Idealstaatsmotiv und seine ironische Brechung im Gedankenexperiment, in: Ders. (Hrsg.), Idealstaat oder Gedankenexperiment? Zum Staatsverständnis in den klassischen Utopien, Baden-Baden, 55–78.
Schwarz, S. 2003: Sind die Utopier Epikureer? Die Rezeption der epikureischen Ethik in der Utopia des Thomas Morus, in: Neulateinisches Jahrbuch 5, 245–295.
Surtz, E. 1957: The Praise of Wisdom. A Commentary on the Religious and Moral Problems and Backgrounds of St. Thomas More's Utopia, Chicago.

Annemarie Pieper
5 Die Moral der Utopier

5.1 Gemeinsamkeit und Verschiedenheit der Standpunkte

Thomas Morus und Raphael Hythlodeus teilen die moralische Überzeugung, dass ungerechte Verhältnisse die Menschen entzweien, weil dadurch die einen in unzulässiger Weise privilegiert, die anderen grundlos benachteiligt werden. Verletzt wird dabei das Gleichheitsprinzip, das eine willkürliche Bewertung von Menschen verbietet. Weder die Abstammung noch Machtpositionen oder herausragende Talente rechtfertigen die Ungleichbehandlung der Mitmenschen, weil hier etwas bewertet wird, was sich dem Zufall verdankt.

Uneinig sind sich Thomas Morus und Raphael jedoch in Bezug auf das Modell einer idealen Gesellschaft, in der das Gleichheitsprinzip verwirklicht ist. Thomas Morus als historisch verbürgte Figur vertritt den pragmatischen Standpunkt eines erfahrenen, mit den realen Verhältnissen in England am Ende des 15. und zu Beginn des 16. Jahrhunderts vertrauten Politikers, was seine Skepsis hinsichtlich der Umsetzung von Idealvorstellungen verständlich macht. Raphael als fiktive Figur eines gebildeten Humanisten hingegen verteidigt den von ihm geschilderten vollkommenen Staat als den bestmöglichen aller kollektiven Lebensentwürfe. Um jedoch nicht als weltfremder Idealist ohne jegliche Bodenhaftung zu gelten, gibt er vor, kein reines Phantasiegebilde zu beschreiben, sondern sich durchaus auf empirische Verhältnisse zu stützen, wie er sie auf seinen ausgedehnten Reisen in Utopia angetroffen haben will. Er möchte das utopische Modell als Orientierungshilfe für eine Vision Englands verstanden wissen, in der die beklagten politischen Missstände behoben wären — als Folge rigoroser Maßnahmen zur Durchsetzung des Gleichheitsprinzips.

Es sind also durchgehend zwei Perspektiven, aus denen die utopische Moral teils kritisch beäugt, teils enthusiastisch gelobt wird. Die bei der Schilderung mancher Gepflogenheiten und Zustände aufblitzende Ironie kann weder der einen noch der anderen Position eindeutig zugeordnet werden, zumal wenn „der Morus im Werk eine ironisch zu verstehende Maske des Autors ist" (Erzgräber 1980, 26), während Raphael auch als Tarnkappe für Ansichten des historischen Morus dienen könnte, die zu äußern für diesen nicht opportun waren. Die im Spannungsfeld der sich kreuzenden Blickrichtungen auf das Modell des utopischen Staates unterschwellig wirksame Ironie fordert den Leser dazu heraus, eigene Gedankenexperimente zu entwickeln, um zu prüfen, ob die utopische Lebensform allgemein wünschenswert wäre.

5.2 Das Gleichheitsprinzip in Utopia

Wie haben die Utopier das Gleichheitsprinzip in ihrer kollektiven Lebensform verankert? Einerseits durch äußere Maßnahmen, andererseits durch die Moral. Äußerlich sichtbare Gleichheit fällt durch gleiche Kleidung, gleiche Wohnungen, gleiche Arbeit und Arbeitszeiten sowie gleiche Mahlzeiten in öffentlichen Speisesälen ins Gesicht. Doch das allein genügt nicht, das Gleichheitsprinzip muss, um wirksam zu sein, auch verinnerlicht werden, und das ist Aufgabe der Moral. Die Moral stellt verbindliche Regeln auf, die der Herstellung sozialer Gleichheit in allen Lebensbereichen den „Maßstab des Guten im doppelten Sinn des Wohlergehens und des Wohlverhaltens der Personen" (Kamlah 1969, 21) zugrunde legt. Ziel der Moral ist es, sich „ein innerweltliches soziales Gewissen" anzutrainieren (Elias, 1985, 117). Als Leitfaden dient dabei das Allgemeinwohl, das im Glück der Bürger gesehen wird. Das Glück (lat. *felicitas*) als ihnen gemeinsames höchstes Gut wird von den Utopiern qualitativ als Lust bestimmt (lat. *voluptas*). Lust (ins Deutsche wahlweise auch mit Freude, Genuss, Vergnügen übersetzt) bedeutet nicht Wollust, da bei den Utopiern sämtliche mit Gier assoziierten Arten des Verlangens — Be-gier-den — als der Kontrolle ermangelnde Verhaltensweisen verpönt sind. *Voluptas* steht dem epikuräischen Verständnis von *hedone* nahe, demzufolge die Lust eine Empfindung ist, die aus maßvollem Genuss resultiert und ein ausgewogenes Verhältnis zwischen Körper und Seele anzeigt.

Gleichwohl stellt sich die Frage, inwiefern durch das Lustprinzip eine Konkretisierung des moralischen Prinzips sozialer Gleichheit bzw. der Idee der Gerechtigkeit erfolgen kann, sind wir doch eher geneigt anzunehmen, dass gerade das Lustprinzip höchst konfliktträchtig ist, weil es die Menschen voneinander trennt und gegeneinander aufbringt. Denn was der eine als sein Glück erstrebt, kommt oft dem Glücksstreben anderer in die Quere. Das Ergebnis solcher Interessenkollisionen ist dann Zwietracht statt Eintracht.

5.3 Das Streben nach Lust als individuelles und kollektives Ziel

Raphael betont, dass die Utopier das Streben nach Lust im Sinne eines angenehmen Lebens nicht als eine Privatangelegenheit oder als egoistische Haltung auffassen, vielmehr verbinde das Auslangen nach dem allen gemeinsamen Ziel die Individuen. Das Streben nach Glück liege in der Natur des Menschen, und da jeder mit dieser von Gott so vorgesehenen Natur ausgestattet ist, erweist sich das Streben nach Lust geradezu als eine Tugend. „Die Tugend definieren sie nämlich als naturgemäßes Leben, weil wir ja dazu von Gott geschaffen worden seien. Derjenige aber folge der Weisung der Natur, der in allem, was er begehrt und was er meidet, der Vernunft gehorcht" (*U*, 70f.). Das naturale Glücksstreben gilt somit nicht als eine Form von Willkür, sondern als Ausdruck von Tugend und Vernunft, die dem naturwüchsigen Begehren Grenzen setzt. Tugendhaft ist demzufolge, wer in vernünftigem Ausmaß seinem natürlichen Streben nach Lust folgt, ohne dabei das Streben anderer nach Lust zu behindern, sondern es nach Möglichkeit zu fördern, weil dadurch die soziale Gleichheit durch Solidarität gestärkt wird und das Allgemeinwohl durch das Wohlverhalten aller wächst.

Aber der Altruismus hat für die Utopier keineswegs den Vorrang vor dem Egoismus, beides vermag nach ihrer Meinung sehr wohl zusammen zu bestehen.

> Wenn ... die eigentliche Menschlichkeit, die dem Menschen angemessener als jegliche andere Tugend ist, darin besteht, die Not anderer zu lindern ... und dadurch ihrem Leben wieder Freude, das heißt Lust zu geben, warum sollte dann die Natur nicht einen jeden dazu antreiben, sich selbst den gleichen Dienst zu leisten? (*U*, 71)

5.4 Vernunft und Natur

Entsprechend gilt, wer sich zur Erzeugung von Lust um seinen eigenen Vorteil bemüht, bei den Utopiern als klug, weil er dadurch nämlich zur Verbesserung des Gemeinwesens beiträgt. Wer dabei ausdrücklich die Vermehrung des Allgemeinwohls mit im Auge hat, befleißigt sich der Nächstenliebe (*U*, 72). Die Lust als der „Endzweck und die eigentliche Glückseligkeit" (ebd.) ist demzufolge jenes allgemeinmenschliche Ziel, das der Idee der Gleichheit trotz individueller Unterschiede, was die persönlichen Vorlieben betrifft, Realität verschafft. Das Streben nach Lust eint die Menschen aufgrund der ihnen allen gemeinsamen Natur und Vernunft. Der Gegensatz, den die traditionelle Philosophie zwischen Natur und Vernunft konstatiert hat, ist hier von vornherein aufgehoben. Der Mensch als

Sinnen- und Vernunftwesen ist nicht dualistisch in sich gespalten, sondern stellt eine ursprüngliche Einheit dar. Daher können gar keine Konflikte zwischen Sinnlichkeit und Vernunft, zwischen natürlichem Begehren und Tugend entstehen. Durch Lust- und Genussanreize entfalten die Ansprüche der Vernunft in der Realität ihre normative Wirksamkeit. Insofern sind naturwüchsiges Streben und vernünftige Zielsetzung zwei Aspekte eines und desselben Begehrens.

Die unkomplizierte Anthropologie der Utopier beruht auf der Annahme, dass die menschliche Natur nicht bloßes Ensemble biologischer Prozesse ist, auf deren kausale Abläufe die Vernunft keinen Einfluss zu nehmen vermag. Vielmehr ist die menschliche Natur von vornherein – als Resultat einer göttlichen Schöpfung – normativ imprägniert. Nur deshalb kann der Mensch als ein Naturwesen begriffen werden, das ursprünglich kein Böses kennt. Lässt man dieser Natur freien Lauf, so steht aufgrund des ihr innewohnenden göttlichen Wertes zu erwarten, dass dabei nur gute Ergebnisse herauskommen, da Vernunft und Natur nicht auseinander klaffen, Norm und Faktum nicht in Übereinstimmung gebracht werden müssen, sondern von vornherein aufeinander abgestimmt sind. Auf einer solchen anthropologischen Basis ist Böses schlechterdings nicht vorstellbar, denn das Problem des Bösen entsteht erst dort, wo natürliches Begehren und Vernunftforderung sich auf entgegen gesetzte Ziele richten. Dies würde aus der Sicht der Utopier jedoch das Gegenteil von Lust, nämlich Unlust bewirken, wodurch wiederum das Streben nach Lust gehemmt wäre. Dass es faktisch Böses gibt wie in den Nachbarstaaten, führen die Utopier auf eine verdorbene Natur zurück, die sich im Zuge einer Ideologisierung falscher Glücksgüter aus der ursprünglich guten Natur herausgebildet hat.

5.5 Drei Lustarten

5.5.1 Körperliche Lust

Obwohl sie davon ausgehen, dass Natur und Vernunft miteinander im Einklang stehen und entsprechend jede Art von Lust in sich gut ist, halten die Utopier laut Raphael die seelischen gegenüber den leiblichen Genüssen für die ranghöheren. Als leiblicher Genuss zählt bei ihnen das durch Befriedigung von Hunger, Durst und sexuellen Bedürfnissen erzeugte körperliche Wohlbefinden. Dass solche elementaren Bedürfnisse angemessen mit Hilfe des Staates gestillt werden müssen, versteht sich für die Utopier von selbst. Auch dass dies mit Lust verbunden ist, bedarf keiner Diskussion. Die Ansicht jedoch, dass der Grad der Lust und damit das körperliche Wohlbefinden sich steigern ließe – etwa durch das Tragen luxuriöser Kleidung und kostbaren Schmucks oder durch die Anhäufung von Reichtümern —, wird von ihnen vehement bestritten. Der gesunde Menschenverstand, der als Maßstab für seine Urteile die unverfälschte Natur heranzieht, macht klar, dass die Einschätzung einer törichten, verdorbenen Menge, deren Genussempfinden durch irreführende Lustanreize zu Fehlurteilen über den Wert von Dingen geführt habe und Quantität mit Qualität verwechselt, in die Irre geht. Dies betrifft auch den Umgang mit den Körperfunktionen. Der Stoffwechsel sei im Lot, wenn dem Körper so viel zugeführt wird, wie er an Überflüssigem ausscheidet. Entsprechend stellt sich ein Lustgefühl ein, „wenn man den Darm entleert oder ein Kind zeugt oder eine juckende Körperstelle reibt oder kratzt" (*U*, 75). Die Lust ist hier ein Begleitmoment der auf Balance ausgerichteten Tätigkeit, nicht jedoch deren Ziel.

Die Utopier legen großen Wert auf vernünftige Ernährung und Körperpflege, denn diätetische Maßnahmen sind dem sinnlichen Genuss förderlich. Auch haben körperliche Anomalien nichts Abstoßendes für sie, ebenso wenig wie äußere Schönheit als Verdienst gilt, denn niemand sei verantwortlich für seine natürliche Ausstattung (*U*, 84). Dass die Utopier den Suizid und Euthanasie befürworten, hängt eng mit der Bedeutung zusammen, die sie dem sinnlichen Lustempfinden zusprechen. Wer dem Tod nahe ist und große Qualen erleidet, hat die offizielle Erlaubnis, sein Leben von eigener Hand oder mit fremder Unterstützung zu beenden, weil aufgrund dauerhaften Mangels an Gesundheit nicht zu erwarten ist, dass er jemals wieder Freude am Leben haben wird. Abgesegnet wird ein solcher Eingriff in die Natur durch eine religiöse Instanz, die Priester, die unter Berufung auf den göttlichen Willen den Suizid sogar ausdrücklich empfehlen. „Auf einen solchen Rat hin sein Leben zu enden, gilt als ehrenvoll." (*U*, 81) Allerdings respektieren sie auch die Entscheidung, bis zum natürlichen Tod auszuharren. „Gegen seinen Willen ... töten sie niemanden, und sie pflegen ihn deshalb auch nicht weniger sorgfältig." (ebd.)

5.5.2 Körperlich-seelische Lust

Eine mittlere Stellung zwischen den körperlichen und den seelischen Genüssen nehmen Gesundheit und Musik ein, insofern hier die Sinne nicht wie bei der Befriedigung der Elementarbedürfnisse durch physische Reize wie Hunger- und Durstgefühle, sondern durch geistige Impulse erregt werden. Die mit einer stabilen Gesundheit einher gehende Lust verdankt sich der Abwesenheit von Krankheit und Schmerzen, die meistens Unlustgefühle hervorrufen. Obwohl die Gesundheit, die in der Regel als etwas Selbstverständliches erfahren wird, erst im Fall einer Erkrankung als Wert bewusst wird, ist es die Lust am Leben selbst, die im Status der Gesundheit genossen wird und ein starkes Motiv für Maßnahmen zu deren Pflege abgibt. Die Lust an Musik hingegen verdankt sich zwar einem sinnlichen Hörgenuss, der jedoch mit einem seelischen Genuss einher geht und insofern zu einer ausgeglichenen Gemütslage führt, die „das Leben angenehm und lebenswert" erscheinen lässt (U, 75).

5.5.3 Geistig-seelische Lust

Während die körperlichen Lustempfindungen auf physische Sinnenreize zurückgehen, resultieren die seelischen Genüsse zum einen (theoretisch) aus der Betätigung des Verstandes, die auf wahre Erkenntnisse zielt, zum anderen (praktisch) aus der Überzeugung, dass ein anständiges Leben zu führen glücklich macht (U, 75). Was die Lust an wahrer Erkenntnis anbelangt, berichtet Raphael am Beispiel des Wissensdurstes, mit dem sich die Utopier voller Freude auf die von ihm bei seiner vierten Reise mitgebrachten Bücher antiker Philosophen und Dichter gestürzt hätten. Raphael hat alles herbei geschleppt, was ein Intellektueller seiner Zeit an Neuerscheinungen zu lesen pflegte, insbesondere die in griechischer Schrift erhältlichen Schriften von Platon und Aristoteles sowie Theophrasts botanische Abhandlungen. Als Dichter und Schriftsteller, an denen die Utopier Gefallen fanden, zählt Raphael die griechischen Klassiker Lukian, Plutarch, Homer, Sophokles, Aristophanes, Euripides, Thukydides, Herodot und Herodian auf. Dass die Utopier sich daneben ganz besonders für Hippokrates und Galen interessierten, beide Experten auf dem Gebiet der Medizin, war wegen ihrer Sorge um den Körper und dessen Gesundheit zu erwarten (U, 79).

Raphael spricht voller Bewunderung von der Geschwindigkeit, mit der die Utopier die griechische Schrift erlernt hätten. Aber nicht nur dies, auch die Herstellung von Papier und die Kunst des Buchdrucks hätten sie rasch beherrscht und so die erhaltenen Werke in größerer Zahl nachdrucken können (U, 78f.). Den höchsten seelischen Genuss hätte ihnen jedoch die Biologie im Sinne einer naturwissenschaftlich fundierten Lebenswissenschaft (einer Art „Life Science") bereitet, weil sie in der Enträtselung der Baupläne der organischen Natur in engen Kontakt mit dem Weltschöpfer zu treten glaubten.

Neben den durch die theoretischen Wissenschaften erzeugten geistig-seelischen Freuden ist die im Rahmen eines tugendhaften Lebenswandels erworbene moralische Qualität mit nicht weniger starken psychischen Lustgefühlen verbunden. Die Einsicht, dass der eigentliche Wert eines Menschen nicht in materiellem Besitz besteht, auch nicht auf seine Herkunft zurückzuführen ist, hat die Utopier veranlasst, Hierarchien und Klassenunterschiede abzulehnen. Für sie zählt weder Geldadel noch Erbadel (U, 73) als Rechtfertigungsgrund für die Privilegierung einer Kaste, denn im Prinzip sind ihnen alle Menschen gleich viel wert. Zwar haben sie entsprechend ihren jeweiligen spezifischen Begabungen unterschiedliche Funktionen im Staat inne, doch sind damit keine Rangunterschiede verbunden. Die Berufszugehörigkeiten werden nicht durch Kleidung oder Ordensschmuck, sondern in Gestalt naturaler Werte gekennzeichnet, etwa durch eine voran getragene Ähre für die Politiker oder eine Kerze für die Priester (*U*, 85). Alles in allem haben die Utopier offenbar keine Mühe mit der Befolgung des Gleichheitsprinzips. Die Moral ist für sie sogar ein Quell des Vergnügens, weil sie für ihr Wohlverhalten mit Respekt und Wertschätzung behandelt werden.

5.6 Die Rangordnung der Lustarten

Obwohl alle drei Lustarten vernünftig sind, gibt es unter ihnen gleichwohl eine Rangordnung. Als die höchsten gelten die seelischen Freuden, die mit der Wahrheitssuche und einer tugendhaften Gesinnung verbunden sind. Darauf folgen die seelisch-körperlichen Freuden, die sich beim Genuss von Gesundheit und Musik einstellen. An dritter Stelle rangieren die körperlichen Freuden, die mit der Befriedigung von Grundbedürfnissen einhergehen. Ob die Abstufung der drei Lustarten auf einer empirischen Erhebung basiert, im Hinblick auf die Dauer der jeweiligen Lustempfindung ermittelt oder aus der Natur hergeleitet wurde, bleibt offen. Für den Umgang mit der Lust wird lediglich empfohlen, darauf zu achten, dass sich die drei Arten nicht in die Quere kommen, die ranghöhere Lust also nicht durch eine niedrigere beeinträchtigt wird, was Unlust nach sich zöge und damit die Lustbilanz insgesamt schmälern würde (*U*, 77).

Man könnte die drei Lustarten der Utopier an den menschlichen Körperregionen als Genussorten festmachen: an Kopf, Herz und Bauch. Dieser Vergleich bietet sich insofern an, als auch Platon, dessen Entwurf eines vollkommenen Staates einen gewissen Vorbildcharakter für Thomas Morus hatte, die Organismusmetapher verwendete, um das Zusammenspiel der staatstragenden Kräfte zu veranschaulichen. Den Kopf bilden in Platons Modell die Archonten, deren Tugend die Weisheit ist, mit welcher sie die Regierungsgeschäfte führen. Das Herz wird durch die Militärs repräsentiert, die sich der Tugend der Tapferkeit befleißigen und die Stadt gegen feindliche Übergriffe schützen. Den Bauch schließlich formieren die Bauern und Handwerker, deren Tugend in der Besonnenheit besteht, mit der sie für die Ernährung und die im Alltagsgebrauch benötigten Gerätschaften der Bürger sorgen. Die allen drei Ständen gemeinsame Tugend der Gerechtigkeit ist das Bindeglied, das den gesamten Körper resp. Staatsorganismus als ein funktionierendes Ganzes zusammenhält (vgl. Platon, *Politeia*; 434c ff.).

An die Stelle der Tugend der Gerechtigkeit tritt bei den Utopiern die Lust als Bindeglied zwischen den verschiedenen Körperregionen. Daraus ergibt sich ein wesentlicher Unterschied zu Platons Modell: Die Gemeinschaft der Utopier wird nicht durch Zuordnung zu einer bestimmten Lustart klassifiziert, sodass die einen zum Genuss rationaler, die anderen zum Genuss emotionaler oder affektiver Lust tendieren. Was das leiblich-seelische Wohlbefinden betrifft, ist es vielmehr aus der Sicht der Utopier unerlässlich, dass jeder Bürger das Recht hat, für sich selbst alle Arten von Lust zu erstreben und zu genießen, allerdings nicht uneingeschränkt. Das Begehren des einen Strebevermögens darf nicht auf Kosten der beiden anderen durchgesetzt werden. Der Kopf zum Beispiel darf also nicht das rationale Glück verabsolutieren und das Konsumglück des Bauches unterdrücken. Das Gleiche gilt für Herz und Bauch, die das emotionale oder das affektive Glück nicht gegeneinander ausspielen oder zur Verhinderung des rationalen Glücksstrebens einsetzen dürfen. Nur in Fällen einer möglichen Kollision der einen mit der anderen Lustart soll der Kopf den Vorrang vor Herz und Bauch haben.

Zwar enthält auch in Platons Modell der Seele der Mensch in sich einen rationalen, einen emotionalen und einen affektiven Anteil, und jeder muss sich darum bemühen, die divergierenden Interessen dieser Anteile in sich zu befrieden. Aber die unterschiedliche Bewertung der Leistungen von Kopf, Herz und Bauch – durch die Metalle Gold, Silber und Erz – schlägt auch auf den Stellenwert der drei Stände im großen Organismus Staat durch, was kontraproduktiv ist im Hinblick auf die soziale Gleichheit, für deren Gewährleistung nach Meinung der Utopier das Lustprinzip einen besseren, da natürlichen Kitt abgibt. Platon und Aristoteles haben der Lust nur empirische Bedeutung, aber kein normatives Gewicht gegeben, während aus der Sicht der Utopier das Luststreben in der unverdorbenen menschlichen Natur angelegt ist.

5.7 Soziale Gleichheit

Die Idee der Gleichheit, auf der die Moral der Utopier fußt und im Streben nach Lust umgesetzt wird, realisiert sich auf der politischen Ebene im Kommunismus als kollektive Lebensform. Gleichheit im Sinne von sozialer Gerechtigkeit bedeutet, dass alle die gleichen Rechte und Pflichten haben, die allerdings nicht in die Form von Gesetzen gegossen werden, denn die Utopier empfinden es als „höchst ungerecht, Menschen durch Gesetze zu binden, die entweder zu zahlreich sind, als daß man sie alle durchlesen könnte, oder zu unklar, als daß jeder imstande wäre, sie zu verstehen" (U, 85). Also begnügt man sich mit einigen wenigen Grundregeln, die jeder kennt, und ahndet Verstöße mit Zwangsarbeit. Da niemand Privateigentum oder Vermögen besitzt und allen alles gehört, entfallen ohnehin sämtliche für die gewöhnlichen Gerichte zur Tagesordnung gehörenden Konflikte, die Neid und Habgier mit sich bringen. Auch Diebstahl ist kein Thema, denn wo in Utopia bei den einen Mangel herrscht, wird dieser ausgeglichen durch den Überfluss anderer. „So ist die ganze Insel gleichsam eine einzige Familie" (*U*, 64).

Unter Familienmitgliedern gibt es keine Werthierarchien, entsprechend gleichrangig sind auch die im Dienst der Gemeinschaft ausgeübten Berufe. Jeder trägt durch sein Wohlverhalten zum allgemeinen Wohlergehen bei und partizipiert daran entsprechend seinen Bedürfnissen. Auf diese Weise soll dem Neid der Boden entzogen werden, der sich bei ungleichen Verhältnissen und sakrosankten Werthierarchien unvermeidlich einstellt. Das Familienmodell als Grundlage des Sozialverbands sorgt dafür, dass sich die Bürger Utopias als Verwandte betrachten. Daher bildet die Ehe ein Kernelement der utopischen Gemeinschaft. Damit eheliche Beziehungen langfristig bestehen, haben die Utopier einen Brauch eingeführt, den selbst Raphael zunächst für lächerlich hielt; aber vielleicht wollte er auch nur die in Platons *Staat* für die Militär-Kaste vorgeschlagene Frauen- und Kindergemeinschaft übertrumpfen: Wenn ein Mann eine Frau heiraten möchte, werden die beiden Ehekandidaten einander unter Aufsicht nackt vorgeführt. Denn es seien „keineswegs ... alle Männer so vernünftig, daß sie bloß auf den Charakter sehen, und auch in den Ehen der vernünftigen Menschen spielen die körperlichen Vorzüge neben den sittlichen Eigenschaften keine unbedeutende Rolle" (*U*, 82). Ganz ohne Anfechtungen geht es demnach auch bei den Utopiern nicht zu. Damit die Sinnlichkeit die Vernunft nicht aushebeln kann, werden Vorsichtsmaßnahmen ergriffen, die für ein Gleichgewicht der Kräfte sorgen sollen.

Da voreheliche Beziehungen streng verboten sind und die Utopier sich für lebenslange Monogamie ohne Trennungsmöglichkeit entschieden haben, ist die Betrachtung der körperlichen Vorzüge und Nachteile des potentiellen Lebenspartners ein wichtiges Instrument für den ehelichen Frieden in einer Zeit, in der Nacktheit noch nicht medienwirksam inszeniert wurde, sodass die Verhüllung des Körpers in der Öffentlichkeit zwar moralisch erwünscht war, um der Lüsternheit einen Riegel vorzuschieben. Dies barg aber zugleich die Möglichkeit einer (Ent-) Täuschung, die das Lustprinzip aushebeln und das Glück der künftigen Eheleute gefährden konnte. Welches Gewicht die Utopier auf den ehelichen Zusammenhalt legen, zeigen die drakonischen Strafen, mit denen Ehebruch verhindert werden sollte: Zwangsarbeit und im Wiederholungsfall sogar die Todesstrafe.

5.8 Gleichheit als Entwicklungsbremse?

Dass die Utopier soziale Gleichheit als Grundlage für das Glück aller erstreben, ist insofern plausibel, als der Abbau von Hierarchien das Gemeinschaftsleben begünstigt. Klassenkonflikte konnten von daher gar nicht erst entstehen. Was jedoch verwundert, ist die Fortschrittslosigkeit dieser Selbstversorgergesellschaft, die sich über einen einfachen agrarwirtschaftlichen Status hinaus wenig entwickelt hat, verwunderlich auch deshalb, weil Raphael betont, dass „die Utopier erstaunlich begabt für technische Erfindungen [seien], die zur Erleichterung und Bequemlichkeit des Lebens beitragen" (U, 79). Eigentlich könnte man daher erwarten, dass Utopia sich mit der Zeit zu einem Industriestaat fortentwickelt, der trotz weiter gehender Differenzierung und Spezialisierung seiner Mitglieder am Prinzip sozialer Gleichheit festhielte, das den Wert jedes einzelnen an seinem Menschsein und nicht an seiner beruflichen Stellung festmacht. Es hat jedoch den Anschein, dass die Lust an den Wissenschaften, die die Utopier in ihrer reichlich bemessenen Freizeit ausgiebig genießen konnten, praktisch folgenlos geblieben ist, abgesehen von einfachen technischen Errungenschaften für den Haushalt.

Umso größer waren dagegen die Fortschritte der Utopier in den Wissenschaften. Waren ihre philosophischen Kenntnisse nach Raphaels Einschätzung anfangs überaus dürftig, holten sie ihre Defizite in rasantem Tempo auf, nachdem sie mit entsprechender Literatur beglückt wurden. Anfangs wären sie „weit davon entfernt [gewesen], den ‚zweiten Intentionen' einigermaßen auf die Spur zu kommen, so daß keiner von ihnen imstande war, den gemeinhin so genannten ‚Menschen an sich' zu sehen" (U, 69). Doch hätten sie aufgrund der Lektüre platonischer, aristotelischer und scholastischer Texte sehr bald zwischen objektsprachlichen und metasprachlichen Begriffen unterscheiden können, nachdem sie verstanden hatten, dass man sich mittels Sprache sowohl auf reale Gegenstände (1. Intention) als auch auf abstrakte Sachverhalte beziehen kann, die keine Entsprechung in der Realität haben (2. Intention). Dass die Utopier nicht von sich aus auf nominalistische Spitzfindigkeiten gekommen sind, mag weniger erstaunen als die Feststellung, dass sie im Verlauf von über anderthalb Jahrtausenden nicht einmal die Bedeutung von Gattungsbegriffen zu erkennen vermochten. Die sprachliche Kommunikation musste entsprechend umständlich gewesen sein, narrativ ausschweifend und langfädig in der Argumentation – also gleichsam wie in den Zeiten, als der Übergang vom Mythos zum Logos noch nicht erfolgt war.

Auch dass die Utopier ihre Wertvorstellungen an immateriellen Werten festmachen, bei gleichzeitiger demonstrativer Verachtung von andernorts als wertvoll deklarierten Gegenständen, wirft Fragen auf. Zwar mag es sinnvoll sein, die

Erziehung zu einem moralischen Wertbewusstsein mit einer Abwertung materieller „Werte" in Gestalt von Gold, Silber und Edelsteinen zu beginnen, um die Gier nach deren Besitz von vornherein einzudämmen. Aber nach ethischer Aufklärung über die eigentlich menschlichen Werte und gelungener Einübung in eine entsprechend tugendhafte Haltung sollte es mit Vernunft begabten Wesen ohne weiteres möglich sein, auch materiellen Dingen einen Wert zuzugestehen, anstatt sie zu verabscheuen. So wäre es durchaus vorstellbar, dass man etwa den Wert des Goldes zu schätzen weiß, ohne sich davon beeindrucken zu lassen. Wenn das Verteilerprinzip im Übrigen dafür sorgt, dass jeder die gleiche Menge zum Beispiel an Schmuck erhält, käme auch hier das Gleichheitsideal zum Tragen, ohne dass dies schädlich wäre für die sozial als die ranghöchsten eingestuften zwischenmenschlichen Werte.

5.9 Menschen zweiter Klasse: Sklaven

Ein moralisches Problem besteht darin, dass die Utopier das fundamentale Gleichheitsprinzip nicht konsequent beachten. Sie schränken dessen Geltungsbereich auf den Staat Utopia ein, handhaben es außerhalb der Staatsgrenzen aber völlig willkürlich. Und auch innerhalb ihrer eigenen Grenzen lassen sie Ausnahmen zu in Bezug auf eine Minderheit: die Sklaven. Die Kohorte der Sklaven setzt sich aus vier Gruppierungen zusammen: (1) aus Verbrechern, die auch in Utopia trotz der besten aller Verhältnisse offenbar gelegentlich vorkommen, (2) aus Verbrechern, die in benachbarten Staaten zum Tode verurteilt wurden und von den Utopiern für bestimmte Tätigkeiten aufgekauft wurden, (3) aus fremden Tagelöhnern, die wegen ihrer Armut freiwillig in Utopia arbeiten, (4) aus Kriegsgefangenen (*U*, 80). Die Sklaven verrichten jene Arbeiten, die bei den Utopiern als unwürdig und schmutzig gelten, weil sie mit dem Töten und Verarbeiten von Tieren verbunden sind: die Jagd und das Metzgergewerbe (*U*, 74).

Da die Sklaven, ausgenommen die Tagelöhner, als Menschen mit einer verdorbenen Natur angesehen werden, sind sie nach Meinung der Utopier geradezu prädestiniert für Tätigkeiten, die notwendig, aber normalen Menschen zuwider sind, da sie auf die Vernichtung von Lebendigem zielen. Dass Verbrecher nicht getötet werden, sondern Zwangsarbeiten ausüben müssen, hat also keine humanistischen Gründe, sondern verdankt sich bloßen Nutzenerwägungen. Entsprechend werden keine Resozialisierungsmaßnahmen unternommen, und die Möglichkeit einer Wiedereingliederung in die Gesellschaft wird nicht einmal erwogen.

Hinsichtlich der Sklaven wird das Gleichheitsprinzip demnach außer Kraft gesetzt, weil die Utopier davon ausgehen, dass jemand, der in ihrem Staat zum Verbrecher geworden ist, dies auf keinen Fall durch die Umstände geworden sein kann. Aufgrund der Vorzüglichkeit der bestehenden Verhältnisse scheiden diese als Ursache für menschliches Fehlverhalten aus. Daher trifft den Staat keine Mitschuld am Versagen eines seiner Mitglieder, das mit einer unausrottbar verdorbenen Natur ausgestattet ist. Anders fällt das Urteil über Verbrecher aus anderen Staaten aus, da diese ihre Fähigkeiten nicht unter idealen Bedingungen entwickeln konnten, sodass bei ihnen die gesellschaftlichen Verhältnisse nicht nur als Entlastungsgrund, sondern als Ursache für ihr verbrecherisches Leben akzeptiert sind.

Wenn also eine angeborene und als solche unkorrigierbare Natur jemanden als für Utopia ungeeignetes Mitglied brandmarkt, erweist er sich als ungleich. Er ist kein richtiger Mensch, den man getrost als bloßes Mittel benutzen kann, da er zur Gemeinschaft von Gleichen untauglich ist und deshalb einer ungleichen Behandlung unterworfen werden darf. Damit wird er sogar noch gleichsam geadelt, weil er seine Arbeitskraft in den Dienst eines guten Zwecks stellt: Indem er zur Versorgung der Utopier beiträgt, bekommt sein an sich nutzloses Leben einen Sinn.

Es bleibt jedoch die Frage: Wenn letztlich niemand verantwortlich ist für seine Naturanlagen, mit welchem Recht dürfen dann die moralisch schlecht Weggekommenen — im Gegensatz zu den körperlich Beeinträchtigten, den Hässlichen und den Missgebildeten — als ethisch Verworfene aus der Mitte der Gesellschaft ausgestoßen werden?

5.10 Nachbarschaftsbeziehungen ohne vertragliche Regelungen

Die Umsetzung des Gleichheitsprinzips endet schließlich drittens an den Grenzen zu anderen Staaten. Die Utopier gehen keine Bündnisse mit fremden Völkern ein, mit der Begründung, alle Vereinbarungen würden ja doch gebrochen. Zur Festigung nachbarschaftlicher Verhältnisse setzen sie wiederum auf die Natur: „Die natürliche Zusammengehörigkeit der Menschen ersetze ein Bündnis, und die Menschen binde Verträglichkeit besser und wirksamer als ein Vertrag, Wohlwollen fester als Worte" (*U*, 87). Allerdings verschleiert diese Ansicht, dass die Utopier die von ihnen propagierte natürliche Gemeinschaft nur dann akzeptieren, wenn das fremde Volk bereit ist, sich bedingungslos dem Diktat der Utopier zu unterwerfen und ihre Gesetze zu befolgen. Dass die Integration Fremder eine längerfristige Verständigung und Eingewöhnung erfordert, sehen sie nicht. So lange verschieden kulturalisierte Völker unterschiedliche Wertvorstellungen und soziale Prägungen haben, reicht Freundschaft nicht aus, um ein konfliktfreies Zusammenleben zu gewährleisten. Solange also Bindeglieder in Gestalt kollektiv erarbeiteter und auf beiden Seiten für verbindlich erklärter Rechtsnormen fehlen, steht ein friedliches Zusammenleben auf tönernen Füßen. Vertragliche Vereinbarungen sind deshalb mindestens für die Übergangszeit nötig, damit die Einübung in eine auf der Natur aller Menschen basierende Gesellschaftsstruktur gelingt. Nötig wäre hierzu die gleiche Erziehungsarbeit, die anfangs im Zuge der Errichtung des neuen Staatsgebildes durch seinen Begründer Utopos geleistet werden musste, damit die ersten, noch nach den alten feudalistischen Maßstäben sozialisierten Mitglieder daran gewöhnt wurden, sich als Gleiche zu respektieren. Dies konnte nur gelingen durch Anleitung zur Rückgewinnung der durch soziale und kulturelle Missstände verschütteten ursprünglichen allgemeinmenschlichen Natur.

5.11 Zur Ethik der Utopier

Die Utopier orientieren sich zwar in ihrer Praxis an einer Moral, die sich nach massiver Kritik an jenen Handlungsmaßstäben herausgebildet hat, die vor der Gründung des Staates Utopia befolgt wurden und bei den Nachbarvölkern immer noch gelten. Aber eine ethische Theorie der Moral, die eine zureichende Begründung für individuell und kollektiv erwünschtes Verhalten liefert, haben sie nicht entwickelt. Immerhin lässt sich aus der von den Utopiern bevorzugten Moral eine Art Patchwork-Ethik herauslesen, die einerseits Versatzstücke antiker moralphilosophischer Thesen enthält und andererseits in rudimentärer Form auf spätere Typen von Ethik voraus weist. Dies soll am zentralen Begriff der utopischen Moral, am Begriff der Lust, verdeutlicht werden.

5.11.1 Die antike Tugendethik

Lust als sinnliches Begehren steht weder bei Platon noch bei Aristoteles hoch im Kurs. Zwar räumen beide ein, dass eine angemessene Befriedigung körperlicher Bedürfnisse zum guten Leben gehört, aber es steht für sie außer Frage, dass der Sinn des Lebens im Streben nach der Erfüllung geistig-seelischer Bedürfnisse besteht. Bei Platon ist es die Tugend der Besonnenheit, die das Gierige und Triebhafte der menschlichen Natur im Zaum halten soll. Bei Aristoteles fordert die Tugend der Gerechtigkeit dazu auf, Maß zu halten und sich in der Praxis am Modell des in ewiger Selbstbetrachtung (*Theoria*) versunkenen Gottes zu orientieren. Sokrates, beider Lehrer, hatte sogar weitestgehende Enthaltsamkeit von allem Materiellen empfohlen, um die Seele von den Gelüsten des Körpers, in dessen Gefängnis sie steckt, abzulenken und ihr damit die Konzentration auf ihr eigenes Geschäft zu erleichtern.

Dieses Modell eines guten Lebens, in dem das Glück zwar eine mehr oder weniger große Rolle spielt, die Lust jedoch als Gegenspieler moralischen Wohlverhaltens herabgewürdigt wird, beruht auf einer Tugendethik, die ihrerseits in ein metaphysisches System eingebettet ist, das Kosmologie, Psychologie und Theologie umfasst, damit also nicht nur die menschliche Lebenswelt, sondern den gesamten Kosmos einbezieht. So weit gehen die Überlegungen der Utopier nicht. Sie gründen ihre Version einer Tugendethik auf einen nicht weiter hinterfragten Naturbegriff, um zu erklären, warum das Streben nach Lust nicht in Konkurrenz mit tugendhaftem Wohlverhalten steht. Lust ist für sie ein empirischer Faktor im Kontext von Lebensqualität. Immerhin begehen sie keinen naturalistischen Fehlschluss, wenn sie alle Arten von Lust auf die Natur zurückführen, da mit „Natur" ein normatives Konstrukt gemeint ist, das sie gleichsam kreationistisch an einem göttlichen Wesen festmachen, dem sie die Urheberschaft für die Natur unterstellen. Doch diese Zusammenhänge bleiben unreflektiert, sodass auch die Rangordnung der Lustarten willkürlich ist. Warum sollen die seelischen Freuden moralisch besser sein als die körperlichen? Und welche Instanz gibt das für die jeweilige Lust richtige Maß an?

5.11.2 Der Hedonismus

Die Utopier favorisieren „eine „eudämonistische Lebensauffassung" und verknüpfen in ihrer Ethik „Elemente der Stoa mit Elementen der epikuräischen Lehre" (Erzgräber 1980, 37). Dass das Streben nach Lust in der Tugend ein Maß hat, verbindet die utopische Moral mit dem Hedonismus. Aristipp und Epikur haben der Lust ein ungleich größeres Gewicht gegeben als die antiken Denker, ohne jedoch grenzenlosem Genuss das Wort zu reden. Aristipp legte größten Wert darauf, dass er seine Lüste zu beherrschen verstehe, anstatt umgekehrt von seinen Begierden beherrscht zu werden, und Epikur, der die Lust als „Anfang und Ende des glückseligen Lebens" erachtete, plädierte keineswegs für ein ausschweifendes Leben, sondern für die Einhaltung eines Maßes, das ein Gleichgewicht im Leib-Seele-Haushalt herbeiführt und damit jenen *Ataraxie* genannten Zustand erzeugt, in welchem der Körper frei von Schmerzen und die Seele frei von Ablenkungen aller Art ist. Die hedonistische Position kommt der Moral der Utopier am nächsten, auch was die Höherschätzung der geistig-seelischen Genüsse betrifft, die Epikur damit begründet, dass das Leiden der Seele schwerer wiege als körperliche Schmerzen. Doch in jedem Fall habe der Mensch die Wahl, welche Lust er für seinen Lebensstil bevorzuge. Entscheidend sei, dass er diese Wahl mit Augenmaß und Urteilskraft treffe.

5.11.3 Der Utilitarismus

Das Prinzip der Lust als Maßstab eines geglückten Lebens stellt eine Verbindung der utopischen Moral zum klassischen Utilitarismus her, der das Glück (*happiness*, *pleasure*, *luck*, *felicity*) als höchstes Gut am individuellen und kollektiven Nutzen festmacht. Der Slogan vom größten Glück der größten Zahl könnte auch als Leitfaden für die utopische Moral gelten. Zwar haben die Utopier noch kein Punktesystem im Sinne Jeremy Benthams zur Berechnung des mit den jeweiligen Zielvorstellungen verbundenen Lustgewinns entwickelt, aber in ihrer Rangordnung der Lustarten ist bereits eine erste Grobeinschätzung, die einem utilitaristischen Kalkül den Weg bereitet, vorgegeben. Auch zu John Stuart Mill lässt sich eine Brücke schlagen. Zwar bewerten die Utopier die sinnliche Lust höher als Mill, der meinte, das Leben eines unzufriedenen Sokrates sei in jedem Fall dem eines zufrieden gestellten Schweins vorzuziehen. Und auch sie ordnen die sinnlichen Genüsse den geistig-seelischen Freuden unter. Dennoch wäre das auf Enthaltsamkeit angelegte Leben des Sokrates für sie kein Ideal, weil die Herabstufung der sinnlichen Lust auf das Niveau von Schweinen nicht dem gerecht würde, was sie unter angemessener Befriedigung natürlicher Bedürfnisse verstehen.

5.11.4 Marxismus

Schließlich kann man noch eine Verbindungslinie zu Friedrich Engels herstellen, der, in Anlehnung an Karl Marx, wie Morus von einer Kritik am Feudalismus ausgeht, den daran anschließenden Kapitalismus des bestehenden Wirtschaftssystems als ungerecht anprangert und die Utopie eines Reichs der Freiheit entwickelt, das sich nachrevolutionär im Gefolge von Sozialismus und Kommunismus einstellen soll. Dieses Reich der Freiheit hat einiges gemeinsam mit Utopia: eine klassenlose Gesellschaft, deren Mitglieder nur gerade so viel arbeiten, wie für den Selbsterhalt nötig ist, ohne dass eine Ressourcenknappheit entsteht. Da allen alles gehört und die Anhäufung von privaten Reichtümern keinen Sinn mehr macht, kommen Neid und Diebstahl nicht mehr vor. Die Lust wird durch die Freiheit ausgelebt, seinen Interessen, Neigungen und Begabungen ungehindert nachzugehen. Doch was Marx und Engels vorschwebt, ist eine individuelle Selbstverwirklichung, die keiner staatlichen Regelungen mehr bedarf, während die Utopier diesbezüglich eher argwöhnisch sind, weil ihrer Ansicht nach Individualität Privatisierung nach sich zieht und damit das Gleichheitsprinzip gefährdet. Aus der Sicht von Marx und Engels wird dieses Gefährdungspotential entschärft durch die gleichen Ausgangsbedingungen für alle, die im Reich der

Freiheit als dauerhaft etabliertem System der Gerechtigkeit keinen Grund mehr haben, dieses System zu sabotieren.

Abschließend kann festgehalten werden: Es handelt sich bei der Moral der Utopier um eine Gruppenmoral, deren Normen für die Mitglieder der Gemeinschaft sich als optimal erwiesen haben. Die Verallgemeinerungsfähigkeit dieser Normen, wie sie etwa in der Kantischen Ethik diskutiert wird, problematisieren die Utopier nicht. Zwar versuchen sie den Geltungsbereich ihrer Moral auszudehnen, indem sie Beamte in die Nachbarstaaten schicken, die dort die Rechtsprechung unterstützen und dabei zugleich für das System „Utopia" werben sollen. Aber die grundsätzliche Frage, wie Normen ethisch begründet und gerechtfertigt werden können, wird nicht gestellt. Was sich bei den Utopiern bewährt hat, wird stillschweigend als verallgemeinerungsfähig und damit als allgemein verbindlich ausgegeben. Dabei eignet sich im Grunde doch gerade das Gleichheitsprinzip bestens für die Diskussion der Frage nach dem über die Verbindlichkeit einer Gruppenmoral hinaus gehenden universalen Anspruch einer Menschenrechtsnorm.

Literatur

Elias, N. 1985: Thomas Morus' Staatskritik, in: W. Vosskamp (Hrsg.): Utopieforschung. Interdisziplinäre Studien zur neuzeitlichen Utopie, Bd. 2, 101–150.

Erzgräber, W. 1980: Utopie und Antiutopie, München.

Kamlah, W. 1969: Utopie, Eschatologie, Geschichtsteleologie. Kritische Untersuchungen zum Ursprung und zum futurischen Denken der Neuzeit, Mannheim u.a.

Platon: Der Staat (Politeia), hrsg. v. G. Eigler, übers. v. F. Schleiermacher, in: Ders., Platon, Werke in acht Bänden, Griechisch und Deutsch, Vierter Band, Darmstadt 1971, unveränderter Nachdruck ^{6}2011.

Luka Boršić und Ivana Skuhala Karasman

6 Krieg, Religion und Frauen auf der Insel Utopia
Analyse des zweiten Teiles des zweiten Buches der *Utopia* von Thomas Morus

6.1 Einleitung

Die Geschichte über eine fiktive Gesellschaft auf der Insel Utopia, deren Zustand schon im Untertitel des ganzen Buches mit dem Adjektiv *optimus* („absolut der beste") und nicht etwa mit einem bescheideneren und an ähnlichen Stellen häufiger benutzten *summus* beschrieben ist, endet mit zwei besonders empfindlichen Momenten: dem Kriegswesen (*de re militari*) und den Religionen (*de religionibus Utopiensium*). In der Beschreibung dieser Momente geht Morus von der gleichen Ausgangsposition aus: Wie würde eine Gesellschaft aussehen, die auf einer rein vernünftigen Basis errichtet ist. Die aus diesem Gedankenexperiment zu erzielenden Ergebnisse fallen jedoch unterschiedlich aus: Während die Beziehung der Utopier zu Religionsfragen uns, denen die durch die Post-Aufklärung geprägte Mentalität eigen ist, attraktiv erscheinen kann, übermannen uns beim Lesen des Teils über die Kriegsführung der Utopier wenig angenehme Gefühle.

Bevor wir uns der Analyse des Textes von Morus widmen, sei im Voraus gewarnt: In diesem Text ist unklar, was die eigentliche Position des Autors ist. Ist dieser Text platonisch ironisch, visionär, revisionistisch, satirisch oder einfach nur ein literarisches jeu d'esprit? Entspricht die Position der im Dialog anwesenden persona „Morus" der Position des Autors? Was ist mit dem Bericht eines Mannes zu tun, dessen Vorname ein Engelsname (Raphael) ist, der „Gott heilt" bedeutet, wobei auf die Heilungsfunktion des Buches schon in dessen Untertitel hingewiesen wird – *libellus vere aureus nec minus salutaris quam festivus* –, und dessen Nachname „Wisser (oder Verteiler, vgl. Nelson 2001, 890) der Dummheiten" (Hythlodeus) bedeutet?

Die Geschichte ist umso komplexer, als, nachdem Raphael Hythlodeus den Bericht über seine Erfahrungen auf der Insel Utopia zum Ende gebracht hatte, die persona „Morus" ihre Unzufriedenheit in Bezug auf die angebliche Überlegenheit der utopischen Gesellschaft zum Ausdruck brachte:

> Mir kam nun zwar manches in den Sinn, was mir an den Sitten und Gesetzen dieses Volkes überaus unsinnig erschienen war, ... vor allem ... an ihrem gemeinschaftlichen [kommunistischen] Leben und der Lebensweise ohne jeden Geldumlauf; ... dadurch wird aller Adel,

> alle Erhabenheit, aller Glanz, alle Würde, alles, was nach allgemeiner Ansicht den wahren Schmuck und die wahre Zierde eines Staatswesen ausmacht, vollständig ausgeschaltet. (*U*, 109)

Mit Recht hat dieser Satz sehr viel Aufmerksamkeit in der Sekundärliteratur bekommen, denn es scheint, dass die gesamte Interpretation von Morus' *Utopia* davon abhängt, wie man diese Worte versteht. Wenn man sie als ironisch nimmt und annimmt, dass die Position der persona „Morus" der Position des Autors entspricht, muss man das ganze Buch als eine ernsthafte Kritik an der englischen oder europäischen Gesellschaft seiner Zeit verstehen. Wenn man demgegenüber jene Worte ohne ironische Untertöne liest, resultiert daraus, dass das Buch ein literarisches Spiel, „holiday work, a spontaneous overflow of intellectual high spirits, a revel of debate, paradox, comedy and (above all) of invention, which starts many hares and kills none" (Lewis 1952, 169) ist.

Mehrere Ebenen der Intertextualität verbieten eine endgültige Interpretation des Textinhalts. Im folgenden Beitrag werden wir nur die von uns bevorzugte Deutung des Textes vornehmen. Sie setzt voraus, dass der Text eine philosophisch ernsthafte Kritik an der zeitgenössischen Gesellschaft darstellt und dazu eine Alternative in der Linie der auf den rationalen Prinzipien aufgebauten tugendhaften und gerechten Gesellschaft bietet (vgl. White 1978, 149).

6.2 Das Kriegswesen

Obwohl Morus sich im Kapitel unter dem Titel „Das Kriegswesen" (*De re militari*) ausführlich mit den Sachen, die mit dem Krieg zu tun haben, beschäftigt, wurde die Problematik des Krieges schon am Anfang des ersten Buches der *Utopia* zum Thema gemacht. Dort spielt Hythlodeus auf die Torheit der europäischen Politiker mit folgenden Worten an:

> Denn zunächst beschäftigen sich die meisten Fürsten lieber mit militärischen Dingen, von denen ich nichts verstehe und nichts verstehen will, als mit den vernünftigen Künsten des Friedens, und sie sind viel mehr darauf bedacht, sich durch Recht oder Unrecht neue Reiche zu erwerben, als das Erworbene gut zu verwalten. (*U*, 22)

Die Fürsten geben das Beispiel der schlechten Lehrer, „die ihre Schüler lieber verprügeln als belehren" (*U*, 24). Die Dummheit eines solchen Benehmens der Fürsten offenbart sich eigentlich nicht nur in ihrer kurzsichtigen Habgier, sondern in erster Linie in der Vernachlässigung ihrer primären ökonomischen und sozialen Pflichten. Die Kriege verursachen eine Unzahl an arbeitsunfähigen Menschen: Sie werden im Krieg körperlich behindert, weshalb sie ihren Beruf nicht mehr ausüben können, und für einen neuen Beruf sind sie normalerweise zu alt. Aus diesen armen Leuten werden oft Diebe, die dann nur eine Belastung für den Staat sind. Die Fürsten, die zu Kriegen hetzen, die unter der Maske territorialer Expansion als ein gewisser Fortschritt für den Staat präsentiert werden, kümmern sich nicht um das Wohlhaben und den Fortschritt der Bürger. Es ist vernünftig vorauszusetzen, dass diejenigen Regierenden, denen das Wohl des Staates am Herzen liegt, möglichst wenige Kriege führen werden.

Das zweite Argument gegen den Krieg besteht darin, dass der Krieg etwas Unmenschliches (Bestialisches) ist (*U*, 88). Dahinter steckt eine für den Humanismus typische Einstellung, dass das Menschenleben ein höchstes Gut darstellt. Morus spricht das durch die persona „Morus" in *Utopia* klar und offen aus: „Denn ich glaube, daß keines von allen Glücksgütern mit dem menschlichen Leben verglichen werden kann" (*U*, 29). Den Hintergrund dieser humanistischen Position bildet der christliche Glaube, denn Gott hat

> nicht nur die Verfügung über das fremde, sondern auch über das eigene Leben entzogen; wenn daher die menschliche Übereinkunft, sich unter bestimmten Voraussetzungen gegenseitig zu töten, soviel gelten soll, daß sie ... ohne Rücksicht auf Gott diejenigen hinrichten können, die eine menschliche Anordnung zu töten befiehlt, wird dann jenes Gebot Gottes nicht gerade soviel gelten, wie es die menschlichen Rechte zulassen? (*U*, 29f.)

Ausgehend von diesem Gedanken aus dem ersten Buch der *Utopia* widmet sich Morus im zweiten Buch der näheren Analyse des Kriegswesens.

Die Utopier verabscheuen den Krieg und erblicken überhaupt nichts Nobles oder Ritterliches in kriegerischen Auseinandersetzungen – weder im Sieg noch im Heldentod. Ihr Benehmen im Krieg ist allem anderen als dem Ideal eines Kriegsheldentums verpflichtet. Obwohl die Utopier physisch für den Krieg gut vorbereitet und ausgerüstet werden, versuchen sie Kampfhandlungen zu vermeiden:

> Haben sie aber durch List und Tücke gesiegt ..., so rühmen sie sich, veranstalten darob auf Staatskosten einen Triumph und errichten ein Siegesdenkmal ...; dann nämlich erst sind sie sich voller Stolz bewußt, ... gekämpft zu haben, wie es kein Lebewesen außer dem Menschen kann, nämlich mit geistigen Waffen. (*U*, 89)

Die Idee, den Sieg nicht durch körperliche, sondern durch geistige Kräfte zu erringen, bedeutet, dass die Utopier dem damals noch immer stark durch das ritterliche Heldentum geprägten Ideal der brutalen Macht widerstehen, die dem Siege auch eine gewisse Grandeur sowie Rechtfertigung verlieh. Die Strategie ihrer Kriegslist besteht aus Momenten, von denen jedes unritterlicher als das andere ist: Entweder verlassen sie sich auf Bestechung oder auf Kopfgeld, das sie für die Ergreifung der führenden Kriegsgegner aussetzen, was entweder zur Vernichtung der Kriegsführer oder zum Chaos in den feindlichen Reihen führt, oder auf Söldner. Da die Geldreserven von Utopiern fast unbegrenzt sind, können sie immer damit rechnen, unter den Feinden jemanden zu finden, der die Gegenseite zu verraten bereit ist. Bei der Anwerbung von Söldnern handelt sich um das Volk der „ungesittet[en], derb[en] und wild[en]" Zapoleten (*U*, 91). Wie in der Sekundärliteratur erwähnt wird und auch aus der Beschreibung des Landes, in dem Zapoleten wohnen, hervorgeht, versteht Morus unter diesem Volk die Schweizer, denn diese leben inmitten von Wäldern und rauhen Bergen; sie sind nur an der Viehzucht interessiert usw. Im Falle, dass die Kräfte der Zapoleten nicht ausreichen, greifen sie nach den Streitkräften ihrer Alliierten. Nur wenn nichts anderes wirksam ist, schicken sie ihre eigenen Mitbürger in den Kampf.

Die Armee der Utopier besteht ausschließlich aus Freiwilligen, „weil sie überzeugt sind, ein von Natur Furchtsamer leiste nicht nur selbst nichts Ordentliches, sondern stecke mit seiner Furcht auch noch seine Kameraden an" (*U*, 92). Ferner treten in ihre Armee nicht nur Männer, sondern auch Frauen sowie andere Familienmitglieder ein:

> ... außerdem stehen in der Nähe jedes einzelnen seine Kinder, Verwandten und Verschwägerten, damit sich diejenigen zu gegenseitiger Hilfe möglichst nahe sind, die von Natur aus das größte Verlangen tragen, sich gegenseitig Beistand zu leisten (*U*, 93).

Vergleicht man Morus' Beschreibung der Utopier-Armee mit jener aus Platons Politeia, ist bei Morus dieselbe Rechtfertigung der Mobilisierung ganzer Familien wie bei Sokrates vorzufinden:

> ... daß sie auch gegen die Feinde am besten fechten würden, weil ja einander am wenigsten im Stich lassen könnten, die sich untereinander kennen und anrufen als Brüder, Väter und Söhne. Und wenn auch das weibliche Geschlecht mit zu Felde zöge, ... und wenn irgendwo eine schleunige Hilfe nötig wäre, so weiß ich, daß sie durch dies alles unüberwindlich sein würden (*Politeia*, V 471c–d).

Darüber hinaus wird im Falle einer Verlängerung der Kampfhandlungen darauf hingewiesen, dass man auch die besten unter den Jünglingen wählen kann, die sich dann „in einem langen und lückenlosen Keil ... wobei immer wieder neue Kämpfer an die Stelle der ermüdeten treten" (*U*, 93) gegen den feindlichen Führer richten, mit der Absicht, ihn zu töten oder in die Flucht zu schlagen.

Die Kriegsführung der Utopier ist durch einen extremen und fast unmenschlichen Rationalismus geprägt: Das Ziel muss erreicht werden, über die Mittel macht man sich wenige ethische Überlegungen, worin Ähnlichkeiten mit Machiavellis Gedankengut zu erblicken sind, obwohl Morus nichts von Machiavellis *Il Principe* wusste (Di Scipio, 1983). Natürlich versuchen die Utopier das Ziel mit dem möglichst kleinsten Opfer zu erreichen:

> Ja, sie halten sich sogar für menschlich und barmherzig, da sie mit dem Tode weniger Schuldiger das Leben zahlreicher Unschuldiger erkaufen, die sonst im Kampfe gefallen wären, teils aus den eigenen Reihen, teils von Feinden, deren einfaches Volk sie nicht weniger bedauern als ihre eigenen Leute (*U*, 90).

Wie schon im ersten Buch zu lesen ist, liegt die Hauptmotivation dazu jedoch eher in ökonomischen und sozialen Absichten. Der Krieg ist für sie ein letztes Mittel, um etwas zu erreichen:

> Ihr einziger Zweck im Kriege ist, das Ziel zu erreichen, das den Krieg überflüssig gemacht hätte, wenn sie es schon vorher durchgesetzt hätten, oder ... an denen, welchen sie die Schuld zuschreiben, so strenge Rache zu nehmen, daß sie der Schrecken hindert, künftig noch einmal dasselbe zu wagen. (*U*, 89)

Es fällt ins Auge, dass man in der vorgelegten Argumentation keine ethischen Begriffe verwendet: Weder der Krieg noch der dadurch verursachte Tod werden als Übel bezeichnet. Der Krieg ist „nur" ein falsch gewähltes Mittel, und zwar falsch in dem Sinne, dass die zum Kriege führenden Motive durch irrationale Impulse geleitet werden, „weil sie wissen, daß sie nicht freiwillig den Krieg angefangen haben, sondern durch den Wahnsinn ihrer Führer dazu getrieben wurden" (*U*, 90). Wären nämlich die Fürsten vernünftiger und weniger leidenschaftlich, hätten sie andere Mittel gewählt, das Ziel zu erreichen.

Der Eindruck von der moralischen Gleichgültigkeit der Utopier ist noch stärker, wenn man über ihr rücksichtsloses Benehmen gegenüber den Zapoleten liest. Der Text ist klar:

> ...so gern ziehen sie diese grundschlechten heran, um sie auszunützen. Sie locken sie ... mit großen Versprechungen an und setzen sie den größten Gefahren aus, aus denen meistens ein großer Teil niemals wieder zurückkehrt ... Es kümmert sie nämlich nicht, wie viele von ihnen sie zugrunde richten; vielmehr sind sie überzeugt, daß sie sich den größten Dank des menschlichen Geschlechtes verdienen, wenn sie den Erdball von diesem Abschaum der Menschheit ... reinigen könnten. (*U*, 92)

So benehmen sich gegenüber den Zapoleten, also gegenüber einem ganzen Volk, die Utopier, die andererseits die Jagd als die niedrigste Verrichtung des Handwerks betrachten, und sie als rohes Vergnügen in Grausamkeit beschreiben (*U*, 74).

Man trifft auch im Falle der Überbevölkerung der auf der Insel wohnenden Utopier auf ein brutales Benehmen mit den Einwohnern (*U*, 59). Eine gewisse Zahl von Utopiern wandert aus, okkupiert das Ackerland auf dem Festland und richtet Kolonien nach ihren heimischen Gesetzen ein. Wenn die Eingeborenen Gesetzte und Lebensstil der Utopier übernehmen, dann ist alles schön und gut, wenn aber nicht, dann werden die Eingeborenen aus ihrem eigenen Gebiet mit militärischen Mitteln vertrieben, denn „sie halten es für einen durchaus gerechtfertigten Kriegsgrund, wenn irgendein Volk an dem Grund und Boden, den es selbst ... ohne Sinn und Zweck besitzt, anderen, die nach dem Naturrecht daraus ihre Nahrung holen sollten, Nutzung und Besitzt versagt" (*U*, 59). Der Nutzen und die Erfüllung des Bedarfs ersetzen die Gerechtigkeit. Die unangenehmen Ähnlichkeiten mit der im 16. Jahrhundert angefangenen Kolonisierung der Neuen Welt sind nicht zu übersehen.

Ein weiterer Grund für die Utopier, Kriege anzufangen, ist die Befreiung eines unter Tyrannei leidenden Volkes (*U*, 88). Die Rechtfertigung für einen solchen Krieg lautet: „...das tun sie aus reiner Menschlichkeit" (ebd.). Vielleicht sollte man das Volk des angegriffenen Staates fragen, was es über die Menschenliebe der Utopier denkt.

Es ist schwierig, dieses unverhohlene Überlegenheitsgefühl der Utopier vor dem Hintergrund ihres Humanismus zu erklären, der an mehreren Stellen proklamiert wird und der mit dem Sinn des ganzen Werkes im Einklang steht. Mit diesen Paradoxien vor Augen nehmen verschiedene Interpreten auch verschiedene Deutungen der Absicht, die Morus gehabt haben musste, vor. Beispielsweise kommentiert White, dass die wichtigste Botschaft, die wir vom Lesen der *Utopia* kriegen können, eine psychologische ist, *Utopia* ist eine elaborierte und vielseitige Warnung vor der besonders gefährlichen und Charakter-zerstörenden Sünde des Stolzes: „I believe that Utopia takes on new coherence when viewed in light of the idea that More's understanding of pride is the ultimate seed from which the rest of the book springs" (White 1997, 53). Logan erklärt die Diskrepanzen zwischen verschiedenen Aussagen im Text folgenderweise:

> The correct explanation of the discrepancies between Utopian practices and Erasmian ideals ... lies in the fact that Utopia is a strict best-commonwealth exercise and not simply a conglomeration of ideal-sounding features ... Discrepancies between Utopian views and those of Stoic and Christian-Stoic theorists are, however, entailed in the fact that More is acting not as a world-state theorist ... but as a secular city-state theorist ... Moreover, since More is functioning as a city-state theorist, his object is to secure the real interests of the citizens of Utopia, not those of humanity in general. ... As much as possible, the Utopians implement the ideal of universal brotherhood. But when the implementation of this ideal conflicts with securing the welfare of Utopians, it must be sacrificed (Logan 1983, 235–236).

Müllenbrock, der erst „eine ganzheitliche Leseart des Kriegskapitels" bietet, hat wieder einen anderen Zugriff, der sich an der Spannung zwischen Idealismus und Realismus, die zwei konkurrierende Tendenzen die beide in Hythlodaeus symbolisiert werden:

Morus konfrontiert aber im Rahmen seiner diskursiven Differenzierung zwei verschiedene Arten von Vernunft miteinander: eine unverrückbare Prinzipien nicht verletzende, die Menschenwürde achtende Art von Vernunft … und eine nur auf Effizienz bedachte, rein instrumentelle, um sittliche Rückversicherung verkürzte Art von Vernunft … Zwar billigt der Autor Morus Hythlodaeus' realpolitisches Gedankenexperiment, doch meldet er Bedenken an, wenn dieser in allzu eifriger Identifizierung mit den von ihm kritiklos bewunderten Utopiern das vertretbare Maß weltlicher Konfliktbereitschaft zum Nachteil seiner ethischen Integrität weit überschreitet (Müllenbrock 2002, 22, 28).

6.3 Die Religionen der Utopier

Ausgehend davon, dass Hythlodeus in diesem Teil des Textes die Meinung von Morus, dem Autor, ausspricht, ist anhand von *Utopia* zu behaupten, dass Morus darin als der erste westliche Denker eine systematische Verteidigung der Glaubensfreiheit betreibt (vgl. Kessler 2002, 208). Die Vorstellungen der Utopier über die Religion stammt aus den Religionskämpfen: Die einheimischen Abraxier, die vor Utopier auf der Insel lebten, waren seit eh und je in ständige Auseinandersetzungen um unterschiedliche Religionen verwickelt. Eine solche religiöse Zwietracht bildete für Utopos, den Urvater der Utopier, das beste Mittel, um sie zu besiegen (*U*, 97f.). Nachdem er die Insel erobert hatte, stellte er zwei Grundsätze auf: die Religionstoleranz sowie das Übereinkommen über die allgemeinen Religionsprinzipien (*U*, 98).

Was die Toleranz betrifft, „verfügte er, daß jeder der Religion anhängen dürfe, die ihm beliebe" (ebd.). Darüber hinaus hat derjenige, der einen anderen zu seinem Glauben bekehren will, zwei weitere Regeln zu berücksichtigen: Zum einen soll er seinen Glauben „ruhig und bescheiden mit Vernunftgründen", ohne jeglicher Gewaltanwendung, darlegen; zum anderen darf er die Position des Anderen nicht durch Worte pervertieren, „nicht aber die fremden Meinungen gehässig zerpflücken" (*U*, 98). Derjenige, der diese Regeln überschreitet, wird „mit Verbannung oder Zwangsarbeit" (ebd.) bestraft. Die Folge eines solchen Toleranzgrundsatzes ist, dass auf der Insel Utopia mehrere Religionen zugleich existieren. Hythlodeus versäumt es jedoch nicht zu bemerken, dass nicht alle Religionen gleichrangig sind: Die einen beten die Sonne, die anderen den Mond „wieder andere einen anderen Planeten als Gottheit" an (*U*, 96). Aber „der weitaus vernünftigste Teil" (ebd.) glaubt an einen Gott, den er vorläufig Mythras nennt,

> ein einziges, unbekanntes, ewiges, unendliches, unbegreifliches göttliches Wesen, das die menschliche Fassungskraft übersteigt und sich als wirkende Kraft, nicht als Stoff, über die ganze Welt ausdehnt; sie nennen es Vater. Ursprung, Wachstum, Entwicklung, Wechsel und Ende aller Dinge führen sie auf dieses Wesen allen zurück, und keinem anderen außer ihm erweisen sie göttliche Ehren (*U*, 96).

Gewisse Willkürlichkeit des Gottesnamens, der nicht mehr als ein Wort ist, führt zum zweiten Grundsatz der religiösen Einstellungen der Utopier, zur Absprache über die allgemeine Religionsprinzipien: Die Utopier können sich untereinander im Verstehen, was diese Gottheit ist, unterscheiden, alle nennen diese jedoch „Mythras", „dieselbe Natur, in deren göttlicher Kraft und Erhabenheit sämtliche Völker übereinstimmend den Inbegriff aller Dinge erblickten" (U, 96). Der Name Gottes spielt hier die Rolle einer Abkürzung, unter der sich alle göttlichen Attribute sammeln und die von allen monotheistischen Utopiern angenommen wird. Daneben gibt es weitere religiöse Grundsätze: Die Seele ist unsterblich und durch die Güte Gottes zur Glückseligkeit geschaffen, auch „glauben die Utopier, für Verfehlungen seien nach diesem Leben Strafen, für Tugendhaftigkeit Belohnungen festgesetzt" (U, 98). Über diese drei Grundsätze sollen alle einig sein. Wer an sie nicht glaubt, den „rechnen sie nicht einmal unter die Menschen, weil er das erhabene Wesen der Seele zur Niedrigkeit eines tierischen Körpers herabwürdigt" (ebd.). Die Wurzel zu einer solchen Beschränkung religiöser Toleranz liegt darin, dass davon ausgegangen wird, dass diese Religionsgrundsätze nicht bloß willkürlich proklamiert, sondern mit Hilfe der Vernunft nachweisbar sind. Wer also diese Grundsätze nicht annimmt, erfüllt nicht die Bedingung, als ein vernünftiger Mitbürger angesehen zu werden:

> Denn wer könnte daran zweifeln, daß der die Staatsgesetze seines Vaterlandes entweder insgeheim mit List und Tücke umgehen oder gewaltsam außer Kraft zu setzen versuchte, sofern es seinen persönlichen Wünschen dienlich wäre, der über die Gesetze hinaus nichts fürchtet und über sein körperliches Dasein hinaus keine weitere Hoffnung hegt? Deshalb wird einem Menschen mit solchen Ansichten keine Ehrung zuteil, kein Amt übertragen; ... so fällt er allmählich in Verachtung wie ein unbrauchbarer und bedeutungsloser Mensch. (U, 98f.)

Die religiöse Toleranz betrifft folglich nur die Elemente der Religion, die als weniger wichtig erachtet werden. Wären die Leute von einigen Charakterschwächen wie zum Beispiel Furcht nicht abgehalten, würden sich alle zu ein und derselben Religion bekehren.

Die Funktion der Religion in Utopia ist zweifach: als Lösung zur Todesfurcht und als Anreiz zur Tugend. Die Todesfurcht stellt ein besonderes Problem für die Gesellschaft dar, die auf hedonistischen Prinzipien aufgebaut ist. Nicht nur, dass der Tod das Ende jeweiligen Vergnügens zu sein scheint, auch neigen die Menschen dazu, aus übertriebener Todesfurcht ihr soziales Benehmen zu ändern. Fast alle sind fest davon überzeugt, dass den Menschen eine unbegrenzte Glückseligkeit bevorsteht (U, 99). Infolgedessen sehen sie die Weise, wie jemand stirbt, als ein wichtiges Zeichen: Wer ruhig und „voll guter Hoffnung" stirbt, „den betrauert niemand, sondern mit Gesang folgen sie seinem Leichenzug, empfehlen die Seele aus tiefstem Herzen Gott" (*U*, 162). Wenn jemand aber todeskrank ist und sich im Sterben quält, soll er, wie es Hythlodeus erklärt, „nicht darauf bestehen, die unheilvolle Seuche noch länger zu nähren, und nicht zögern zu sterben, zumal das Leben doch nur eine Qual für ihn sei; er solle sich also getrost und hoffnungsvoll aus diesem bitteren Leben wie aus einem Kerker oder aus der Folterkammer befreien oder sich willig von anderen herausreißen lassen" (*U*, 81). Ein solcher Selbstmord wird als „fromm und gottesfürchtig" betrachtet, „da ja der Tod keinen Freuden, sondern nur Martern ein Ende mache" (ebd.). Dementgegen ist es ein sehr schlechtes Zeichen, wenn „einer angstvoll und widerwillig aus dem Leben gerissen wird" (*U*, 99). Das heißt, dass der Sterbende der unbegrenzten Glückseligkeit, die jedem Menschen nach dem Tode bevorsteht, kein Vertrauen entgegenbringt. Ein solches Sterben verursacht bei den Utopiern nur Schrecken, sodass er „bedrückt und in aller Stille zu Grabe" getragen wird; dann betet man zu Gott, er „möge der Seele gnädig sein und ihre Schwachheit gnädig verzeihen" und setzt die Leiche bei (*U*, 99).

Den Anreiz zur Tugend setzt die Religion wiederum in doppelter Weise durch: Einerseits durch das Versprechen der Belohnung für gute Werke sowie durch die Bestrafung übler Taten. Andererseits sind die Autorität und die Macht der Priester fast unbegrenzt. Die Priester werden ausschließlich aufgrund ihrer außerordentlichen Tugenden und ihrer Frömmigkeit gewählt und sind gering an der Zahl. Sie sollen als Vorbild des sittlichen Menschen dienen. Sie kümmern sich um die sittliche Betreuung sowie um die wissenschaftliche Ausbildung der Heranwachsenden (*U*, 102). Sie selbst haben keine Macht zur unmittelbaren Bestrafung, sie können jedoch einen vom Gottesdienste ausschließen: Zeigt der Ausgeschlossene keine ernsthafte und überzeugende Reue, so wird er ferner vom Senat wegen seiner Gottlosigkeit bestraft. Die korrektive Rolle der Priester hat einen Sinn, wenn man bedenkt, dass eine nur auf der Vernunft aufgebaute Gesellschaft nicht alle kriminellen Fälle abdecken kann. Obwohl es vernünftig, selbstverständlich und klar ist, dass man zum Erhalt einer auch hedonistisch orientierten Gesellschaft die gesetzlichen Bestimmungen einzuhalten hat, wird es immer jemanden geben, der sich dünkt, dass seine Verbrechen einzeln genommen keine Bedrohung der ganzen Gesellschaft darstellen. In diesen Fällen tritt die Religion als eine zusätzliche Unterstützung des Gesetzes auf. Dabei ist nach anderen Mitteln als rein vernünftigen zu greifen: Die Strafe der Ausschließung vom Gottesdienst „bringt sie in schlimmsten Verruf und quält sie insgeheim mit religiösen Ängsten, und nicht einmal körperlich bleiben sie unangefochten" (*U*, 102), was auf die Inanspruchnahme der Leidenschaften sowie des sozialen Ansehens in den Dienst der Beschützung der gesellschaftlichen Ordnung hinweist. Die Furcht vor einer transzendenten Strafe übt einen wichtigen Einfluss auf die Sitten jedes einzelnen aus. Gäbe es diese Furcht nicht, so könnte man an der Moral dieser Personen zweifeln, weshalb die Utopier einem, der am eigenen Nachleben zweifelt, Zugang zu öffentlichen Ämtern verbieten. Morus war sich dessen bewusst, dass die Gesetze nur begrenzten Einfluss haben – auf das menschliche Herz üben sie keinen aus.

Die Vorbilder des religiösen Lebens sind zwei besondere Gruppen von Utopiern (U, 100f.) Beide Gruppen sind Workaholics: Sie wollen von den Wissenschaften nichts wissen, „keinerlei Forschung betreiben und sich überhaupt keine Muße gönnen" (U, 100) – sie arbeiten ständig für das Wohlergehen der anderen, und zwar in der Hoffnung, dadurch die Glückseligkeit nach dem Tode zu erlangen. Sie erledigen nur die schlimmsten und schmutzigsten Arbeiten, die kein anderer von sich aus tun würde, wobei sie dafür von ihnen keinen Dank verlangen. Diese Leute werden in zwei Gruppen geteilt. Die Mitglieder der ersten bleiben ledig, verzichten auf jegliche sexuelle Praktiken und essen kein Fleisch. Die Mitglieder der zweiten Gruppe heiraten, weil sie der Meinung sind, dass sie von Natur aus dem Vaterlande Kinder schuldig sind, und essen Fleisch, weil es ihnen mehr Kraft für die Arbeit gibt. Beide Gruppen werden als Extreme des religiösen Lebens in Utopia dargestellt: In den Augen der Utopier sind die Mitglieder der ersten Gruppe frömmer, während die Mitglieder der zweiten Gruppe vernünftiger sind (U, 101).

Von besonderem Interesse ist auch die Beziehung zwischen den Utopiern und dem Christentum. Hythlodeus bemühte sich auch darum, nach Utopia mehrere Bücher klassischer Autoren mitzubringen: das ganze platonische Korpus, mehrere Schriften von Aristoteles, Theophrast, Plutarch, Lukian, Aristophanes, Homer, Euripides, Sophokles, Thukydides, Herodot sowie Grammatiken, Wörterbücher usw. (U, 79). Erstaunlicherweise brachte er keine religiösen Bücher mit, was auf seinen Skeptizismus gegenüber der damaligen Lage des Christentums in Europa hinweist. Trotzdem wollte er zusammen mit seinem Genossen den Utopiern die christliche Lehre vermitteln. Wie erwartet war der Empfang enthusiastisch: Hythlodeus hat ihnen die Grundlagen des Christentums erklärt wie Christis Lehre, Wunder, die Märtyrergeschichten und die gemeinschaftliche Lebensweise der frühen Christen, und zwar wie er sie sah, also mit stark betonten philosophischen Obertönen. Diese originellen historischen Grundsätze des christlichen Glaubens übernahmen die Utopier gerne, „sei es nun, daß Gott es ihnen insgeheim eingab, sei es, daß ihnen das Christentum jener heidnischen Lehre am nächsten zu stehen schien, die bei ihnen die vorherrschende ist" (U, 97). Obwohl man das Christentum attraktiv fand, bekehrten sich dazu nicht alle Utopier, was sie jedoch nicht daran hinderte, die neue Religion in ihrer Gesellschaft zu akzeptieren. Einige Probleme verursachte nur ein bigotter Neugetaufter unter Hythlodeus' Genossen, weil er das Christentum viel zu aggressiv promovierte, worauf die Utopier folgendermaßen reagierten:

> Als er auf diese Weise immer wieder predigte, verhafteten und verklagten sie ihn und machten ihm den Prozeß, nicht wegen Verachtung der Religion, sondern wegen Erregung öffentlicher Unruhe, verurteilten und bestraften ihn mit Verbannung; denn das gehört zu ihren ältesten Grundsätzen, daß keinem seine Religion zum Nachteil gereichen darf. (*U*, 97)

Diese Anekdote muss man im Kontrast zu der Geschichte lesen, die am Anfang von Morus' Buch steht, in der die Konversation zwischen einem „Höfling ... der offenbar den Narren spielen wollte" (*U*, 33) und einem in der Theologie gebildeten Klosterbruder wiedergeben wird. Der Narr machte Witze über ihn und lachte ihn aus, worauf die Reaktion des Klosterbruders alles andere als den Utopiern ähnlich war:

> Er ... geriet derartig in Wut, daß er sich nicht enthalten konnte, ausfällig zu werden. Er nannte den Höfling einen Taugenichts, einen Ehrabschneider und Ohrenbläser, einen Sohn der Verdammnis und zitierte zwischendurch schreckliche Drohungen aus der Heiligen Schrift. (*U*, 34)

Aufgrund dieses Vergleichs ist zu fragen, was Morus eigentlich mit seiner Beschreibung der Religionen in Utopia erreichen wollte. Gewiss scheint sie ein Anreiz für die Leser zum Nachdenken zu sein. Wenn eine Gesellschaft, die keine religiöse Offenbarung erfuhr, deren sittliche Grundsätze durch eine von der Vernunft geprägten Religion aufgestellt sind, eigentlich im ursprünglichen Sinne christlicher ist als Europa, das mit der unmittelbaren Offenbarung Gottes gesegnet ist, was bedeutet das dann für unser Selbstverständnis? Die zweite Absicht, die Morus mit der Beschreibung der Religionslage in Utopia verfolgt, ist in der Förderung der Idee über die religiöse Freiheit im christlichen Europa zu erblicken, die am theoretischen Beispiel der Utopier ganz und gar wünschenswert und erreichbar zu sein scheint.

6.4 Frauen auf der Insel Utopia

Eine Frage im Kontext der *Utopia*, die auch in Zusammenhang mit der Frage über den Krieg und die Religion steht, ist die Frage nach der Lage der Frauen. Dies ist eine wenig diskutierte Frage (vgl. Mueller 1994). In keinem Kapitel des gesamten Werkes wird die Position der Frauen speziell thematisiert, man findet aber an mehreren im Werk verstreuten Stellen Andeutungen und Aussagen, mit deren Hilfe nachzuvollziehen ist, welche Rolle Morus den Frauen auf der Insel Utopia zuweist.

Die Frage nach der Position der Frauen erscheint wichtig, weil man in den Kapiteln über das Kriegswesen und über die Religion in Utopia Stellen finden kann, an denen unerwartet insbesondere die Rolle der Frauen betont wird. An dafür festgesetzten Tagen üben sich in der Kriegskunst nicht nur Männer, sondern auch Frauen, um allesamt „für den Notfall ausgebildet zu sein" (U, 88). Während des Kampfes ziehen die Frauen mit ihren Männern ins Feld: Die Frauen „stellen sie in der Schlachtreihe neben ihre Männer" (U, 93). Der Anblick ihrer Gattinnen während des Kampfes soll den Kriegern einen psychologischen Vorteil bringen. Dies ist ein normatives Element der sittlichen Ordnung der Utopier, wobei die Rückkehr aus der Schlacht ohne Gatten bzw. ohne Gattin als höchste Schmach für den Überlebenden gilt, was natürlich kein wesentlicher Schritt in Richtung Frauenemanzipation ist, obwohl hier die traditionelle Rolle der Frauen im Kriege geändert wird.

Ferner wird angeführt, dass in Utopia auch Frauen Priesterinnen werden können, „wenn auch Frauen seltener gewählt werden und nur hochbetagte Witwen" (U, 102). Darüber hinaus wird im Text darauf verwiesen, dass bei der Arbeit völlige Gleichheit der Geschlechter besteht: „Ein einziges Gewerbe üben alle, Männer und Frauen gemeinsam aus: den Ackerbau." (U, 54) Dennoch wird Rücksicht auf körperliche Disposition genommen: „.... gewöhnlich spinnen sie Wolle und weben Leinen; den Männern werden die übrigen, mühsameren Tätigkeiten überlassen. Größtenteils wird jeder im väterlichen Gewerbe unterwiesen; denn dazu neigen die meisten von Natur aus" (ebd.).

Den Frauen ist derselbe Zugang zur Ausbildung gestattet wie den Männern: Täglich besuchen sie in den frühen Morgenstunden je nach Neigung öffentliche Vorlesungen, was die Grundlage für ihre wissenschaftliche Ausbildung darstellt. Es handelt sich um Schulen im Freien, die die Utopier in ihrer Mußezeit besuchen. Und nicht nur, dass man die Frauen ebenso gut ausbildet wie Männer, die Frauen praktizieren das angeeignete Wissen im Laufe ihres Lebens ebenfalls in ihrer Mußezeit: „... ein großer Teil des Volkes, Männer wie Frauen, verwendet zeitlebens jene erwähnten Freistunden zu wissenschaftlicher Beschäftigung" (U, 68f.). Gleichheit herrscht auch bei der Auswahl der Ehegatten, eine für die Europäer ungewöhnliche Sitte (wie Hythlodeus sagt: „äußerst unschicklich [...] und höchst lächerlich [...]" (U, 82)): „Eine würdige und ehrbare Hausfrau nämlich läßt den Bewerber die Frau, ob es nun eine Jungfrau oder eine Witwe ist, nackt sehen, und ebenso stellt auf der anderen Seite ein rechtschaffener Mann dem Mädchen den Freier nackt vor." (U, 82) Der Grund dafür liegt darin, dass dabei beide Seiten einander besser kennenlernen können, und der Ehebund, den sie schließen, dann einen rechten Halt bekommt. Dazu kommt auch die Frage der Überwindung der Scham, für die es in einer Gesellschaft ohne privates Besitztum, in der ganze Familien mit anderen Familien ihre Häuser austauschen, kaum einen Platz gibt. Denn auf der Insel Utopia bekommt man genau das, was man sieht.

Andererseits sind im Text auch Stellen enthalten, an denen patriarchalische Einstellungen bezeugt werden. So liest man in der Beschreibung einer utopischen Familie: „Der Älteste steht, wie ich sagte, an der Spitze der Familie. Die Frauen sind den Männern, die Kinder den Eltern und überhaupt die Jüngeren den Älteren unterstellt." (U, 59) Auch bei der berühmten Beschreibung der gemeinsamen Mahle in großen Hallen, bei denen die Familien einer Stadt zusammenessen und sich nicht weniger als 300 Leute zweimal pro Tag zum Mittag- und Abendessen versammeln, ist die Vorbereitung des Essens „ausschließlich Sache der Frauen, natürlich abwechselnd der einer jeden Familie" (U, 61), und das müssen sie neben ihrer normalen Arbeit machen.

Wenn es um kleinere Verbrechen geht, wofür es keine konkreten gesetzlichen Strafen gibt, werden diese folgendermaßen geregelt: „Die Ehemänner strafen ihre Frauen, die Eltern ihre Kinder, falls sie nicht etwas so Schlimmes verübt haben, daß eine öffentliche Bestrafung im Hinblick auf die allgemeine Moral geboten erscheint." (U, 83) Ähnlich sehen auch die religiösen Praktiken aus: „Bevor sie aber an den Endfesttagen das Gotteshaus aufsuchen, fallen zu Hause die Frauen ihren Männern, die Kinder ihren Eltern zu Füßen und beichten ... So wird jedes Wölkchen häuslichen Zwistes ... durch solche Abbitte verscheucht, und sie können mit reinem und heiterem Herzen dem Gottesdienst beiwohnen." (U, 104) Hier kommt ganz offen die Frage auf: Haben denn die Männer in Utopia überhaupt keinen Grund zum Büßen oder um Verzeihung zu bitten?

Darüber hinaus ist auch die Sprache, derer sich Morus in seinem Text bedient, überwiegend maskulin ausgerichtet, und sieht man genauer hin, so ist festzustellen, dass ausgehend vom Urvater der Utopier, dem Utopos, alle wichtigeren politischen Machtfunktionen von Männern besetzt sind. Eine solche Textgestaltung lieferte immer wieder den Anlass zur Behauptung, dass es in der politischen Szene von Utopia eigentlich keinen wichtigeren Platz für die Utopierinnen gibt (vgl. Mueller 1994).

Dass Morus auf einen wesentlichen Unterschied zwischen den Geschlechtern doch besteht, sieht man auch an einer scheinbar unwichtigen Bemerkung über die Mode der Utopier (U, 54). Wie zu vermuten ist, tragen alle die gleichen Kleider und die Mode ändert sich nicht mit dem Alter, „gefällig anzusehen und den Bewegungen des Körpers angepaßt, zudem für Kälte und für Hitze berechnet" (ebd.). Der einzig sichtliche Unterschied besteht darin, „daß sich die Geschlechter untereinander und die Ledigen von den Verheirateten durch ihre Kleidung unterscheiden" (ebd.). Für Morus ist die Familie eigentlich die wichtigste Einheit der utopischen Gesellschaft und deswegen versucht Morus die Unantastbarkeit der Familie um jeden Preis zu beschützen: Vorehelicher Geschlechtsverkehr ist ein ernsthaftes Hindernis zur weiteren Heirat, Scheidungen kommen selten vor, Ehebrecher werden mit äußerst harter Sklaverei bestraft, wer den Ehebruch wiederholt, dem „ist der Tod gewiß" (*U*, 83). Der Unterschied in der Kleidung zwischen Männern und Frauen und zwischen den Ledigen und den Verheirateten ist demzufolge auch ein Markierungszeichen, eine gesellschaftliche Demarkationslinie. Die Wichtigkeit der Familie wird klar durch die Aussage betont: „So ist die ganze Insel gleichsam eine einzige Familie." (*U*, 64)

Das Bestehen auf strenge Monogamie und die Unverletzlichkeit der Familie wirkt hindernd in Bezug auf die Idee der gemeinsamen Güter, der proto-kommunistische Ausgangspunkt, weswegen die *Utopia* von Morus auch berühmt geworden ist. In diesem Punkt unterscheidet sich auch Morus' Darstellung von Platons, mit welcher *Utopia* oft verglichen wird. In Platons *Politeia* sind die Frauen in gewissen Hinsichten den Männern gleicher als in Morus' *Utopia*: In der *Politeia* haben sie Zugang zur Wächterkaste, weil die Natur der Frau und des Mannes dieselbe ist, weshalb auch die beiden dieselbe Ausbildung bekommen können (*Politeia*, V 457d–e), während auf der Insel Utopia der Zugang der Frauen zur politischen Betätigung streng begrenzt ist. Platon hat die Idee der Gleichheit zwischen Mann und Frau zum Extremen geführt, indem er darauf bestand, dass Frauen vom Standpunkt ihrer Gebärfähigkeit wie auch Kinder als gemeinsames Gut zu betrachten sind. In einem Staat, in dem es kein Privateigentum gibt, spielt die Familie auch keine Rolle, was als logische Notwendigkeit des Gedankenganges von Platon zu verstehen ist. Morus bezweckte jedoch etwas anderes: Er wollte eine Gesellschaft darstellen, in der alles außer der Familie ein gemeinsames Besitztum ist, in der also der Ausgangspunkt der politisch-ökonomischen Rechnungen nicht der Einzelne, sondern die Familie ist.

Es ist eine schwierige Frage, die wahrscheinlich – wie oft im Falle des Textes von Morus – nicht exakt und endgültig beantwortet werden kann: Ist in *Utopia* die Rede von einem impliziten *sexual contract* in seiner frühen Entwicklungsphase (vgl. Mueller 1994, 100)? Oder soll man lieber in der persönlichen Situation in Morus' Haus, also in psychologischen Aspekten des Autors, nach den Gründen dafür suchen, dass er eine relativ traditionelle Familie, in der die Frauen dennoch gut ausgebildet sind, rechtfertigen wollte? Hier muss man auch das spezielle Verhältnis von Morus zu seiner Tochter Margaret mitbedenken, die sich durch umfangreiche, zuhause erworbene Kenntnisse auszeichnete.

Literatur

Di Scipio, G. 1983: „De re militari in Machiavelli's Prince and More's Utopia", in: Moreana XX(77), 11–22.

Kessler, S. 2002: „Religious Freedom in Thomas More's ‚Utopia'", in: The Review of Politics 64(2), 207–229.

Lewis, C. S. 1954: English Literature in the Sixteenth Century, Excluding Drama, The Oxford History of English Literature, Bd. 3, Oxford.
Logan, G. M. 1983: The Meaning of More's Utopia, Princeton.
Müllenbrock, H.-J. 2002: „Krieg in Morus' Utopia, in Anglia", Zeitschrift für englische Philologie 120(1), 1–29.
Mueller, J. 1994: „,The Whole Island like a Single Family': Positioning Women in Utopian Patriarchy", in: Rethinking the Henrician era: essays on early Tudor texts and contexts, hrsg. v. P. C. Herman, Urbana, Illinois, 93–122.
Nelson, E. 2001: „Greek Nonsense in More's Utopia", in: The Historical Journal 44(4), 889–917.
Platon: Der Staat (Politeia), hrsg. v. G. Eigler, übers. v. F. Schleiermacher, in: Ders., Platon, Werke in acht Bänden, Griechisch und Deutsch, Vierter Band, Darmstadt 1971, unveränderter Nachdruck ⁶2011.
White, Th. I. 1978: „Festivitas, Utilitas, et Opes: The Concluding Irony and Philosophical Purpose of Thomas More's ‚Utopia'", in: Albion: A Quarterly Journal Concerned with British Studies, 10, Quincentennial Essays on St. Thomas More, 135–150.
White, Th. I. 1997: „The Key to Nowhere: Pride and Utopia", in: Interpreting Thomas More's Utopia, hrsg. v. J. C. Olin, New York, 37–61.

Teil II: **Tommaso Campanella:**
La città del sole / Civitas Solis

Andreas Kablitz

7 Universalpartizipation und Differenzierungsphobie
Die Ordnung des Gottesstaates (*La città del sole*)

Wolfram Hogrebe zugeeignet

7.1 Einleitung

So u-topisch der von Tommaso Campanella entworfene Sonnenstaat, eines der zweifellos kuriosesten Produkte frühneuzeitlichen Denkens in Italien, auch sein mag, der τόπος, der Ort, bleibt als Ordnungsprinzip, ja als Ermöglichungsgrund dieses idealischen Gemeinwesens gleichwohl von zentraler Bedeutung.

Schon am Beginn des Dialogs *Città del sole* spielt das Prinzip *Ort* gleich zweimal eine wesentliche Rolle. Zum einen wird der Sonnenstaat, seiner fiktiven Natur zum Trotz, ziemlich präzise lokalisiert, und zwar auf der Insel Taprobana, hinter welchem Namen sich Ceylon oder, wahrscheinlicher noch, Sumatra verbirgt. (Zur geographischen Identifikation vgl. den Kommentar der hier benutzen Ausgabe *La città del sole*, ital.-lat. Ausgabe v. Bobbio, 55, Anm. 6.)[1] Auf einer weiten Reise will der ausdrücklich als Kapitän des Kolumbus eingeführte Genueser Steuermann (*Genovese nochiero del Colombo*), der Berichterstatter über den Sonnenstaat, ihn gefunden haben. Was ihm auf seiner Reise widerfahren sei, will sein Gesprächspartner, ein wissbegieriger Ritter des Johanniterordens, der als *Ospitalario* bezeichnet wird, wissen. So tritt er im Text dieses *dialogo poetico* als ein Repräsentant des Lesers auf, um dessen Neugierde freilich nicht nur zu symbolisieren, sondern allererst in Gang zu setzen. Verräterisch ist nicht zuletzt sein Begriffsgebrauch. „Che t'avenne" (*La città del sole*, ital.-lat. Ausgabe v. Bobbio, 55), was dem Reisenden begegnet sei, möchte er wissen; und das dabei benutzte Verbum spielt noch immer auf die *aventure* an, die seit dem höfischen Roman einem jeden Ritter widerfuhr, der auszog, um sich zu bewähren. Die Reise im Zeitalter der Entdeckungen assimiliert hier das traditionelle Schema der *aventure*. Aber dabei ist es für diesen Text (und seine Zeit) charakteristisch, dass die Fremde weit weniger einen Ort der Gefährdung meint, sondern als Gelegenheit zum Wissenserwerb in Erscheinung tritt. Das Außergewöhnliche, die Störung

---

[1] Sämtliche Übersetzungen fremdsprachlicher Zitate stammen aus der Feder des Verfassers.

des Gewohnten kommt nicht mehr in bedrohlichen Situationen zum Ausdruck, in denen man sich zu behaupten, seine Kraft und Tugend unter Beweis zu stellen hat. Es zeigt sich vielmehr als eine Quelle von Erkenntnis. Das mag man durchaus protoaufklärerisch nennen können.

Die zweite Bedeutung des Raumes betrifft die Organisationsform des Sonnenstaates, eines Stadtstaates, der sehr bewusst *Città del Sole* genannt wird. Denn noch immer bildet die Stadt den Inbegriff jeglichen Gemeinwesens. Als der Genueser Kapitän (im Text schlicht *Genovese* genannt) diesen (Stadt-)Staat erstmals erwähnt, reagiert der sogleich höchst interessierte Ospitalario mit zwei Fragen (*La città del sole*, ital.-lat. Ausgabe v. Bobbio, 56): „Sag, wie ist diese Stadt angelegt? Und wie wird sie regiert?" Die Regierungsform, die Organisationsform der Macht in diesem unbekannten Gemeinwesen und seine räumliche Anlage scheinen alles Wissenswerte zu umfassen und gemeinsam die Identität der *Città del Sole* zu begründen. Denn die Lage und den Aufbau des Sonnenstaates schildert Genovese, um die erste Frage zu beantworten: *come è fatta*, wie er *gemacht* ist. Die räumliche Organisation, der *Ort* also, bestimmt die *Eigenart* dieses Staates. Seine Ordnung ist mithin auch eine sichtbare Ordnung.

Zu den Konstituenten dieses Ortes zählt die Bebauung der Stadt. Kaum hat der Neuankömmling ihre Tore durchschritten, fällt ihm ihre Besonderheit ins Auge (*La città del sole*, ital.-lat. Ausgabe v. Bobbio, 57):

> „Wenn man durch das Westtor eintritt, das mit Eisen beschlagen ist und sich mit einem ausgeklügelten Mechanismus hebt und senkt, sieht man eine Fläche von zwanzig Schritten zwischen der ersten und der nächsten Mauer. Daneben stehen Gebäude, die alle durch die Rundung mit der Mauer verbunden sind, sodass man sagen kann, sie bilden alle zusammen ein einziges (*che puoi dir che tutti siano uno*)."

Hier wie später wird auf die Perfektion der Mechanik in der *Città del Sole* Wert gelegt. Auch die Raffinesse der Technik gehört zu den Gründen der Vollkommenheit dieses Staates. Es nimmt sich für den ersten Eindruck indessen als kaum mehr denn eine eher kursorisch vermerkte Auffälligkeit aus, dass die mit der Stadtmauer verbundenen Gebäude im Grunde ein einziges bilden: Doch wiewohl es sich dabei um nicht mehr als um ein Detail der Bebauung zu handeln scheint, steckt in dieser Beobachtung ein Prinzip, ja, man kann vermutlich sagen, dasjenige Prinzip, das zum Kern der Ordnung dieses utopischen Gemeinwesens führt.

Sein zentraler Stellenwert tritt womöglich noch deutlicher anhand der lateinischen Version des Textes hervor: „ut unum esse omnia dicere queas" (*La città del sole*, ital.-lat. Ausgabe v. Bobbio, 118). Diese Formulierung aber erinnert allzu deutlich an ein Wort des Johannesevangeliums, um als eine nur zufällige Entsprechung gelten zu können: „ut omnes unum sint sicut tu Pater in me." (*Johannes* 17, 21: „Dass alle eins seien, so wie du, Vater, in mir bist.") Das Wort stammt aus Jesu sogenanntem *hohepriesterlichen Gebet* vor seiner Gefangennahme im Garten Gethsemane und bezeichnet deshalb so etwas wie ein Vermächtnis des inkarnierten Gottessohnes. In der Gestalt der Gebäude des Sonnenstaates scheint es sich zum ersten Mal in diesem Gemeinwesen zu verwirklichen.

7.2 Aufhebung des Privateigentums und Alleinherrschaft des *Sole*

Indessen bliebe die Korrespondenz der betreffenden Formulierung zum Neuen Testament weitgehend kontingent, fände sie nicht eine Entsprechung in zentralen Organisationsprinzipien der *Città del Sole*. Am signifikantesten kommt das Einheitsprinzip wohl in der Aufhebung allen Privateigentums zum Ausdruck, dem zweifellos markantesten Merkmal dieses Staates, in dem man geradezu ein protokommunistisches Element vermutet hat, dessen Modell man freilich weit eher in monastischen Lebensformen suchen sollte: „Tutte cose son communi" (*La città del sole*, ital.-lat. Ausgabe v. Bobbio, 62; „Alle Dinge sind Gemeingut"). Was Platon für die Wächter seines Idealstaates dekretierte, ist nun zum allgemeinen Prinzip der Organisation des Gemeinwesens geworden.

Die Radikalität, mit der dieses Prinzip bei Campanella ernst genommen wird, tritt nicht zuletzt an der Unbekümmertheit hervor, mit der die Bewohner des Sonnenstaates Grundprinzipien des überkommenen Soziallebens in Frage stellen (*La città del sole*, ital.-lat. Ausgabe v. Bobbio, 62): „Sie sagen, dass alles Eigentum daher stammt, dass man einzelne Häuser bildet, und eigene Söhne und eine eigene Frau hat, woraus die Selbstliebe stammt ... Aber sobald die Menschen ihre Selbstliebe verlieren, bleibt nur das Gemeinschaftliche."

Selbst die Keimzelle aller sozialen Gemeinschaft, die Familie, wird zum Zweck der Schaffung einer umfassenden einheitlichen Gemeinschaft aufgegeben. Die Begründung für diese spektakuläre Maßnahme findet sich im Bemühen um die Ausschaltung einer psychischen Disposition, die unverkennbar auf eine christliche Anthropologie deutet. Denn die Selbstsucht, die maßlose Liebe zum Ich, ist als der Ursprung allen Übels begriffen. Nach theologischer Auffassung ist sie gleichbedeutend mit dem Verlust der Gottesliebe. Sie steht am Anfang allen Übels, wie zumal der Kirchenvater Augustinus nicht müde wird zu postulieren. Sie ist mithin auch die Ursache des Sündenfalls. So unübersehbar die Diagnose der Selbstliebe einer christlichen Weltdeutung entstammt, so bemerkenswert fällt aus christlicher Sicht demgegenüber die Therapie dieser elementaren Störung aller funktionierenden Gemeinschaften aus. Denn der *amor sui* lässt sich

Campanella zufolge durch die Organisation des Soziallebens beheben. Ja, dessen verfehlte Ordnung ist selbst Ursache der Selbstliebe. Nicht ein originäres, die Ordnung der Schöpfung pervertierendes Begehren bildet ihren Ausgangspunkt, sondern die falsche Organisation der Verhältnisse.

Eine solche Erklärung bringt zweifelsohne eine beträchtliche Rationalisierung christlicher Anthropologie mit sich, reduziert sie doch den Stellenwert der Ursache zerstörerischer Selbstliebe. Die erbsündige Verfallenheit an den *amor sui*, deren aus eigener Kraft nicht zu vermeidende und allein durch Gottes gnadenhafte Zuwendung zu überwindende Gewalt zur Strafe über den gefallenen Menschen verhängt ist, wird ersetzt durch eine unvorteilhafte Sozialordnung als Ursache dieses Missstands. Diese Rationalisierung des Ursprungs des *amor sui* trägt zugleich maßgeblich zu den Möglichkeiten seiner Therapie bei. Die Radikalität der vorgeschlagenen unkonventionellen Lösung, die selbst vor einer Vergemeinschaftung von Prokreation und Nachwuchs nicht zurückschreckt, aber spiegelt noch einmal die elementare Gewalt, die die Selbstliebe als Quelle jeglichen Übels für eine christliche Weltdeutung besaß.

Es könnte den Anschein haben, als stehe die Regierungsform des Gottesstaates, also die Organisation seiner Machtstrukturen, – anders als die Verteilung seiner Güter – im Widerspruch zur Dominanz des Einheitsgedankens. Denn die *Città del Sole* ist gekennzeichnet durch eine ausgeprägte Alleinherrschaft. An ihrer Spitze steht der *Sole*, ein Priesterkönig, „in unserer Sprache Metafisico genannt", der dem gesamten Staat seinen Namen gibt. Er ist „zuständig für alle Angelegenheiten" (*La città del sole*, ital.-lat. Ausgabe v. Bobbio, 59).

Man wird kaum umhin kommen, dieser Herrschaftsform Züge des Totalitären zu bescheinigen, wenn das Staatsoberhaupt für *sämtliche* Angelegenheiten verantwortlich ist (*La città del sole*, ital.-lat. Ausgabe v. Bobbio, 62): „denn ohne ihn geschieht nichts". Die Versammlung aller Macht in der Hand eines Einzelnen scheint auf den ersten Blick einen Unterschied zwischen den Bewohnern des Sonnenstaates zu begründen, der ihre Gemeinschaftlichkeit gerade stört, weil sie eine vertikale Hierarchie an die Stelle von (horizontaler) Gemeinschaftlichkeit setzt. Doch dieser Anschein trügt, wie ein Blick auf die Qualifikation des *Sole* genannten Priesterfürsten zeigt. Denn was ihn zu seiner Aufgabe befähigt, ist eine Fülle und Vollkommenheit von Kenntnissen, die das Wissen aller anderen Bewohner des Sonnenstaates umfasst (*La città del sole*, ital.-lat. Ausgabe v. Bobbio, 59):

> „Aber niemand kann Sole sein außer demjenigen, der die Geschichte aller Völker kennt, und ihre Riten, Opfer und Staatsformen sowie die Erfinder von Gesetzen und Künsten. Sodann ist es erforderlich, dass er alle mechanischen Künste kenne ... Und alle Wissenschaften ... Vor allem aber muss er Metaphysiker und Theologe sein, damit er genau den Ursprung und die Begründung aller Kunst und Wissenschaft kenne."

Es ist eine Form der Allwissenheit, über die der Sole verfügen muss, um seiner Aufgabe gewachsen zu sein und über eine Berechtigung zu ihrer Wahrnehmung überhaupt zu verfügen. Und so gibt es denn auch keine andere Begrenzung seiner Amtsdauer als das Auftreten eines anderen, der diese Aufgabe besser zu handhaben versteht (*La città del sole*, ital.-lat. Ausgabe v. Bobbio, 66): „Und dieses Amt währt ewig, solange sich niemand findet, der ein größeres Wissen besitzt und zur Regierung geeigneter befähigter ist." Während Rationalisierung in Campanellas *Sonnenstaat* also zum einen als ein Prinzip institutioneller Organisation vorkommt, fallen zum anderen, wie in diesem Fall, Verfahren institutioneller Organisation geradezu demonstrativ aus. Die schiere Existenz eines Weiseren genügt, um ihn zum Amtsträger zu machen. Und nicht ein Wort fällt über die Art und Weise des Übergangs der Herrschaft vom einem zum anderen.

Allwissenheit ist ein göttliches Attribut, und so lautet der Name des Staatsoberhauptes denn auch kaum zufällig *Sole*. Die Sonne ist im althergebrachten *liber naturae* ein altes Symbol für den Schöpfer. Symbolische Korrespondenz also hat Teilhabe an göttlichen Attributen zu verbürgen. Organisiert aber wird diese Partizipation an göttlicher Allwissenheit durch ein technisches Verfahren: durch Wissensakkumulation, durch eine Ansammlung von Kenntnissen in allen Künsten und Wissenschaften.

Dass es sich, dieser technischen Organisation von Allwissenheit zum Trotz, bei der betreffenden Qualifikationsvoraussetzung des Priesterkönigs noch immer um ein Analogon eines originären göttlichen Attributes handelt, geht nicht zuletzt aus einer institutionellen Kuriosität des Sonnenstaates hervor. Dem *Sole* sind drei *Principi collaterali*, Nebenfürsten also, an die Seite gestellt (*La città del sole*, ital.-lat. Ausgabe v. Bobbio, 59): „Pon, Sin und Mor, was heißen soll: Macht, Weisheit und Liebe." Jedem Dante-Leser ist die Trinität dieser Begriff wohl vertraut, denn sie finden sich an einer prominenten Stelle der *Commedia*, nämlich in der Inschrift des Höllentors. Anklänge an die *Göttliche Komödie* finden sich übrigens allenthalben in der Charakteristik des Sonnenstaates. Mit den ernüchternden Worten, die sie jedem Eintretenden darbietet, setzt der dritte Gesang des *Inferno* der *Commedia* (Vers 1-6) ein:

> „Per me si va ne la città dolente,
> per me si va ne l'etterno dolore,
> per me si va tra la perduta gente.
> Giustizia mosse il mio alto fattore;
> fecemi la divina podestate,
> la somma sapïenza e 'l primo amore."
> („Durch mich gelangt man in die Stadt der Leiden,
> durch mich gelangt man zum ewigen Schmerz,
> durch mich gelangt man zu den Verlorenen.

Gerechtigkeit bewegte meinen hohen Schöpfer.
Es schufen mich die göttliche Macht,
die höchste Weisheit und die erste Liebe.")

Diese Trinität von *podestate* (Macht), *sapïenza* (Weisheit) und *amore* (Liebe) bildet indessen nicht nur eine Dreiheit von Begriffen. Auch weitere Ämter werden aus einem Tugendkatalog abgeleitet. Die Trinität bezeichnet vielmehr die Dreifaltigkeit selbst, die als die Schöpfermacht des Vaters, die Weisheit des in seinem Sohn (inkarnierten) Wortes und die Liebe des Heiligen Geistes in Erscheinung tritt. Eben dies bildet die Grundlage für die Einsetzung der drei Nebenfürsten des Gottesstaates, die Attribute des trinitarischen Gottes in drei Ämter übersetzen. Theologische Lehre wird auf diese Weise in eine Institution des Gemeinwesens überführt. Zu dieser institutionellen Umsetzung trinitarischer Attribute in Ämter gehört auch, dass sie als präzise definierte Aufgabenbereiche rationalisiert werden, wobei die Liebe, radikal biologisiert, sich so um die Zeugung kümmert, dass eine gute Rasse hervorgebracht wird.[2]

Der Staatslenker heißt nicht nur Metafisico, weil er ein Experte der Philosophie und Theologie zu sein hat. Er selbst und die ihm zugeordneten Einrichtungen des Staatsaufbaus sind vielmehr ihrerseits als Inkarnationen theologischer Entitäten konzipiert, insofern sie die Trinitätslehre institutionell umsetzen. Theologische Lehre und Institution, *theoria* und *praxis* werden einander in einer Weise zugeordnet, die brennpunktartig jene kuriose Verknüpfung des Prämodernen, wo nicht Archaischen, und des Modernen erkennen lässt, die für die *Città del Sole* schlechthin kennzeichnend ist. Denn es macht die Modernität dieser Organisationsform aus, dass sie überkommene Theorie in die Funktionalität von Ämtern

---

[2] *Potestà*, der Repräsentant göttlicher Macht, besitzt die Zuständigkeit für das Militär: „Il Potestà ha cura delle guerre e delle paci e dell'arte militare" (Campanella, S. 59: dt. ‚Der Potestà ist verantwortlich für Krieg und Frieden und das Militär.') *Sapienza* kümmert sich um Kunst und Wissenschaft: „Il Sapienza ha cura di tutte le scienze e delli dottori e magistrati dell'arti liberali e meccaniche" (ibid.; dt. ‚Der Sapienza trägt Sorge für alle Wissenschaften und die Gelehrten und Beamten der freien und mechanischen Künste.') Die kurioseste Veränderung eines trinitarischen Attributes bei ihrer institutionellen Umsetzung aber erfährt zweifellos die Liebe, die radikal biologisiert wird: „Il Amore ha cura della generazione, con unir li maschi e la femine in modo che faccin buona razza" (ibid., S. 61; dt. ‚Der Amor kümmert sich die um die Zeugung, indem er Weibchen und Männchen so zusammenbringt, daß sie eine gute Rasse hervorbringen.') Die, angesichts der zu ihnen auch zählenden Menschen, womöglich kurios erscheinenden Begriffe für Mann und Frau erklären sich aus dem bemerkenswerten, ja geradezu provokant wirkenden Argument für diese Organisation von nichts anderem als einer Zuchtwahl: „e si riden di noi che attendemo alla razza de cani e cavalli, e trascuramo la nostra" (ibid.; dt. ‚Und sie lachen über uns, die wir auf die Zucht der Hunde und Pferde achten, und die der Menschen vernachlässigen.')

übersetzt. Doch die Grundlage dieser Rationalisierung bildet ein Theologumenon, das die basalen Eigenschaften des christlichen Gottes zum Inhalt hat und das nun zum rationalen Prinzip der Organisation von Macht umdefiniert wird – als könne diese Organisation nicht anders funktionieren denn vermittels einer institutionellen Aneignung der Natur dieses Gottes selbst, des Allmächtigen, von dem alle Macht ihren Ausgang nimmt.

Wenn die Qualifikation allumfassenden Wissens, die die Voraussetzung der Eignung zum Herrscher und zugleich ein Äquivalent von Gottes Allwissenheit bildet, in dieser *Città del Sole* einheitsstiftend wirkt, wie oben angedeutet, dann deshalb, weil sie die Summe aller Kenntnisse darstellt, die in diesem Gemeinwesen versammelt sind. Entscheidend ist dabei, dass der Wissenserwerb nicht etwa nur eine Praxis dieser Gemeinschaft bildet. Er stellt vielmehr die Grundlage der Gemeinschaftsbildung selbst dar (*La città del sole*, ital.-lat. Ausgabe v. Bobbio, 62): „Hier lebt ein Volk, das aus Indien dorthin kam; und es waren viele Philosophen, die vor dem Verderben der Mongolen flohen und vor anderen Räubern und Tyrannen. Deshalb entschieden sie sich gemeinsam nach philosophischen Prinzipien zu leben." Wissenschaft ist deshalb allgegenwärtig im Sonnenstaat. Denn zu den Aufgaben des Nebenfürsten Sapienza gehört es, ein Buch, in dem sämtliche Wissenschaften verzeichnet sind, auf allen Mauern zur Darstellung zu bringen. Die Mauern dienen insofern nicht nur dem Schutz des Gemeinwesens, sie bilden gleichermaßen einen Träger der Gesamtheit allen Wissens, über das man verfügen kann und das auf diese Weise auch der gemeinsamen Lektüre zugänglich gemacht ist (*La città del sole*, ital.-lat. Ausgabe v. Bobbio, 59): „und er besitzt ein einziges Buch, in dem alle Wissenschaften verzeichnet sind, das er nach Art der Pythagoräer dem ganzen Volk zu lesen gibt. Und dieses hat er auf alle Wände schreiben lassen, auf die Wallschilde, drinnen und draußen, alle Wissenschaften." Ja, symbolisch sind dadurch beide Funktionen einander zugeordnet. Der Selbsterhalt zur Abwehr äußerer Feinde ist überschrieben mit einem Wissen, auf dem diese Gemeinschaft gegründet ist. Die beiden Stützen dieses Staates, geteiltes Wissen und Bedrohungsabwehr, gehören zusammen.

Es gehört gleichermaßen in diesen Zusammenhang, dass das Wissen selbst als Sicherung gegen das Laster in Erscheinung tritt. Denn Allwissenheit garantiert Tugend. Aus diesem Grund muss der Sole über alles nur erdenkliche Wissen verfügen. Der Genovese berichtet, wie die Einwohner der *Città del Sole* mit just diesem Argument die Überlegenheit ihrer Regierungsform begründen (*La città del sole*, ital.-lat. Ausgabe v. Bobbio, 66):

> „Sehr viel gewisser sind wir, dass ein Gelehrter zu regieren versteht (*un tanto letterato sa governare*), als ihr, die ihr die Unwissenden bevorzugt, in dem Glauben, sie seinen fähig, weil sie als Herren geboren oder von einer mächtigen Gruppe gewählt werden. Aber unser

Sonne mag kläglich regieren, niemals wird jemand, wer soviel weiß, grausam, verbrecherisch oder ein Tyrann sein."

Vermutlich eine Konsequenz der Aristotelisch-scholastischen Definition der Sünde als Irrtum ist es, wenn die universelle Bildung, ja tendenzielle Allwissenheit, vor allem moralischen Übel bewahrt. Bezeichnenderweise garantiert dieser umfassende Kenntnisstand keineswegs eine makellose Herrschaft. Denn der Genovese rechnet durchaus mit unfähigen Herrschern in seinem Gottesstaat (*il nostro Sole sia pur tristo in governo*). Wesentlicher als das *know how* des Regierens scheint deshalb die Verhinderung moralischer Defizite zu sein. Dies nimmt sich angesichts der Begründung der Kompetenz des Staatslenkers durch überragende Wissenschaft ein Stück weit verwunderlich aus, scheint diese Voraussetzung doch gerade für die Funktionalität seiner Amtsführung unverzichtbar zu sein. Dass die Abwehr der Laster indessen höher rangiert als die Kompetenz des Regierenden, zeigt eine nachgerade obsessionelle Furcht vor moralischer Verkommenheit an, die ihren Ursprung in einer biblisch gegründeten Anthropologie des Menschen hat, für die die Sünde, der Aufstand gegen das (moralische) Gebot, als die erste Tat des Menschen gilt.

7.3 Natur und Theorie als Grundpfeiler des Gemeinwesens

Der doppelte Name des Priesterfürsten, der Sole und Metafisico zugleich genannt wird, bezeichnet die beiden konzeptuellen Grundpfeiler, auf denen das Gemeinwesen der Città del Sole ruht: Natur und Theorie. Dabei erweisen sich diese beiden Grundlagen des Sonnenstaates als alles andere denn selbstverständlich kongruent. Im Grunde macht das Ringen um ihre Vereinbarkeit einen erheblichen Teil der Argumentation Campanellas aus. Dass die Wissenschaft auf die Wände der Stadt gemalt ist, haben wir bereits erwähnt. Doch zugleich wendet sich der Text vehement gegen alle Buchgelehrsamkeit (*La città del sole*, ital.-lat. Ausgabe v. Bobbio, 66f.):

> „Aber wisset, dass das bei euch passieren kann [d.h., dass ein Herrscher moralisch verkommt], wo ihr glaubt dass jemand gelehrt sei, der mehr von Grammatik oder der Logik des Aristoteles versteht oder von diesem oder jenem Autor. Doch dafür braucht es nur eines servilen Gedächtnisses, wodurch der Mensch träge wird, denn er betrachtet nicht die Dinge, sondern die Bücher (*perché non contempla le cose ma i libri*), und er erniedrigt seine Seele in diesem toten Dingen (*e s'avvilisce l'anima in quelle cose morte*). Er weiß nicht wie Gott die Dinge lenkt, und kennt nicht die Gewohnheiten der Natur und der verschiedenen Völker."

Nicht nur diese versteckte Widersprüchlichkeit zwischen der Organisation der *Città del Sole* und der sie begleitenden ‚Ideologie' fällt ins Auge. Eine Aussage wie diese nimmt sich um so kurioser angesichts der dichten intertextuellen Verweisstruktur von Campanellas Text selbst aus. Allenthalben und für jeden Kenner überdeutlich wird in dieser Abhandlung zitiert, vorzugsweise das Schrifttum der antiken Philosophie und ganz besonders üppig der hier ausdrücklich inkriminierte Aristoteles. Dieser performative Widerspruch aber hat seinen Grund im latenten Gegensatz von Natürlichkeit und Gelehrsamkeit. Er selbst ist ein altes Thema der Philosophie. Senecas Lucilius-Briefe etwa bieten ein beredtes Zeugnis dafür. Denn je mehr sich die Philosophie, die doch angetreten war, die Natur mit den Mitteln des Denkens zu erfassen, zu einer auch selbstbezüglichen Reflexion entwickelt, um so größer wird die Gefahr des Verlusts ihres eigentlichen Gegenstands. Im Medium des Buches verdichtet sich deshalb symbolisch die Sorge vor einer Kultur des Wissens, die sich nun nur noch aus sich selbst speist. Dass im Zeichen des frühneuzeitlichen Humanismus eine solche Gefahr besonders brisant erscheinen mag, liegt auf der Hand. Und so wettert Campanella gegen eine Kultur des Wissens, der er selbst unübersehbar verpflichtet ist.

Hinter dem Gegensatz von Natur- und Buchgelehrsamkeit verbirgt sich bei Campanella zudem die Paulinische Opposition von Geist und Buchstabe (*Zweiter Korintherbrief*, 3, 6). Dass der Buchstabe töte, hatte Paulus dekretiert. Und mit toten Dingen beschäftigt sich Campanella zufolge, wer sein Wissen aus Büchern bezieht. Die Paulinische Opposition von Geist und Buchstaben ist nun auf den Unterschied zwischen einem der Natur entnommenen und einem (nur) aus Büchern herausgelesenen Wissen übertragen. Der potentielle Zweifel daran, dass das Wissen zum universellen Heilsmittel gegen die Sünde tauge, wird auf eine Binnendifferenzierung zwischen unterschiedlichen Formen des Wissens übertragen. Nur wer seine Kenntnisse der Natur selbst entnimmt, wird verstehen, wie Gott alle Dinge regiert (*come Dio regga le cose*).

Indessen erfährt diese Natur ihrerseits eine Charakteristik, die aufhorchen lässt. Denn nicht allein Gottes Regiment über die Welt lässt sich ihr entnehmen, sondern ebenso die Gebräuche, die *usi della natura*. *Uso* aber ist genau der Begriff, der traditionell im Italienischen der Frühneuzeit der Ordnung der Natur gegenübergestellt wird. *Uso* bezeichnet eben den Brauch, die Konvention, es bezeichnet das Akzidentelle im Unterschied zur Substanz der Natur. Diese überkommene Verwendung des Begriffs lässt sich auch an dieser Stelle bei Campanella noch beobachten. Denn nicht nur die *usi* der Natur, sondern auch diejenigen der *nazioni*, werden dem (bloßen) Buchwissen gegenübergestellt. Doch die kulturellen Differenzen zwischen den Völkern bilden den klassischen Ort der Konvention. *Ihr* also wird nun auch die Ordnung der Natur unterstellt, die sich von einem systemisch organisierten Ganzen durchaus unterscheidet. Die Ansammlung von Kontingentem aber ist bezeichnenderweise gerade eine Eigenheit der Buchgelehrsamkeit. Die Verwerfungen im Verhältnis von Wissen und Natur sind vielfältig.

Gleichwohl bleibt die Natur als das geordnete Ganze ein Phantasma des Gottesstaates. Schon der Doppelname des Staatslenkers gibt darüber Auskunft. Denn das Nebeneinander von *Sole* und *Metafisico* versucht im Grunde, die Eignung des Regenten, seine Kompetenz, die auf einem Erwerb von Kenntnissen beruht, als deckungsgleich mit einer natürlichen Funktion, der Rolle der Sonne im Universum, auszuweisen. Dabei ist nicht zuletzt die *Sparte* der Philosophie von Bedeutung, die der Herrscher in seinem Namen trägt. Von den praktischen Belangen des Regierens scheint die Metaphysik gerade besonders weit entfernt zu sein. Doch die Grundsätzlichkeit, die für sie typisch, ja ihr Element ist, macht sie zugleich zu einem Wissen von der ganzen Natur. Gerade in der Distanz jener Theorie, von der der Herrscher seinen Namen bezieht, zur Technik des Regierens, steckt der Versuch, diese Theorie selbst zu einem Medium der Teilhabe an der Ordnung der (ganzen) Natur zu machen. Der symbolische Name der Sonne hat insofern zu bekräftigen (wo nicht allererst herzustellen), was der theoretische Name des Herrschers verspricht. Auch im Doppelnamen des Regenten steckt insoweit eine Variation über das Thema der Entzweiung von *theoria* und *physis* – steckt das Bemühen, die Theorie in die Etymologie ihrer Bezeichnung zurückzuholen und als (bloße) Anschauung der Natur auszuweisen.

Dabei sollte nicht unbemerkt bleiben, dass die symbolische Funktion der Sonne im Grunde auf einer doppelten Zeichenbeziehung gründet. *Sole* heißt der Herrscher des Sonnenstaates, insofern sein Amt die Rolle der Sonne im Universum repräsentiert. Im christlichen Buch der Natur aber steht die Sonne zugleich für den Herrscher des Universums, also niemand anderen als Gott selbst. So rückt die Natur in eine doppelte Mittlerfunktion ein. Sie verweist auf den Ursprung der Schöpfung, aber sie hat zugleich die Teilhabe der *techne* an dieser Ordnung zu sichern.

Was sich hier an einem einzelnen Bestandteil des Sonnenstaates zeigt, gilt für die Organisation dieses Gemeinwesens insgesamt. Freilich handelt es sich dabei nicht um irgendeines seiner Elemente, sondern um die Spitze dieses hierarchisch geordneten Staates, dessen Hierarchie selbst sich als Nachbildung der Rangordnung der Natur versteht. Im Amt und der Person dieses Sole bündeln sich insofern die Ordnung dieses Gemeinwesens und seine symbolische Verankerung im Ganzen der Natur.

So ist dieser Sonnenstaat denn insgesamt durch ein hohes Maß an symbolischen Verfahren gekennzeichnet. Symbolbeziehungen organisieren seinen internen Aufbau. Erinnert sei nur an die Mauern, die zugleich der Veröffentlichung der Wissenschaften dienen. Unterschiedliche Funktionen des Gemeinwesens sind dadurch symbolisch zu einer gemeinsamen Aufgabe zusammengefasst. Dienen die Mauern also zugleich der Verbreitung des Wissens und der Abwehr der äußeren Gegner, so begegnen sich darin die verschiedenen Maßnahmen gegen die unterschiedlichen Gefährdungen des Sonnenstaates; denn Wehrhaftigkeit nicht anders als Gelehrsamkeit richten sich gegen das Böse, dessen Schädlichkeit sich, den Prinzipien der *Città del Sole* zufolge, mit der Technik des Militärischen nicht anders als durch die Akkumulation von Wissen bannen lässt. In der symbolischen Zusammenführung beider Maßnahmen wird deshalb zur Einheit zurückgeführt, was unterschiedlichen Belangen zugehört. Auch im Widerstand gegen die verschiedenen Gefährdungen dieses Gemeinwesens wird symbolisch die eine Gefahr beschworen, wird der universelle Weltenwurf funktional differenzierten Aufgabenstellungen entgegengehalten.

Ihre wichtigste Zweckbestimmung aber haben die symbolischen Ordnungen des Sonnenstaates in der Korrelation seiner Organisationsformen mit der Natur – mit der ganzen Natur, um auch ihr *Gemachtsein*, ihr zweckdienliches Arrangement hinter dem Postulat ihres bloßen Widerscheins der gegebenen Welt und ihrer Ordnung zu verstecken. Vielleicht nirgends deutlicher als in der Ausgestaltung des Kultortes dieses Sonnenstaates kommt dieses Anliegen der umfänglichen symbolischen Kodierung der *Città del Sole* zum Vorschein (*La città del sole*, ital.-lat. Ausgabe v. Bobbio, 58):

> „Über dem Altar gibt es nur einen ziemlich großen Globus, auf dem der gesamte Himmel abgebildet ist, auf einem zweiten die Erde. Auf dem Himmel der Kuppel befinden sich alle größeren Sterne des Himmels mit ihren jeweiligen Namen verzeichnet, und auch ihr Einfluss auf die irdischen Dinge wird in je drei Versen geschildert. Darauf sind auch die Pole und die größeren und kleineren Himmelskreise eingezeichnet, doch nicht alle, da die Mauer nach unten abbricht, aber sie scheinen den Globen des Altars zu korrespondieren. Darauf stehen sieben Leuchter, die nach den Namen der Planeten benannt sind und die stets leuchten."

Dass symbolische Muster die Konstruktion eines Kultortes bestimmen, gehört zu den Selbstverständlichkeiten auch des christlichen Kirchenbaus. Seine Ausrichtung nach Osten als Ausdruck der Orientierung am wahren Licht, die die Gottesmutter symbolisierende Rose als *porta coeli* über dem Eingangstor und schließlich die (wenn auch nicht von Anfang an gegebene) Deutung des Grundrisses der Kirche als Abbild des Kreuzes: All dies sind symbolische Selbstverständlichkeiten des christlichen Sakralraumes. Aber gerade im Vergleich mit ihnen fällt die Andersartigkeit der symbolischen Muster ins Auge, die in Campanellas Schilderung des Altars im *tempio* der *Città del Sole* aufgeführt werden.

Die christliche Symbolik zielt auf das Dogma. Sie holt zeichenhaft gerade jene Dimensionen von Gottes Heilswerk in den Kultort hinein, die die *bloße* natürliche Ordnung der Schöpfung überschreiten. Dies macht nicht zuletzt deshalb Sinn, weil diese Ordnungen augenscheinlich nicht genügten, um das Böse aus dieser Welt fernzuhalten. Der Kult selbst gehört deshalb zu den Strategien einer Reparatur ihrer Störung, deren Ermöglichung durch die Heilsgeschichte die Symbolik an seinem Ort gegenwärtig hält. Die vielleicht signifikanteste Abweichung von diesem Prinzip kommt in den beiden Globen zum Vorschein, die auf dem Altar stehen und Himmel und Erde abbilden. Denn sie ersetzen offenkundig das Kreuz, das zentrale Emblem des Christentums, das in seiner Umwidmung vom Zeichen des Todes in das Siegeszeichen eines Lebens, dem kein Tod mehr droht, den Kern des Dogmas zur Anschauung stellt. Sie substituieren mithin das Symbol der finalen Reparatur der Störung der natürlichen Ordnung durch eine Repräsentation dieser Ordnung selbst.

Diese Veränderung fügt sich durchaus in vergleichbare Tendenzen, die wir bei der Konstruktion des Sonnenstaates am Werk sahen. In der Tat setzt Campanella ja auf dessen Möglichkeiten, durch geeignete Organisation das Aufkommen des Bösen und damit den Ursprung aller Übel im Keim zu ersticken. Insofern erübrigte sich letztlich eine Religion wie die christliche, deren *raison d'être* ja in der Behebung aller Unordnungen besteht, die das Böse angerichtet hat. Und doch scheint auch der Sonnenstaat auf einen Kultort nicht verzichten zu wollen, wiewohl er an diesem Ort nichts anderes als eine symbolische Repräsentation der *ganzen* Welt unterbringt. Wäre *dies* mithin der *wunde Punkt* dieses Gemeinwesens? Nachgerade obsessionell nimmt sich Campanellas Bemühen aus, die ausgeklügelte Organisation seines Sonnenstaates, deren Zweckdienlichkeit mitunter auch vor radikalsten Lösungen und dem kaum anders als ostentativ zu nennenden Bruch mit der Tradition nicht zurückschreckt, zugleich in eine bloße Repräsentation der natürlichen Weltordnung zurückzuholen. Wäre am Ende der ehrgeizige Anspruch respektive die finale Aussichtslosigkeit dieses Unterfangens in dessen Verwandlung in die Ordnung des Kultortes bloßgelegt?

7.4 Bilanz

Campanellas *Città del Sole* ist ein Schwellentext. Er steht an der Nahtstelle eines tiefen epistemologischen Wandels, wo nicht Bruchs – des Bruchs, an dem sich das Denken der Moderne von allem Denken, das ihr vorausgeht, scheidet. Diese Veränderung betrifft den Status der Vernunft; denn sie wandelt sich dabei im Grunde von einer Substanz der Welt zu einem Verfahren. Ihre Geltung bezieht sie in Zukunft nicht mehr daraus, dass sie der Welt selbst als deren fundierendes Prinzip inhärent ist, sondern aus der Schlüssigkeit ihrer Applikation. Der Sonnenstaat, den Campanella entwirft, steht in einem doppelten Verhältnis zu diesem epistemologischen Bruch. Er ist dessen Ausdruck, aber er gibt zugleich eine Antwort auf ihn. Er spiegelt und organisiert ihn zugleich. Von hierher stammt der merkwürdig zwieschlächtige Charakter der Organisation dieses utopischen Staates zwischen Modernität und Archaik. Fast hat es den Anschein, als kompensiere er seine eigene Modernität durch einen um so entschiedeneren Rückgriff auf die Bestände der Tradition.

Paradigmatisch kommt diese Zwieschlächtigkeit an den drei Ämtern des *Pon, Sin* und *Mor* zum Vorschein, mit denen drei Attribute der Trinität (*che vuol dir: Potestà, Sapienza e Amore*) in die Rollen von Funktionsträgern überführt werden. Ihre Funktionalität ist selbst ein Repräsentant einer Rationalität, die sich wesentlich als ein Verfahren definiert. Denn Zweckdienlichkeit liegt der Schaffung dieser Ämter zugrunde, besteht ihre Aufgabe doch darin, die Wirksamkeit dessen zu sichern, was ihre Bezeichnung namhaft macht. Macht, Weisheit und Liebe sind nun keine (bloßen) Prinzipien der Organisation des Gemeinwesens mehr, durch deren Beachtung sich dessen Ordnung garantieren ließe. Sie werden vielmehr rationalisiert zu institutionellen Rollen, die ihre Effektivität sicherstellen sollen. Dieser Gesichtspunkt gehört zweifellos zur Modernität eines Vernunftverständnisses, das sie vorzüglich als ein Verfahren begreift. Zugleich aber greift die Definition der drei Ämter *Pon, Sin* und *Mor* auf den Kernbestand der Theologie zurück, auf die Urgestalt, in der sich der Logos als ein trinitarischer Gott in dieser Tradition des Denkens präsentiert. Macht, Weisheit und Liebe stellen insofern keineswegs spezifische Aufgaben für den Staat dar, sie sind vielmehr Eigenschaften des Urhebers und Lenkers des Universums, aus denen die Funktionalität des Staates erst abgeleitet wird. Um so kurioser erscheinen deshalb die Veränderungen, die die trinitarischen Attribute bei ihrer Umsetzung in die Aufgaben der nach ihnen benannten Amtsträger erfahren.

Nirgends ist dies so auffällig wie im Falle des *Mor*, des Sachwalters der göttlichen Liebe. Diese Liebe ist das Wesensmerkmal des Heiligen Geistes. Ihre trinitarische Logik bezieht sie letztlich aus der Sicherung der Trinität selbst. Denn die Liebe ist die Substanz, die Vater und Sohn zusammenhält. In der dritten Person der Dreifaltigkeit steckt deshalb die Grundlage der Trinität als solcher, weil erst durch sie auch die Einheit der beiden ersten Personen garantiert wird. Von hierher macht es Sinn, wenn dem göttlichen Logos eine ihm von Natur aus keineswegs selbstverständlich zugehörende Affektivität integriert wird. Die Identität dieser Liebe bleibt auch dort weitgehend erhalten, wenn sie in Gestalt der Nächstenliebe zur Grundlage aller Moral wird.[3] Davon scheint allerdings in der

---

[3] Ausdrücklich stellen Jesu Abschiedsreden beim letzten Abendmahl einen Zusammenhang her zwischen dem Liebesgebot, das er seinen Jüngern aufträgt, und der Liebe, die den Vater und ihn miteinander verbindet (vgl. *Johannes* 15, 9-12).

Beschreibung der konkreten Aufgaben des *Mor*, der im Sonnenstaat seines Amtes zu walten hat, nur wenig übrigzubleiben. Sein Auftrag steht Nietzsches Vorstellungen von der Zucht des Menschen ungleich näher als welchem Verständnis der neutestamentarischen *caritas* auch immer.[4] Zweifellos stellt die von Campanella vorgeschlagene Auswahl der passenden Partner für die Paarung eine Rationalisierung dessen, was *amore* bezeichnet, dar – eine bemerkenswert radikale zudem in der Rücksichtslosigkeit, mit der sie über alle sozialen Konventionen hinwegsieht. Sie beruht auf Planung und definiert als ein handhabbares Verfahren, was seinem Ursprung nach einen schwer zu steuernden Affekt bedeutet.

Gerade an dieser Stelle kommt brennpunktartig eine Grundeigenschaft der *Città del Sole* zum Vorschein, deren Oszillieren zwischen einer mitunter stupenden Modernität in der Bereitschaft zur radikalen Rationalisierung der Belange des Gemeinwesens und einer sich demgegenüber fast archaisch ausnehmenden Tendenz zur Bewahrung des Überkommenen den historischen Ort dieses utopischen Staatsentwurfs markiert. Campanellas Sonnenstaat ist ein Spiegel jenes epistemologischen Umbruchs, der an der Schwelle der Moderne eine grundlegende Veränderung des Status aller Rationalität mit sich bringt. Und so reflektiert er diesen Bruch im doppelten Sinne des Wortes. Denn er kommt in diesem utopischen Gemeinwesen zum Vorschein, doch die *Città del Sole* antwortet zugleich auf seine Provokationen, indem sie die Rationalisierung der Lebensverhältnisse mit dem Rückgriff auf das Althergebrachte zu verbinden trachtet. Freilich eignet diesem Vermittlungsversuch eine kaum zu bestreitende Asymmetrie. Denn auch die Indienstnahme des Überkommenen für den Entwurf dieses Staates hat letztlich Teil an den Verfahren der Rationalisierung. Selbst diese Mobilisierung seiner Ressourcen genügt nämlich der Zweckdienlichkeit, die für die gesamte *Città del Sole* konstitutiv ist. Kaum zufällig kommt der Wechsel der Vernunft in den Status eines (bloßen) Verfahrens in einem Staatsentwurf zum Vorschein, im Bündnis der Vernunft mit der Macht.

---

4 Es erscheint durchaus bemerkenswert, dass sich Campanella wie Nietzsche in *Jenseits von Gut und Böse* (*Werke*, Sechste Abteilung, Zweiter Band, 128) vor allem die Vermeidung des Zufalls bei der Produktion von Nachwuchs als ein Argument für die Zuchtwahl zu eigen machen: „Dem Menschen die Zukunft des Menschen als seinen *Willen*, als abhängig von einem Menschen-Willen zu lehren und grosse Wagnisse und Gesammt-Versuche von Zucht und Züchtung vorzubereiten, um damit jener schauerlichen Herrschaft des Unsinns und Zufalls, die bisher ‚Geschichte' hieß, ein Ende zu machen – der Unsinn der ‚grössten Zahl' ist nur seine letzte Form –: dazu wird irgendwann einmal eine neue Art von Philosophen und Befehlshabern nöthig sein, an deren Bilde sich Alles, was auf Erden an verborgenen, furchtbaren und wohlwollenden Geistern dagewesen ist, blass und verzwergt ausnehmen möchte" (Nietzsche, *Werke*, Sechste Abteilung, Zweiter Band, 128).

Das Utopische des Sonnenstaates besteht nicht zuletzt in dem historischen Paradoxon, auf dem er weithin gründet: Er beruht auf dem unvermeidlich scheiternden Versuch, zwei letztlich unvermittelbare Ordnungen des Denkens miteinander zu versöhnen.

Literatur

Dante Alighieri: La Commedia secondo l'antica vulgata, II, Inferno, ed. Giorgio Petrocchi, Milano 1966.
La città del Sole, ital. u. lat. Text hrsg. v. N. Bobbio, Turin 1941.
Nietzsche, F.: Werke. Kritische Gesamtausgabe, hrsg. v. Giorgio Colli und Mazzino Montinari, Sechste Abteilung, Zweiter Band, Berlin 1968.

Wilhelm Schmidt-Biggemann
8 Die Rolle des Militärs in Campanellas *Civitas Solis*

8.1 Die Civitas Solis im Rahmen von Campanellas politischer Theologie

Bei aller Vielfalt seiner Gedanken lässt Campanellas Philosophie zwei Tendenzen erkennen: Auf der einen Seite ist sie stark von Telesios (1508–1588) *De rerum natura iuxta propria principia* (1567–85) beeinflusst: Wie Telesio vertritt auch Campanella in der 1591 verfassten *Philosophia sensibus demonstrata* eine antiaristotelische Naturphilosophie, die von einer Spannung zwischen gegenläufigen Prinzipien gekennzeichnet ist, eine Art universalem, lebendig vermitteltem, zweipoligem Vitalismus des Makrokosmos. In diesen Zusammenhang passt seine lebenslange Verteidigung der Astrologie, die davon ausging, dass die Glieder des Kosmos durch einen lebendigen Geist belebt sind.

Auf der anderen Seite ist Campanella von Beginn seiner philosophischen Aktivitäten an mit eschatologischer und prophetischer Weltgeschichte beschäftigt. Die Vorstellung davon, dass die Welt ihrer Vollendung in Kürze entgegengehe, hat ihn, der in Kalabrien und Sizilien ständig mit einem durchaus kriegerischen Islam konfrontiert war, zutiefst bewegt. Er kannte die langanhaltenden christlichen Prophetien über den Antichristen, den Katechonten, der nach dem *Zweiten Thessalonicherbrief* die Ankunft des Endzeitreiches verhinderte, die abendländischen Prophetien vom Endkaiser und vom Engelspapst, beschäftigte sich mit den Visionen Joachims von Fiore über das Dritte Reich, mit Birgitta von Schwedens Idee einer vollkommenen Kirche, mit den Papstprophetien Katharinas von Siena. Diese Prophetien waren in ihrer Struktur nicht neu; sie hielten sich seit der Kanonisierung des Neuen Testaments, sie waren im Mittelalter unter der Herrschaft der Staufer, dann zur Zeit der Residenz der Päpste in Avignon, variiert worden und wurden seit der Eroberung von Konstantinopel durch die Türken im Jahre 1543 erneut Gegenstand weitreichender geschichtstheologischer Spekulationen. In seinen Prophetien, die zwischen 1602 und 1606, also in derselben Zeit wie die *Civitas solis* entstanden, schloss Campanella explizit an diese Traditionen an.

Zugleich schrieb er ab 1598 seine *Monarchia Hispanica*, die die Idee eines endzeitlichen Universalreiches auf das Spanische Weltreich übertrug. (Am Ende seines Lebens hat er diese Idee Richelieu angetragen). Das eschatologische Universalreich war in den Visionen des biblischen Propheten Daniel vorhergesehen (*Dan.* 7) und wurde seit der Antike mit dem römischen, dann im Mittelalter mit dem römisch-deutschen Reich verbunden. Nach der Reformation war diese Vision wegen der Religionsspaltung, gegen die Campanella anschrieb, brüchig. Das deutsche Königtum hatte sich erstens als unfähig erwiesen, die Glaubensspaltung zu überwinden und zweitens reichte offensichtlich seine Macht nicht aus, die christlichen Gebiete gegen die Türken zu verteidigen: seit 1526 (Schlacht bei Mohásc) war das ehemals katholische Ungarn muslimisch – erst 1686 sollte es vom Prinzen Eugen für die Österreicher zurückerobert werden. Wenn denn überhaupt, waren die Spanier die Kandidaten für die Weltherrschaft.

Mit der Eroberung Konstantinopels durch die Türken blühte die paulinische Idee aus *Römer* 11 wieder auf, nach der die Endzeit dadurch eingeleitet werden sollte, dass zunächst die Heiden und dann die Juden bekehrt würden. Nikolaus von Kues hatte in seiner Apokalypse-Berechnung *Coniectura de ultimis diebus mundi* von 1433/34, die Campanella kannte, das Jahr 1732 als Beginn des 1000-jährigen Reichs kalkuliert. In *De pace fidei* und in der *Cribratio Alchorani* hatte er die christliche und die islamische Religion als Ausdruck einer universalen Religion verstanden, dem Christentum allerdings die klare Priorität zugestanden. Der französische Philologe und Kabbalist Guillaume Postel (den Campanella nicht kannte) hatte diese Idee in seinem religionsphilosophischen Hauptwerk *De orbis terrae concordia* von 1543 aufgenommen und eine christlich dominierte Einheitsreligion für Juden, Muslime und Christen vorgeschlagen, die im endzeitlichen Universalreich galt, das der französische König erobern und beherrschen sollte.

Campanellas *Civitas solis*, die zugleich mit seiner endzeitlichen *Monarchia Hispanica* 1602–1606 ausgearbeitet wurde, kann gewissermaßen als utopische Verfassung eines naturmetaphysisch-triadischen Kernstaates begriffen werden, an dem sich die politische Theologie orientieren sollte. Auf dieses Gemeinwesen, das von Campanella prophetisch vorhergesagt und astrologisch beglaubigt wird, zielte die spanische Universalherrschaft unter der Regierung eines Königs, der sich dem geistlichen Oberhaupt unterwirft. In einem solchen Staat, in dem die lebendige Natur und die Heilsgeschichte sich vollenden, können auch alle Religionen vereint werden. Noch ist die Weltherrschaft nicht eingetreten – aber die Militärkonzeption des Sonnenstaats weist auf seine expansiv-imperialistische Verwirklichungspolitik hin.

Wenn Campanella Vertreter einer Universalmonarchie ist, die Papsttum und Königtum unter einer Trinitätsmetaphysik vereint sehen will, dann lässt sich seine politische Theologie mit seinem Antiprotestantismus gut vereinbaren. Schon in den 1590er Jahren propagierte er den politischen Primat des Papstes in *De monarchia Christiana* (1593, verschollen) und in *De regimine ecclesiae* (1593). Im selben Jahr polemisierte er gegen die Lutheraner: *Dialogo politico contro i Lutherani*. Die etwa gleichzeitigen *Discorsi ai principi d'Italia*, in denen er die Unterwerfung der italienischen Fürsten unter Spanien forderte, passen gut zu seiner Idee der Universalmonarchie.

8.2 Civitas Solis

Von Tommaso Campanellas (1568–1639) *Città del Sole* existieren zwei Fassungen, die erste stammt von etwa 1606, die zweite von 1611. Die beiden italienischen Fassungen blieben bis ins 20. Jahrhundert ungedruckt. Erst im 20. Jahrhundert wurde Campanellas Sonnenstaat zum Klassiker der Utopie. Vorher stand allein der lateinische Text *Civitas solis, idea reipublicae philosophica* gedr. 1623, 1637 und 1652, zur Verfügung.

Der Staat ist, wie in Utopien nicht anders denkbar, von der Vernunft geleitet, und der Vernunft ordnet sich, wie sollte es anders sein, selbstverständlich jeder freudig unter, denn der Vernunftgehorsam der Utopisten ist gattungsspezifisch. Campanellas universale Vernunft ist zugleich kosmisch, metaphysisch und astrologisch; und sie hat auch eine eschatologische Dimension. Unabhängige Individualität ist nicht erforderlich. Gütergemeinschaft sichert – auch das ist topisch und zugleich utopisch – die innere Eintracht. Krieg ist nur als Verteidigungskrieg, bei Ersuchen fremder Völker und zur Abwehr von Tyrannei legitim – wer diese Fälle definiert, bleibt offen. Vor allem stimmt diese Festlegung auf den Verteidigungskrieg keineswegs mit den konkreten Kriegsvorschriften überein, die der Sonnenstaat vorgibt. Es gibt kein Geld im Lande – auch das gehört zur Gattung –, nur für Außenbeziehungen ist Geld erforderlich. In der Civitas Solis werden produzierende Berufe bevorzugt: Landwirtschaft und Handwerk. Die Ernährung und die Fortpflanzung sind genau geregelt, zur Zuchtwahl werden Paare kopuliert, die Kinder werden, von den Eltern getrennt, gemeinsam erzogen.

Männliche und weibliche Staatsangehörige sind gleichberechtigt – außer offensichtlich bei der Herrschaft. In der Rechtsprechung, wenn sie denn trotz allen Vernunftgehorsams nötig ist, gilt bei schweren Fällen: Auge um Auge, Zahn um Zahn. Urteile werden sofort vom Volk vollstreckt. Was das heißt, und ob das Volk zugleich Henker ist, bleibt unerörtert. Jedermann kann sein politisches Anliegen auf der Vollversammlung vorbringen.

Die Technik ist hochentwickelt: Es gibt genial konstruierte Wagen, Maschinen, die Schiffe fortbewegen, Flugzeuge, Fernsicht- sowie Abhorchmaschinen.

Die Religion beruht auf zwei metaphysischen Grundprinzipien, die Campanella offensichtlich von seinem naturphilosophischen Hauptgewährsmann Telesio übernommen hat: Gott ist das Seiende, ihm steht das Nichtseiende gegenüber, das den Prozess des Werdens ermöglicht. Gott offenbart sich allegorisch in der Sonne, die sieben Planetenbahnen sind mit allen astrologischen Implikationen als sieben bemalte Wälle der Sonnenstadt dargestellt.

Der Staat ist theokratisch, allerdings ist die Theologie dieser Theokratie zugleich triadisch als auch pantheistisch-kosmologisch. Er wird allein von Priestern regiert. An der Spitze steht der Sonnenpriester *Metafisico = Hoh/Sol*. Dieser wird von drei Regenten unterstützt, die Allegorien absoluter göttlicher Prädikate sind: *Pon* = Macht, *Sin* = Weisheit und *Mor* = Liebe. Diese Theokratie repräsentiert die Einheit Gottes und stellt zugleich seine höchsten Prädikate allegorisch an die Spitze des Sonnenstaates.

Wenn auch die Idee des Ganzen eine triadische Metaphysik ist, die astrologisch und politisch ihre Macht exekutiert, ist der Text der *Civitas solis* doch alles andere als systematisch. Es handelt sich eher um eine Zettel- und Exzerptensammlung, die nur oberflächlich geordnet ist, wenn man überhaupt von Ordnung reden kann. Das Ganze hat einen tentativen und gewissermaßen vorläufigen Charakter. Es scheint Campanella gar nicht um politische Konsistenz zu gehen, vielmehr scheint er ein im Einzelnen nicht ausgeführtes Analogieverhältnis zwischen Gesellschaft und Metaphysik zu verfolgen. Der entscheidende naturphilosophisch-politische Stabilisierungsfaktor ist die Astrologie. Eine konkretere Vorstellung, wie etwa die innerstädtische hierokratische Ordnung des Sonnenstaats, die Campanella ausführlich darstellt, mit der gleichermaßen empfohlenen Landwirtschaft und ihrem König zusammenpasst, fehlt. Auch das gesamte Kriegswesen ist in sich widersprüchlich; das gilt mindestens für die Verhaltensvorschriften.

Die *Città del Sole* enthält nach dem vollständigen italienischen Titel eine Darstellung der *Idea di riforma della republica cristiana conforme alla promessa da Dio fatta alle Sante Catarina et Brigida*. Die Nennung der Heiligen Katharina von Siena (1347–1380) und Birgitta von Schweden (1303–1373), die eine römische Universalherrschaft des Papstes prophezeiten, im Titel der italienischen Originalfassung von Campanellas Utopie macht deutlich, dass der prophetisch-universalpolitische Rahmen, den die *Spanische Monarchie* aufruft, auch für die *Civitas solis* gilt. Anscheinend ist die triadische Struktur der politischen Metaphysik Campanellas der Versuch, Naturphilosophie, Astrologie und eine Art natürliches Christentum zusammen zu denken. Aber einige Lehren des Christentums werden im Sonnenstaat durchaus respektiert. Im Amtsbereich der Weisheit (*Sin*), der die Mauerbilder der Stadt unterstehen, heißt es: „Am würdigsten Platze jedoch sah ich das Bildnis Jesu Christi und die der zwölf Apostel, die sie für besonders ehrwürdig und gleichsam für Übermenschen halten." (*S*, 122). Allerdings hat die Verfassung des Sonnenstaats mit einem Offenbarungschristentum wenig gemeinsam. Die Perspektive, die die Civitas solis zusammenhält, ist die Übereinstimmung einer kosmisch-astrologischen Ordnung mit einer triadischen

Politik von Macht, Weisheit und Liebe, die der natürlichen Struktur der Seele von Natur und Mensch entspricht. Das ist in gewisser Weise auch ein platonischer Anspruch; aber es ist zugleich die Vision davon, welche Elemente die inneren Strukturen eines Universalstaats bestimmen müssten.

8.3 Kriegswesen

Es ist verwunderlich, dass es in diesem idealen Sonnenstaat überhaupt Militär gibt. Aber die Stadt ist schon durch ihre Anlage als Festung bestimmt; und es handelt sich offensichtlich nicht um ein nach außen gänzlich ungefährdetes Staatswesen. Die Vernunft dieses Staates ist deshalb weder schon universal noch hat sich seine kosmisch-universale Struktur schon allgemein durchgesetzt. Deshalb handelt es sich nicht um eine vernünftige Anarchie, sondern um eine streng geregelte Herrschaft nach innen und eine klar militärisch orientierte Außenpolitik. Außenpolitik ist für Campanella Kriegspolitik. Darin besteht die Aufgabe der „Macht", die mit der Liebe und der Weisheit unter der Herrschaft des Metaphysicus steht.

Der Triumvir „Macht" (*Pon, Potestas*) ist, auch wenn er wie alle hohen Amtsträger Priester ist, der Herr des Krieges. Seine Untergebenen sind der Generalstabschef sowie die Führer aller Waffengattungen, nämlich die Generäle (Meister) der Artillerie, der Reiterei, des Fußvolks, die Festungsbaumeister. Campanella zählt recht unsystematisch einige Momente der Kriegsführung auf; ich habe sie zu gliedern versucht.

8.3.1 Rekrutierung und Ausbildung

Der Sonnenstaat ist ein Theologen- und Militärstaat, seine Elite scheint zugleich geistlich und militärisch zu sein. Allerdings bleibt undeutlich, wer eigentlich zum Militär gehört und wie das Verhältnis des Militärs zur zivilen Gesellschaft und zur Priesterschaft gedacht ist.

Jedenfalls wird anscheinend die gesamte Jugend nach spartanischem Vorbild militärisch ausgebildet. Diese militärische Frühausbildung betrifft vornehmlich die Jungen. Vor dem zwölften Lebensjahr üben sie Ringkampf, Wettlauf, Steinwurf. Danach werden die Anweisungen militärisch konkreter, es geht darum, „den Feind zu treffen, Pferde und Elefanten anzugreifen, Schwert, Lanze, Pfeil und Schleuder zu gebrauchen, zu reiten, zu verfolgen, zu fliehen, die Schlachtordnung einzuhalten, den Kameraden zu helfen, den Feind an Geschicklichkeit zu übertreffen und zu besiegen" (*S*, 138). Diese Ausbildung wird auch auf die

Frauen ausgedehnt, dabei verweist Campanella – wohl nach Plutarchs Biographie des Lykurg – auf die Spartanerinnen und die Amazonen.

Die Frage der Rekrutierung des Heeres war für Campanella offensichtlich zentral. In der *Monarchia hispanica* (XV. *De militia*.) hat er diese Frage auch historisch konkret für das erhoffte Universalreich gestellt und vorgeschlagen, dass der König die Landwirtschaft in den eroberten Gebieten fördere und die dortige Bevölkerung in ihrem Land versorge. So bekäme er auch genügend Soldaten. Darüber hinaus solle er die Steuern und Abgaben senken, damit die Leute gern arbeiteten und nicht aus dem Lande oder ins Kloster gingen. Allerdings hat er keine Militärausbildung für Frauen vorgesehen, vielmehr solle das Erbrecht für den Ältesten gestärkt werden und die Eheschließung unterstützt werden, indem die Frauen schon jünger als mit 20 Jahren verheiratet werden könnten. Aber Campanella schlägt hier vor, die Waisenhäuser besonders zu fördern und die Kinder dort gut zu erziehen. Anschließend könnten sie fürs Militär rekrutiert werden. Das militärische Monopol der Spanier solle aufgehoben und auch getaufte Kinder aus Belgien, Neapel, Sizilien und den Kolonien zum Militär zugelassen werden. Die Soldaten sollten gute Christen sein, diszipliniert und erfahren, nicht auf ihren eigenen Vorteil bedacht. Das gilt vor allem für die Führungskräfte.

Die *Civitas Solis* ist von dieser Konkretheit der *Monarchia Hispanica* weit entfernt – es ist deutlich, dass hier gerade auch in den Kriegsvorstellungen utopische, ja geradezu märchenhafte – Motive wirksam sind, die durchaus nicht unbedingt zu den konkreten Beschreibungen passen, die Campanella in seinem Sonnenstaat sonst für den Kriegsdienst vorstellt. So kennt er die Vorschrift, dass Furcht vor dem Feind streng bestraft wird. Zugleich betont er aber, genau diese Furcht gebe es bei den Kriegern des Sonnenstaats nicht, weil sie an die Unsterblichkeit der Seelen glauben (nach Art der Brahmanen und Pythagoreer, aber ohne Seelenwanderung: *S*, 138).

Die Kriegspolitik des utopischen Sonnenstaats ist aggressiv, trotz der wiederholten Beteuerung seiner Friedfertigkeit: Feinde des Staates und der Religion, sofern sie Menschlichkeit nicht verdienen, werden angegriffen (*S*, 138). Dabei wird nicht im Einzelnen definiert, wer denn als Feind des Staates verstanden wird und worin der Angriff auf die Religion besteht.

Alle zwei Monate wird das Heer gemustert; das ist eine ganz irreal enge Überwachungs- und Disziplinierungsvorschrift. Offensichtlich geht Campanella von einer Art stehendem Heer aus; über die mögliche Unterhaltung und das Verhältnis zur sonstigen Bevölkerung schweigt er sich aus.

Der Unterricht in Kriegskunde erfolgt durch Lektüre aus dem Alten Testament zu Moses, Josua, David, die Makkabäer und aus profanen Schriftstellern über Caesar, Alexander, Scipio, Hannibal. Hier wird deutlich, dass Campanella die Bibel und die antiken Schriftsteller gleichermaßen für seine universalen

Kriegsziele einsetzt. Auch hier scheint die Idee durch, dass das Endziel der *Civitas solis* die Vereinigung von biblischer und antiker Tradition im Sinne eines Universalstaates ist. Der Eindruck drängt sich auf, dass Campanella hier ganz selbstverständlich auf der Grundlage des weltumfassenden katholischen Imperialismus argumentiert, den er in der *Monarchia Hispanica* vertreten hat. Auch dort war er davon ausgegangen, dass das siegreiche Heer des universalen Königs eine allgemeine Religion verbreiten werde, die am Ende von der gesamten Welt bekannt werden würde.

8.3.2 Kriegsgründe

Der Hauptkriegsgrund ist durch die Theologie definiert. Auch wenn Campanella behauptet, sich an den Theorien des gerechten Krieges zu orientieren, finden sich weder die Kriterien des *Ius ad bellum* noch die des *Ius in bello* wieder. Für das Recht zum Kriege (*Ius ad bellum*) war nach Thomas von Aquin und Augustinus eine legitime Autorität, ein gerechter Grund, eine gerechte Absicht erforderlich. Der Krieg musste das letzte Mittel der Politik sein, nachdem alle anderen Mittel erschöpft waren, und es musste eine begründete Aussicht auf einen Frieden bestehen, denn der Zweck des Krieges war der Friede. Das Recht im Kriege (*Ius in bello*) musste die Verhältnismäßigkeit der Mittel und die Unterscheidung von Kombattanten und Nichtkombattanten berücksichtigen. Ob sich Campanella bei seinen Kriegsvorschriften wirklich an den Theorien des gerechten Krieges orientiert, bleibt eher undeutlich. Wahrscheinlich hat er auf vermischte Exzerpte zurückgegriffen.

Die Grundfrage, warum es bei den glücklichen Sonnenstaatlern überhaupt Kriege gibt, kann nur im Zusammenhang mit dem universalen Endreich beantwortet werden. Der Sonnenstaat ist die Keimzelle und in seiner Struktur auch das Ziel dieses Endreiches.

Die Kriegsgründe, die Campanella anführt, sind eher kontingent – und zugleich widersprüchlich. Campanella berichtet, dass es auf der Insel vier Reiche gibt, die die Sonnenstaatler beneiden und deren Bevölkerung sich lieber zu dem Sonnenstaat anschließen möchte. Es gebe immer wieder Kriege mit folgenden Begründungen:

(1) Der erste Grund sind territoriale Konflikte; die Nachbarn erheben den Vorwurf, die Sonnenstaatler hätten die an sie angrenzenden Gebiete okkupiert. Dieser Vorwurf reflektiert mindestens die Eroberungspolitik, die Campanella für den universalen Imperialismus des eschatologieorientierten spanischen Weltreiches propagiert. Das gilt auch für den (2) Kriegsgrund, die Religionskonflikte zwischen dem Sonnenstaat und seinen Nachbarn: Die Sonnenstaatler würden

angegriffen, weil sie eine metapyhsische Vernunftreligion verträten, deshalb keine Idole verehrten und weder dem Aberglauben der alten Heiden noch dem der Brahmanen anhingen. Wie diese beiden Kriegsgründe widerspruchsfrei zusammen gedacht werden können, lässt Campanella offen.

(3) Der dritte Kriegsgrund ist sozusagen die humanistische Intervention, wobei die Sonnenstaatler selbstverständlich den Kriegsfall definieren. Die immer siegreichen Sonnenstaatler würden, berichtet Campanella, von den anderen, tyrannisch unterjochten Städten als Befreier angerufen; und dann berieten sie sich und prüften Recht und Unrecht der Unternehmung. Auch dieses ist eine Position, die zu einem wie auch immer gearteten Imperialismus gehört.

Die Kriegserklärung und der Kriegsbeginn – Teile des Rechts im Kriege – machen deutlich, dass es sich bei diesem Krieg um einen Religionsimperialismus handelt. Ein Abgesandter fordert zunächst von den Feinden „die Herausgabe der Beute oder die Befreiung ihrer Freunde oder die Abschaffung der Tyrannei" (S, 139). Da das naturgemäß nicht geschieht, wird nach einem Gebet zu Gott Zebaoth, dem „Herrn der Heerscharen", der Krieg gegen die Verächter der Religion und des natürlichen Rechts (S, 139)[1] begonnen. Dabei ist die Behauptung bemerkenswert, dass hier das natürliche Recht und die Religion übereinstimmten.

8.3.3 Befehlsstruktur

Die Befehlsstruktur im Kriege ist so geordnet, dass die Vollzugsgewalt vollständig beim Vertreter der „Macht" (*Pon*) liegt. Dieser ist eine weitgehend autonome allegorische Institution, handelt gleichwohl personal wie ein römischer Diktator in eigener Machtvollkommenheit. In bedeutenden Fragen konsultiert er freilich die „Metaphysik". Über Konflikte zwischen beiden, die als geistliche Autorität und weltliche Macht beschrieben werden können, wird bezeichnenderweise nichts berichtet – aber hier ist deutlich, dass am Ende wohl die Metaphysik als geistliche Autorität die Souveränität repräsentiert. Für Campanella ist deutlich, dass die Frage der summa potestas schon mit der Unterordnung der drei Trimumvirn Weisheit, Liebe und Macht unter die „Metaphysik" gelöst ist.

---

[1] Die deutsche Übersetzung ist hier falsch. Lat.: „Ac ita suscipitur bellum contra contumaces iuris naturalis et religionis." (1011/439)

8.3.4 Waffen und Waffengattungen

Die Waffen werden in Zeughäusern gelagert. Campanella ist vor allem an der Artillerie interessiert; die im spanischen Heer bedeutende Infanterie kommt nur marginal als Piqueniere vor. An Maschinenwaffen gibt es: Schleudermaschinen, Kanonen und eine ausgebildete, auf Wagen bewegliche Artillerietruppe. Die übrigen Waffen werden mit Lasttieren transportiert – das ist natürlich auch eine Frage der Wegequalität. Der Tross marschiert in der Mitte des Heeres. Unvermittelt folgt eine (etwas wirre) Beschreibung eines Zangenangriffs: „Sobald sie auf das freie Feld gelangt sind, nehmen sie die Verpflegung, die Geschütze, die Wagen, Leitern und anderen Kriegsgeräte in die Mitte. Dann kämpfen sie lange und heftig. Bald aber findet sich jeder wieder bei seiner Fahne ein. Die Feinde aber werden getäuscht, da sie glauben, daß sie von der Stelle weichen oder sich zur Flucht anschicken; folglich drängen sie nach. Die Sonnenstaatler aber sammeln, auf beide Flügel verteilt, Atem und Kräfte, lassen die Artillerie brennende Pfeile schießen und kehren sich darauf wieder zum Kampfe gegen die verwirrten Feinde" (S, 140). Als taktische Anweisung für Generalstabsoffiziere ist dieser Passus wohl ungeeignet. Vielmehr ist er wohl der Phantasie eines eingekerkerten Mönchs zuzuschreiben. Und es ist folglich selbstverständlich: Insgesamt siegen die Sonnenstaatler immer wegen ihrer Überlegenheit in Ausrüstung und Kriegsmaschinerie.

Die Reiterei ist je mit einer Lanze und zwei mächtigen Pistolen, deren Geschosse eine Rüstung durchschlagen, ausgerüstet. (Ob die vom Sattel aus zu bedienen sind?) Außerdem tragen die Reiter Schwert und Dolch, manche benutzen Keulen mit Ketten, die stachelige Kugeln an den Enden haben. Besondere Vorrichtungen an den Steigbügeln machen es möglich, dass sie diese Waffe vom Pferd aus einsetzen können.

Die Infanterie ist auf die Pikeniere reduziert; das sind die eigentlichen Feinde der Reiter – aber sie werden nur genannt (S, 141). Die mit Gewehren bewaffnete Infanterie, die die eigentliche kriegstechnische Neuerung der spanischen Armee war, fehlt bei der Streitmacht des Sonnenstaates.

Dagegen bemüht Campanella antiquarisch-utopische Motive: Wie bei den Spartanern werden Kinder und Frauen an den Kriegsschauplatz geführt, um die Kampfkraft der Sonnenstaatler zu steigern. „Mancher Soldat greift, um sich vor Frauen und Kindern tapfer zu zeigen, umso heftiger an. Die Liebe macht Sieger [*victores facit amor*]" (S, 140).

Vae victis! Was ist – Campanella stellt diese Frage natürlich nicht, sondern argumentiert abstrakt – wenn die Armee verliert, deren Frauen und Kinder mit in der Schlacht sind? Und wie soll man sich die Anwesenheit von Frauen und Kindern bei Artilleriebeschuss vorstellen?

8.3.5 Nach der Schlacht

Auszeichnungen: Auch bei Campanella gibt es Auszeichnungen für besondere Tapferkeit; allerdings sind Orden und Ehrenzeichen im Sonnenstaat nur symbolischer Natur: Er kennt einen Graskranz bei Erstersteigung von Mauern, einen Eichenkranz bei Hilfe für Kameraden, Ehrenbeute – es wird offensichtlich geplündert –, diese ist freilich wegen der Abschaffung des Privateigentums im Tempel niederzulegen. Der, der einen Tyrannen tötet, bekommt einen Ehrennamen (S, 140 f.).

Disziplinarstrafen: Die Disziplinarstrafen im Kriege sind erheblich realitätsnäher als die Auszeichnungen. Wer durch eigene Schuld den Sieg aus der Hand gegeben hat, wird getadelt. Wer als erster die Flucht ergriff, wird getötet, ausgenommen, wenn das Heer als ganzes die Strafe auf sich nimmt. Das geschehe, weiß Campanella, aber fast nie. Versagte Hilfeleistung gegenüber Kameraden wird mit Rutenschlägen bestraft. Ungehorsam wird mit Verbannung in ein Tal geahndet, in dem Löwen und Bären hausen. Die Delinquenten können sich mit einem Stock verteidigen (was so gut wie unmöglich ist).

Hier handelt es sich um einen Katalog von Disziplinierungsstrafen, der halb aus dem Gewohnheitsrecht des Krieges stammt, halb – im Falle von Befehlsverweigerung – ein Romanmoment enthält: Löwen und Bären kommen selten in einem Tal zusammen.

Siegesfeiern: Der Sieg wird mit Gottesdiensten und Triumphzügen gefeiert und der Feldherr mit Lorbeer gekrönt. Die Offiziere werden mit Geschenken und Ehrenzeichen belohnt. Die einfachen Soldaten haben dienstfrei – helfen aber freiwillig ihren Mitmenschen. Auch hier gehen wieder utopisch-märchenhafte Züge mit halbrealistischen Momenten zusammen. Worin die Geschenke bestehen sollen, ist angesichts der Gütergemeinschaft, die in der civitas solis herrscht, ungeklärt. Dass die Soldaten ihren Mitmenschen nach der Schlacht helfen, möchte man wünschen.

8.3.6 Politische Konsequenzen des Sieges

Die eroberten Gebiete werden annektiert und besetzt. Die Besatzer übernehmen die Erziehung der Söhne ihrer ehemaligen Feinde. Wenn beschlossen wird, die eroberten Städte zu zerstören, wird das sofort vollzogen. Die Anführer des Feindes werden bei entsprechendem Beschluss gleich hingerichtet. Aber anschließend werden die Besiegten geschont und gebessert (S, 143).

Das sind Momente eines Eroberungskrieges, der den Besiegten keine Chance lässt, ihre Eigenständigkeit zu bewahren. Die Assimilation der Besiegten durch die Sieger ist komplett: Die Söhne werden expatriiert und im Sinne der Eroberer erzogen. Widerständige Städte werden zerstört, die feindliche Elite wird liquidiert. Das Ende ist eine komplette ideologische Angleichung an Sitten und Religion der Eroberer.

In diesem Sinne ist die *Civitas solis* durchaus die versteckte Agenda einer theologisch-metaphysisch konturierten Universalmonarchie.

Literatur

Campanella, T.: De Monarchia Hispanica, Frankfurt/O. 1686.
Firpo, L. 1940: Bibliografia degli scritti di Tommaso Campanella, Turin.
Headley, J. M. 1997: Tommaso Campanella and the Transformation of the World, Princeton.
Ernst, G. 2010: Tommaso Campanella, Dortrecht.

Ruth Hagengruber

9 Soziale Organisation und enzyklopädisches Interesse
Campanellas metaphysische Grundlegung der *Sonnenstadt*

9.1 Das metaphysische Programm und die Rezeptionsgeschichte

Tommaso Campanellas Utopie der *Civitas Solis* weist eine lange und nahezu durchgängige Rezeptionsgeschichte auf. Zweimal erschien sie autorisiert von eigener Hand, 1623 und 1637. Schon zu Lebzeiten wurde sie als Teil englischer und holländischer Editionen, zusammen mit der Nova Atlantis von Francis Bacon publiziert (Palumbo 2014). Wenngleich manche Übereinstimmungen zu den Utopien von Thomas Morus und Francis Bacon vorhanden sind, so weist dieses Werk eine Besonderheit auf, wodurch es sich gänzlich von jenen unterscheidet, es ist vollkommen getragen von einer philosophisch-metaphysischen Konzeption. Keine der drei Utopien ist wie diese dem philosophischen Hauptwerk des Autors konzeptionell verbunden und zudem ist keine wie diese so konkret motiviert. Die *Sonnenstadt* Campanellas basiert auf den programmatischen Überlegungen eines Aufstands, der 1599 gegen die Spanier in Süditalien geplant war, scheiterte und schließlich zur langen Kerkerhaft Campanellas führte (Bock 1974).

Diese Mischung philosophischer und realpolitischer Absichten und Inhalte führte allerdings schon früh in eine kontroverse Rezeptionsgeschichte. Campanellas Ideen aus seinen Frühschriften sind dem antiken Atomismus verpflichtet und materialistisch atheistisch orientiert, was bereits früher zu Verhaftungen Campanellas führte, noch vor dem versuchten Aufstand des Jahres 1599. Im 19. Jahrhundert avancierte Campanella gar zum „Homer der Kommunisten". Als Europas berühmtester Gefangener, wurde Campanella zu einem Held der Aufklärer und Reformatoren, wie die intensive Rezeption um Tobias Adami und Johann Amos Comenius bestätigt, wobei letzterer sein didaktisches Programm des *orbis pictus* der Bilddidaktik der *Civitas Solis* Campanellas entnimmt. Ludwig Feuerbach, Antonio Gramsci, Pierre Lafargue und Benedetto Croce verehren und würdigen in Campanella den politisch motivierten und säkularen Erneuerer. Im Gegensatz zu dieser Interpretationstradition steht allerdings jene, die die Übereinstimmung der campanellanischen Philosophie mit dem Christentum aufzeigt und nicht zuletzt in Campanella einen Theoretiker sieht, der seine jugendlichen

Überzeugungen unter dem Druck der Haft revidiert habe. Ihr prominentester Vertreter ist der Philosoph Luigi Firpo.

Wie die Lektüre von Campanellas Werk zeigt, lässt sich diese Entscheidung nicht ohne weiteres fällen. Ein Beispiel hierfür liefert Campanellas Schrift *Atheismus triumphatus*. Campanellas ausführliche Darlegung der Argumente für und gegen die Religion waren so überzeugend, dass der Essay auch unter dem Titel *Atheismus triumphans* publiziert wurde. Ein weiteres Beispiel bieten die Prinzipien aus Campanellas Philosophie, die in der *Metaphysik* und auch in der *Sonnenstadt* leitende Bedeutung haben. Firpo sieht in Campanella den Theoretiker der Gegenreformation und deutet seine metaphysischen Kategorien *Potentia, Sapientia, Amor* in der spirituellen Tradition der christlichen Dreifaltigkeitslehre. Als Macht, Weisheit und Liebe ordnet er diese Gottvater, Geist und Christus zu (Firpo 1957). Dagegen zeigte Germana Ernst, dass bereits in der *Monarchia di Spagna*, die etwa zeitgleich zum Aufstand konzipiert und intentional der *Sonnenstadt* nahesteht, ein trinitarisches Konzept vorgestellt wird, das der antiken Philosophie verpflichtet ist. Es sind anima, corpore, fortuna, Seele, Körper, Geschick, die als Prinzipien weltlichen Daseins vorgestellt werden. Diese drei Prinzipien spiegeln Campanellas materialistisch-naturalistische Auffassung und die durch sie transportierten Ideen bleiben in den metaphysischen Prinzipien Potentia, Sapientia und Amor erhalten. Nach der Überzeugung von Germana Ernst beweist diese frühe triadische Konzeption, dass Campanellas metaphysische Prinzipien nicht der christlichen, sondern der natürlichen Religion entstammten (Ernst 2010).

Auch in der *Sonnenstadt* werden wir mit dem Interpretationsproblem konfrontiert, wie christlich die Sonnenstadt organisiert sei. Campanella thematisiert in der uns hier vorliegenden, etwa um 1610 verfassten und 1623 publizierten Version, die im Kerker verfasst wurde, die Vereinbarkeit seiner Ideen mit denen des christlichen Gedankenguts. Die Deutung präsentiert sich mit einem rhetorischen Kunstgriff. Während die vielen utopischen Dialogen immanente Gesprächssituation zwischen Reisenden und der Auskunft erbetenden Person oftmals recht äußerlich bleibt, ist diese in Campanellas *Sonnenstadt* bedeutungsvoll in Szene gesetzt. Spätestens im dritten Teil, in dem Fragen der Religion diskutiert werden, beobachten wir eine klare Rollenverteilung zwischen dem „Genueser Seemann", der über die Sonnenstadt berichtet, und dem „Großmeister". Der Großmeister fragt gezielt verschiedene Sachverhalte ab. Er informiert sich über die Auffassung der Solarier zur Astrologie, über den Determinismus und das Nichts. Hinter den Fragen verbergen sich die Anklagepunkte gegen Campanella, die bei den verschiedenen Prozessen gegen ihn vorgebracht wurden. Nicht zufällig verweist Campanella am Ende der Utopie auf seine Foltererfahrung (S, 168). Campanella nutzt die *Sonnenstadt*, um seine Rechtfertigung vorzutragen, doch schränkt er das Wissen der Solarier nicht auf die christliche Dogmatik ein. Im Gegenteil, mehrfach betont er, dass die Bürger und Bürgerinnen der Sonnenstadt alle Religionen erforschen, die „christlichen, israelitischen und heidnischen" (S, 154). Es ist der Großmeister, der die Kompatibilität ihrer Überzeugungen mit den Lehren der Kirchenväter bestätigt und damit zeigt, dass die Vorwürfe gegen Campanella, die zu seiner Verhaftung führten, irrelevant und falsch sind.

9.2 Die Erneuerung der Wissenschaften

Oberhaupt aller geistigen und weltlichen Dinge der Sonnenstadt ist der Metaphysikus. Mit seinen höchsten Beamten, *Pon*, *Sin* und *Mor* wird der Leser gleich zu Beginn auf das triadische Konzept aus der *Metaphysik* Campanellas verwiesen. Campanellas Utopie identifiziert die ideale, utopische Welt als die metaphysische Welt. Aus den metaphysischen Grundlagen erkennen wir die Wirklichkeit, so Campanellas These. Nur durch die *Metaphysik* kann die Frage beantwortet werden, wie die vielen verschiedenen Auffassungen miteinander vereinbar sind. Die Aufgabe des Metaphysikus in der Sonnenstadt besteht folglich darin, die verschiedenen Perspektiven zusammen zu führen. Die Einsicht in die gemeinsamen Prinzipien sichert das Gedeihen der Sonnenstadt. Wie die verschiedenen Prinzipien zusammengeführt werden können, erläutert Campanella ausführlich in seiner Ähnlichkeitslehre.

Die *Metaphysik* baut auf den drei oben bereits genannten Prinzipien auf, *Potentia*, *Sapientia*, *Amor*, die uns in Gestalt von *Pon*, *Sin* und *Mor* in der Sonnenstadt wieder begegnen. In der *Metaphysik* werden durch diese drei Begriffe, die Campanella „Primalitäten" nennt, die Konstitution des Seienden, seine Bestimmung und sein Erhalt charakterisiert. Alle Erscheinungen der Welt sind durch diese drei Seinsweisen gekennzeichnet: *Potentia* steht für das Prinzip, dass etwas ist; *Sapientia* dafür, dass das, was ist, auch gewusst werden kann – denn ein nicht gewusstes Seiendes, so die Einsicht Campanellas, mag eventuell existent sein, ist aber nicht Teil der Welt, in der die Wesen agieren. Alle Wesen agieren gemäß ihres Wissens, das ihren Aktionsraum bestimmt. Dabei ist es wichtig, alles Seiende und alle Wesen einzubeziehen. Gemäß der antiken Lehren ist der Mensch zwar ein vorrangiges, doch nicht vollständig von anderen verschiedenes Wesen. Auch die menschliche Sprache unterscheide sich nur „graduell" von der des „Seeigels", so seine These.

Die Primalitäten *Potentia*, *Sapientia*, *Amor*, stellen die ersten Ordnungsprinzipien des Seienden dar. Sie sind eng miteinander verknüpft, eines ist ohne das andere nicht einsehbar (Hagengruber 1994, 109–138). Sie sind die Voraussetzung dafür, dass überhaupt etwas bestimmt werden kann. Sie stehen am Anfang einer enzyklopädischen Ordnung, in der alles Wissen erfasst werden soll und genau darin finden wir das Thema der *Civitas Solis* wieder, der „bemalten Stadt", in der alle Künste und Wissenschaften omnipräsent sind. Diese Vielfalt ist jedoch, wie bereits erwähnt, systematisch durch die Primalitäten geordnet und so verhält es sich auch in der Sonnenstadt, die durch die drei Funktionsbereiche der drei höchsten Beamten geordnet ist.

In der Einteilung der Wissenschaften, die Campanella entworfen hat, wird *Potentia* die Kategorie der Quantität und die Wissenschaft der Mathematik zugeordnet. *Pon* eröffnet das Szenario der Sonnenstadt und lässt sie vor unseren Augen entstehen. Ihm unterstehen das Kriegswesen und das Militär. Campanellas Verbundenheit zur antiken Philosophie wird dabei noch einmal deutlich. Alles Seiende geht aus dem Krieg hervor. Architektur und die Zahlen weisen auf die symbolische Bedeutung hin und verweisen auf die Mathematik als Wissenschaft des ersten Prinzips.

Sapientia wird die Kategorie der Qualität und die Wissenschaft der Logik zugordnet. In der Sonnenstadt ist *Sin* durch die Bemalung der Stadt, in allen Angelegenheiten der Wissenschaften und der Erziehung, die eine herausragende Bedeutung hat, anwesend. *Amor* ist das Prinzip des Erhalts, des Gebrauchs und der Zweckdefinition. In der *Metaphysik* ist *usus*, also der Gebrauch und Nutzen, die dieser Primalität zugeordnete Kategorie. Die dem Erhalt zugewiesene Wissenschaft ist die Jurisprudenz (Hagengruber 1994, 144). Dies spiegelt auch die Organisation der Sonnenstadt wieder. *Mor*, dessen Funktionsbereich den dritten und letzten Teil der *Sonnenstadt* bestimmt, wird durch die Gerichtsbarkeit eingeführt.

Campanella denkt ontologisch enzyklopädisch. Die drei Primalitäten dienen als ontologisches Netz, durch das die Gegenstände der Welt zugleich konstituiert und bestimmt werden. Die konkrete Welt ist die Ausdifferenzierung dieser drei Prinzipien und so ist auch das Werk Campanellas die umfassende Darstellung der Wirkweisen dieser prinzipiellen Trias in alle Bereiche hinein. Sie leisten den systematischen Zusammenhang. Campanella begreift sein eigenes philosophisches Werk als eine Enzyklopädie aller Wissenschaften, die von den metaphysischen Grundlagen zur Realphilosophie über die einzelnen Bereiche der Wissenschaften hindurch schreitet. Er versteht sich als Erneuerer der Wissenschaften und verdeutlicht dies in den Schriften *De Reformatione Scientiarum Index* und *Instauratio Scientiarum*. Dort legt Campanella sein Konzept zur Erneuerung der Wissenschaften dar und stellt die beiden programmatischen Texte den beiden Publikationen seines Gesamtwerks, der Edition von 1623 und jener von 1637, voraus.

Campanella verfasste ein umfassendes philosophisches Werk und arbeitete unentwegt an seiner systematischen Vertiefung. Dies geschah, während er im Kerker gefangen war. Kollegen, die ihm inhaltlich nahe standen, wurden ebenso verfolgt. Giordano Bruno wurde in Rom 1600 wegen Ketzerei auf dem Scheiterhaufen verbrannt, Galilei verbannt. Trotzdem verfasste Campanella eine *Apolo-*

gia pro Galileo und bekannte sich mutig zum heliozentrischen System. Er verglich sich mit Galilei und schrieb, so wie jener die Grundlagen des Kosmos erforscht habe, so wolle er der Erneuerer aller Wissenschaften sein. Seine Wissenschaft ist die Metaphysik, durch die er die Zusammenhänge alles Seienden aufzeigen will; sein Werkzeug ist die Lehre vom Ähnlichen.

9.3 Erkennen in Ähnlichkeit

Die *Civitas Solis* ist das bekannteste Werk Campanellas. „Klassiker" verstellen häufig den Blick auf das Gesamtwerk eines Autors. In diesem Fall lässt sich sagen, dass diese Schrift wie ein Spiegel seines Gesamtwerks ist. Liegt ihr Ursprung in den politischen und sozialen Absichten des Verfassers, so verweist die philosophische Methode auf das metaphysische Konzept. Die enge Verzahnung von Welt und Metaphysik wird daher auch gleich in der Sonnenstadt demonstriert. Zwei Kugeln befinden sich auf dem Altar im Tempel des Metaphysikus: Eine Kugel ist die Erde, die andere der Himmel (*S*, 119). Alles Wissen beginnt in der konkreten Welt, im *mundus situalis*, so bezeichnet es Campanella in seiner *Metaphysik*, wo er durch ein Schema verdeutlicht, dass alle Strukturen und Zusammenhänge in dieser konkreten „situalen" Welt zusammen existieren (Hagengruber 1994, 99–108). Alles ist mit allem verbunden, in Ähnlichkeit. Die beiden Welten, symbolisiert durch die Beziehung der beiden Kugeln, Metaphysik und Wirklichkeit, Makro- und Mikrokosmos sind aneinander durch das Prinzip der Ähnlichkeit gebunden. Diese metaphysische Idee bildet das Rückgrat der *Civitas Solis*, sie ist auch der Grund dafür, dass nach Campanella alle Einsicht in der sinnlichen Erfahrung und der in ihr sich erschließenden Ähnlichkeitserfahrung liegt. „Duce sensu philosophandum esse existimamus" (*Prodromus philosophiae instaurandae*, 27), behauptete Campanella in seiner Jugendschrift. In seiner *Metaphysik* heißt es: „Ex quo nati sumus, incipimus philosophari" (vgl. Hagengruber 1994, 138). Die sinnliche Erfahrung wird zum Ankerpunkt der Reflexion. Das Unbekannte wird aus dem Bekannten erschlossen, der Prozess dieser Vermittlung basiert auf Ähnlichkeiten. Auf diesem Verfahren beruht auch Campanellas enzyklopädisches Ideal. Denn das Wissen ist dort am größten, wo die meisten Ähnlichkeitsbeziehungen hergestellt und eingesehen werden. Je mehr Ähnlichkeitsbeziehungen eingesehen werden können, umso genauer ist das Wissen, umso höher ist das Ansehen, auch das der Solarier. Metaphysikus wird, wer die meisten Zusammenhänge übersehen kann. Der Metaphysikus herrscht durch Einsicht. Er ist darauf angewiesen, immer wieder neue Erfahrungsberichte von seinen Funktionären einzuholen, um dadurch seine Regentschaft, die auf dem besten Wissen über den Zusammenhang alles Seienden basiert, stets zu optimieren.

9.4 Der Herrschaftsbereich des Mor

Im dritten Teil der *Sonnenstadt* wird der Funktionsbereich erläutert, der durch *Mor* regiert wird (*S*, 143) Dieser Abschnitt beginnt mit dem Gerichtswesen, denn die *Metaphysik* ordnet das Rechtswesen der Primalität *Amor* unter. *Amor*, das metaphysische Prinzip hinter dem Beamten *Mor*, in der *Metaphysik* als *causa perfectionalis* vorgestellt, ist die Ursache dafür, dass alles seinem *usus*, seinem Sinn und Zweck nach gestaltet wird. Gegenstand (*objectum*) Amors sind die Bestimmung von Gut und Schlecht, heißt es in der *Metaphysik* und genau dies wird hier in der Sonnenstadt praktiziert (vgl. Hagengruber 1994, 144).

In einem ideal organisierten Staat, wie der Sonnenstadt, gebe es zumeist nur Ehrenhändel; wenn sich jedoch etwas Sträfliches ereigne, so gelte zuerst das Prinzip der Vergeltung, weil es dem Ähnlichkeitsprinzip entspreche. Zugleich gelte, dass Strafen nicht der Beschämung, sondern allein der Verbesserung dienen dürften. Strafen sind daher im Verborgenen durchzuführen. Stets wird die Urteils- und Verfahrensweise vom Ähnlichkeitsprinzip geleitet. So schließt Campanella nicht aus, dass bei einem Streit die harte Wirklichkeit eines Gefechts entscheidend dafür sein könne, wem das Recht zuerkannt werde, gemäß der Überzeugung der Solarier, dass die Sinneserfahrung der Anfang unser Erkenntnis sei. Ähnlichkeit ist auch die Ursache dafür, dass geistige und körperliche Ertüchtigung nicht voneinander getrennt zu sehen sind. Campanella leitet daraus Grundsätze der gesunden Lebensweise ab, die auch heute noch oder wieder aktuell sind. Krankheiten resultieren nach seiner Auffassung aus der Vernachlässigung einer vielseitigen Ertüchtigung des Körpers, und es wird den Solariern ein aktiver Lebensstil für den Erhalt der Gesundheit empfohlen (*S*, 148).

In diesem Abschnitt erfahren wir etwas über die Kunst, das Leben möglichst gut und lang zu erhalten. Was die Solarier Medizin nennen, ist nicht ein bestimmter Stoff, sondern das rechte Maß in der Anwendung, sei es des Sports, der Ernährung, des Weins, und der adäquate Gebrauch. Gemäß der Einsicht, dass das Ähnliche zu Ähnlichem gehöre, gilt ebenso, dass es nichts gibt, was allen gleichermaßen helfen kann, gesund zu bleiben. Immer kommt es darauf an, das Gefüge der Relationen möglichst genau zu bestimmen.

Die Widerstandsfähigkeit des Körpers muss trainiert, seine spezifischen Kräfte und Schwächen gezielt gefördert werden, immer in Kenntnis der spezifischen Bedingungen, unter denen er existiert. Dies gilt nicht nur für den Menschen. Analog spielen Standort, Wetter, Feuchtigkeit und Trockenheit eine Rolle bei der Pflege der Pflanzen. Dünger wird wegen der Geltung des Ähnlichkeitsprinzips abgelehnt. Mist oder Jauche sei schließlich nicht, was erzeugt werden solle, wenn es den Früchten beigefügt werde (*S*, 145). Aus demselben Prinzip lehnt Campanella Strafen ab, denn nichts könne durch Beifügen von etwas

Üblem gedeihen. Andererseits gebe es nichts in dieser Welt, das von Natur aus perfekt genannt werden könne. Alles könne perfektioniert werden, eine Kunst, die beim Menschen allerdings häufig vernachlässigt werde.

Obgleich Campanellas Zeugungspolitik weitgehend mit der platonischen Eugenik aus der Politeia überein stimmt, so wird sie doch aus der Ähnlichkeitslehre begründet. Wer kräftige Rinder züchten will, wählt das Horoskop des Stiers, die Hühner gedeihen günstig unter dem Gestirn der Plejaden, Gänse und Enten werden von Frauen unter Gelächter zur Zeugung getrieben. Auch die Menschen sollten ihre Vermehrung bewusst und nach den Gesetzen der Wissenschaft und aus dem Wissen über die Zusammenhänge der Dinge vollziehen, mit dem Blick auf das Ideal gerichtet. Aus demselben Grund ist die ganze Stadt bemalt. Spielerisch soll gelernt werden, um das Wissen zu vergrößern, das heißt, um den Erhalt zu sichern, der ganz von dem Wissen über diese Zusammenhänge abhängt.

Logisch folgt aus dem Gesagten, dass das herrschende Gerechtigkeitsprinzip der Sonnenstadt nicht, wie in der Utopie des Thomas Morus auf einer egalitären Verteilung gleicher Güter beruhen kann, vielmehr muss auch hier das Prinzip in Anwendung kommen, dass das Verschiedene nur im Verschiedenen gleich sei. Gleichheit ist kein materiales, sondern ein formales Prinzip und zielt auf die Gleichbehandlung des Verschiedenen. Hier wie dort gilt, dass Frauen und Männer wissenschaftliche und wirtschaftliche Tätigkeiten ausüben. Sie essen und trinken dasselbe. Fordert der Egalitarismus des Morus, dass die Häuser alle zehn Jahre gewechselt werden, damit Gunst oder Nachteil der Lage gleichermaßen verteilt werden, so liegt in Campanellas Utopie das Augenmerk auf der Identifikation des Verschiedenen. Alle Regeln gilt es, entsprechend der Verhältnisse anzuwenden. Zwar lernen, schwimmen, und arbeiten Frauen und Männer gleichermaßen, doch wird ihren Verschiedenheiten Rechnung getragen, so arbeiten die einen bei Nacht, die anderen bei Tag. Wiederum besagt die Ähnlichkeitslehre, den Großen Großes, den Kleinen Kleines, den Männer mehr oder Schwereres, den Frauen weniger oder Leichteres angedeihen zu lassen. Die Kunst der Solarier besteht darin, das Besondere zu identifizieren, um es seinem adäquaten Umfeld zuordnen zu können. Wenn so gefunden wird, was für einen gut ist, verspricht Campanella, werden die Solarier hundert, manche gar zweihundert Jahre alt.

Similia similibus regiert auch die Ernährungslehre. Fruchtige Speisen sind im Sommer zu verzehren, weil sie dann gedeihen und aufgrund ihrer „Frische" für die adäquate Verwendung geeignet sind, trockene im Winter. Eine Anzahl von Ratschlägen ist hier zu finden, die Campanellas Schriften gerade heute wieder zur Schatzgrube esoterischer Lebenskunst und Diätenlehre werden lassen. Wie oben bereits angemerkt, behauptet Campanella nicht die kategorische Verschiedenheit des Menschen von anderen Wesen, nur die graduelle. Sein Denken ist pythagoreisch geprägt. Schon in seiner Jugendzeit hatten ihn diese Auffassungen, die sich auch bei seinem Lehrer Telesius finden, in die Haft geführt (Hagengruber 1994, 26–29). Hier nimmt er das Thema auf und erörtert, ob es erlaubt sein könne, Tiere zu töten. Prinzipiell wird das Tötungsverbot vorausgesetzt, denn das Prinzip *Amor* fordert, den Erhalt des Seienden zu sichern. Campanella hat seine Theorie jedoch, wie hier zu sehen ist, weiter entwickelt. Sein Verständnis des Erhalts, wie er es in der *Sonnenstadt* praktiziert, ist nicht Erhalt als Stagnation, sondern Erhalt durch Veränderung und Optimierung. So wird das Tötungsverbot für Tiere mit dem Hinweis relativiert, dass alle und alles, Menschen, Tiere und Pflanzen dem Kreislauf der Dinge unterworfen seien. Alles vergehe und entstehe, in neuen Teilen, doch nichts verschwinde für immer (S, 159).

Auch in Bezug auf Campanellas Argumentation über den Handel lässt sich eine solche Entwicklung nachzeichnen. In der *Civitas Solis* der uns vorliegenden Ausgabe finden wir beide Komponenten. In seinen späteren Überlegungen zur Ökonomie lobt Campanella den Handel und sieht darin eine wichtige Tätigkeit, durch den Austausch die Vielfalt zu verwirklichen und durch diese Ausdifferenzierung dem Besonderen gerecht und dem Erhalt förderlich zu sein. Handel ermögliche den Ausgleich von Überfluss und Bedarf der Verschiedenen: „Non enim omnis Regio omnibus abundat rebus, Deo sic volente, ut consocientur nationes, et doctrinae, et artes, et divinus cultus amplificentur" (Campanella, *Quaestiones Oeconomicae* 1637, 184).

Von diesen Ideen klingt allerdings in der uns vorliegenden Fassung der *Civitas Solis* schon einiges an. Campanella erwähnt, dass die Solarier Bündnisse mit China, Siam und Kalkutta pflegten und ihr Wissen aus der ganzen Welt schöpfen. Es lässt sich jedoch auch eine kritische Grundhaltung identifizieren, die der Utopie des Thomas Morus nahesteht. Die Sitten der Fremdlinge seien nicht für die Augen der Jugend geeignet, daher müssten die Fremden zuerst vor den Toren der Stadt verweilen, bevor sie, zu Freunden geworden, mit großen Ehren bedacht würden. Zwar wird die Schifffahrt hoch geschätzt, da sie dem Zweck diene, Erfahrungen zu sammeln und zu erweitern, Lebensweisen zu vergleichen und zu lernen. Andererseits verlachen die Solarier die unter Wert angebotenen Güter und beurteilen den Gebrauch des Geldes kritisch, gerade weil es adäquate Wertbeziehungen verdecke (S, 144). Andererseits reisen die Solarier in die verschiedenen Weltgegenden, und Kaufleute kommen, um den Solariern ihre überschüssigen Güter zu verkaufen und abzukaufen (S, 146). Campanellas Sonnenstadt ist keine „geschlossene" Gesellschaft. Bei den Händeln sind die Solarier praktisch immer im Vorteil, denn ihr Wissen ist das größte, weil sie Wissen von überall sammeln. Sie stellen her, woran sie Bedarf haben. Was fehlt, ersetzen sie durch die Kraft ihres Ingeniums und die ihrer Wissenschaften, wie Campanella Jahre später schreibt: „Praeterea ubi deest copia rerum, affluit copia ingeniorum, et vivunt artibus manualibus, quae vestiariam curant, et aromata, et vasa, et alia utilia" (Campanella, *Quaestiones Oeconomicae* 1637, 184).

Wasser wird aus den Bergen in Kanälen transportiert, das Regenwasser von den Dächern gesammelt. Die Solarier erfinden kunstreiche Schiffe und Fahrzeuge, „die ohne Ruder und Segel mit Hilfe einer erstaunlich kunstreichen Einrichtung das Meer befahren" (*S*, 146). Sie erfinden „künstliches Feuer" und „andere Geheimwaffen", denen sie ihre Siege verdanken (ebd.). Sie benutzen mit einem Segeltuch überspannte Wagen, die sogar vom Gegenwind getrieben werden, und dank dieser Technik so leicht sind, dass sie, wenn kein Wind vorhanden ist, selbst von einem Zugtier gezogen werden können (*S*, 145). Sogar die Kunst des Fliegens ist erfunden (*S*, 167). Das Wasser soll nicht ungenutzt versickern und die vielen Qualitäten einer Sache müssen entdeckt werden, weil in ihnen zahlreiche Möglichkeiten alternativen Gebrauchs verborgen sind.

Jedoch wird bei aller Erfindungskunst deutlich: Campanella geht es nicht um quantitative Multiplikation des Vorhandenen oder schlichte Konsumerhöhung. Es geht immer um lebensverbessernde Aktivitäten und Techniken, die dem Prinzip des Erhalts dienen, Wissenschaft ist einem Zweck untergeordnet, nämlich dem des Erhalts und des Gedeihens, sie ist nicht autonom und absolut, wie es uns später bei Bacon entgegentritt, dessen Erfindungen ansonsten erhebliche Ähnlichkeiten zum Text Campanellas aufweisen.

9.5 Die Verwaltung der Sonnenstadt

Weder in seiner *Metaphysik* noch in der *Sonnenstadt* propagiert Campanella ein „letztes" Prinzip, das die Lösung aller Fragen leisten sollte. Der Metaphysikus ist kein dogmatischer Herrscher, von dem propagiert werden müsste, dass er alle Weisheit in sich trage, sei es qua Geburt oder göttliche Eingebung. Die Leitung des besten Staates gelingt allein durch Wissen, das beständig erweitert werden muss. Das Herrschaftsprinzip des Metaphysikus ist daher auf die Erfahrung aller angewiesen. Täglich treffen sich *Sol*, *Pon*, *Sin* und *Mor*, um die laufenden Geschäfte zu erledigen. Wöchentlich versammeln sich die Behörden, *Sol*, *Pon*, *Sin* und *Mor* und die ihnen zugeordneten Beamten. Alle verdanken ihre Ämter ihrem Wissen. Die obersten Beamten sind nicht Priester oder Herrscher in einem emphatischen Sinn und nicht qua Geburt, sondern ausgewiesen durch Wissen. Die Ehre, die sie damit erwerben, äußert sich nicht in materiellen Vorteilen, allenfalls in einem farbigen oder größeren Barett. Hier herrschen die Weisesten ihres Bereichs, und doch nur so lange, bis noch Weisere gefunden sind. Das käme zwar nur selten vor, doch ist es ein wichtiges Element der Herrschaft. Statt an ihren Ämtern festzuhalten, seien sie so „redlich und fortschrittlich gesinnt, dass sie sich ... [darein]

fügen" (S, 150). Campanellas Sonnenstadt ist eine intellektuelle Aristokratie, die klügste Person ist der „Baumeister aller Wissenschaften", wie Campanella hier in Anspielung an sein wissenschaftsbegründendes Konzept sagt.

Organisation und Verwaltung der Sonnenstadt spiegeln diesen Informationsfluss, der quasi von bottom up an die Staatsleitung weitergegeben wird. Diese Leitung ist nur so gut, wie ihre Informationen aus den einzelnen Bereichen ergiebig sind. Die Verwaltung des Staates kann und soll diesen Erkenntnissen nicht widersprechen, sie baut auf den Erfahrungsgrundlagen auf. Dafür ist eine Kultur der Offenheit und Freiheit erforderlich, die von Jugend an trainiert wird. Alle über 20-Jährigen dürfen frei sprechen, ihr Urteil wird geschult, sie berichten, welche Behörden gut und welche schlecht verwaltet sind. Transparenz ist ein Ideal dieses Staates, Korruption ein abzuschaffender Missstand. Regelmäßig treten die Verwalter und Bürger zusammen, um die Erfahrungen abzugleichen. Wissen und Transparenz sind die Kriterien, an denen sich diese Gesellschaft orientiert.

So modern uns diese Vorrichtungen erscheinen, so problematisch ist, was Campanella vorschlägt, um die Widersacher dieses idealen Staates zu bestrafen. Zwar gilt auch hier das Prinzip vom Erhalt, niemand soll gegen seinen Willen mit dem Tod bestraft werden können. Kein Wille soll gebrochen werden, der Tod dessen, der sich gegen den Staat verging, solle aus Einsicht und freiwillig gewählt werden, und so ebenfalls dem Prinzip des Erhalts zuträglich sein. Der Angeklagte solle für seine Belehrung danken und die Kläger als „Ärzte seiner Krankheit" erkennen. Keiner, so Campanella, werde gegen seinen Willen zu Tode gebracht, vielmehr bemühe sich die Bürgerschaft, den Angeklagten zur Einsicht zu bringen, sodass dieser den Tod wünsche. Das Todesurteil müsse von allen gemeinsam vollstreckt werden, durch Erschlagen oder Steinigung oder durch Selbstverbrennung (S, 151).

Campanellas Vorschlag, die Gemeinschaft am Vollzug der Strafe zu beteiligen, ist nach heutiger Auffassung schwer akzeptabel. Campanella scheint die ihm ansonsten so eigene Fähigkeit des realistischen Blicks verloren zu haben. Allerdings lassen sich auch Stellen finden, die die Relativierung der richterlichen Gewalt und der staatlichen Exekutive ablehnen (S, 143). Interessant ist, dass das Konzept der „Sünden" eine neue Bedeutung erhält, denn als „Sünden" werden Handlungen bezeichnet, die gegen das Erhaltungsinteresse der Sonnenstadt verstoßen. An einem kuriosen Beispiel wird die Sühne für solche Sünden illustriert. Ein Freiwilliger opfert sich, in dem er in umgekehrter Position, im Tempel des Metaphysikus aufgehängt und mit der geringsten Menge Essen versorgt, die spirituelle Reinigung vollzieht. Diese Person demonstriert, wie sie sich selbst unter den widrigsten Umständen, erhalten kann; sie wird nachher in die Reihe der Priester aufgenommen (S, 153).

9.6 Die Herrschaft des Metaphysikus

Der Erzähler tritt uns als Genueser Seemann gegenüber, der dem Hospitalarius Magnus, einem Großmeister der Hospitalarier, einem Pflegeorden, der als sein Gast vorgestellt wird, Auskunft erteilt. Obwohl es auf den ersten Blick so scheinen mag, als trage der fiktive Dialog nicht wirklich zum Thema bei, so ist er doch nicht bloß affirmativ. Die beiden Protagonisten entstammen verschiedenen Welten, der eine fragt, der andere berichtet, der eine gehört der real historischen Welt, der andere der idealen Welt an. Zugleich erinnern dieses Szenarium und seine Protagonisten an Kolumbus, dem berühmtesten aller Genueser Seemänner. Und wie jene, die die neue Welt eroberten, berichtet er über die dort erfahrenen Gebräuche. Und wie jene, wird nun geprüft, wie weit diese mit den christlichen Ideen übereinstimmen. Die zwangsmäßige Christianisierung der indigenen Bevölkerung der Neuen Welt bestimmte zu dieser Zeit die öffentliche Debatte (Hagengruber 1998). Naheliegend ist es auch, die Erzählung des Genueser Seemanns mit der Überzeugung Campanellas zu identifizieren. Im letzten Teil der *Sonnenstadt* entdeckt dieser Dialog seine autobiographische Bedeutung. Der Genueser Seemann spricht von dem „großen Philosophen", der vierzig Stunden lang auf das grausamste gequält, standhaft geblieben sei. Nicht von ungefähr erläutert dieser letzte Teil die Anklagepunkte, die gegen Campanella vorgebracht wurden. So fragt der Großmeister, wie es die Solarier mit der Astrologie, der Frage der Vorherbestimmung hielten und ob sie dächten, es gebe das Nichts.

Campanella verteidigt die Metaphysik des Nichts als notwendiges Element der erkenntnisermöglichenden Dialektik zwischen dem Seienden und dem Nichtseienden. Ausdrücklich erörtert er, dass es die Erbsünde nicht geben könne, weil sie gegen jede Freiheit verstoße, sie stifte Verwirrung und verhindere die wichtige Aufgabe der Erziehung, das beste und einzige Mittel, damit die Sünden der Väter nicht auf die Söhne übergingen (S, 161). Wissenschaft sei das größte Werk zur Ehre Gottes. Mit einer Eloge auf die bedeutenden Erfindungen, der Buchdruckerkunst, des Schießgewehrs (sic!) und der Magnetnadel wird die neue Zeit angekündigt, in der die neue Monarchie, die Erneuerung der Gesetze, der Künste und der Wissenschaften erfolgen wird.

Er verteidigt die Astrologie als Möglichkeit, die Zusammenhänge aller Dinge zu erforschen. In der Theorie Campanellas ist die Mikro-Makrokosmos-Relation als monumentales Projekt einer wissenschaftlichen Ontologie zu lesen, geschaffen dafür, alle Relationen zu und von den Dingen her zu erfassen (S, 164). Das Projekt der enzyklopädischen Ontologie verbindet ihn ohne Zweifel mit vielen großen Denkern der Renaissance; Campanella aber leistete durch seine erfahrungsorientierte Wissenschaft einen wichtigen Beitrag zu einer Ordnung der Begriffe, die sich zum Beispiel in Giordano Bruno oftmals in assoziativer und nicht an der Empirie orientierten Anordnung zeigen. Campanella macht in seiner Verteidigung dieser „astrologischen" Beziehungslehre deutlich, dass dieses Wissen nichts und niemanden determiniere. Es eröffne Möglichkeiten und biete die Grundlage für die Verbesserung der Zustände, es führe die Zusammenhänge der Dinge vor Augen und biete die Grundlage für Veränderung und Verbesserung, kurzum, für eine Wissenschaft des Erhalts.

Im dialogischen Gespräch zwischen dem Großmeister, der die inquisitorischen Fragen aufnimmt, und dem Genueser Seemann, der Campanellas Position noch einmal der Öffentlichkeit darlegt, spielen die Fragen nach der Religion für Campanellas Rechtfertigung eine wichtige Rolle. Die Religion der Solarier scheint aber auch hier nicht dezidiert christlich, wenngleich der Großmeister immer wieder bestätigen kann, dass sich ihre Überzeugungen mit den Lehren der Kirchenväter vereinbaren lassen. Das allerdings widerspricht den Fakten. Denn Campanella verteidigte das heliozentrische Weltbild, das mit Verbannung geahndet wurde. Die Solarier feiern Helden aller Religionen, der christlichen, israelitischen und heidnischen. Sie verehren die Sonne und Sterne wie Standbilder Gottes, weil sie alles wachsen und gedeihen lässt. Sie sind überzeugt vom heliozentrischen Weltbild und der Bewegung der Fixsterne (S, 157f.). Die Kontroverse über die Dinge der Religion wird jedoch klug verpackt präsentiert und um Zustimmung wird gerungen. Diese wird Campanella erst sehr spät gewährt, in einem Prozess wird er durch Papst Urban VIII. in Rom 1627 von seinen Vergehen freigesprochen.

9.7 Die Frauen in der Sonnenstadt

Die Bürger der Sonnenstadt sind prinzipiell Gleiche, die sozialen Ränge resultieren aus dem verschiedenen Wissen. Aber auch andere Verschiedenheiten spielen eine wichtige Rolle für die Vermittlung über Ähnlichkeiten und den daraus zu erzielenden Erkenntnisgewinn. Es ist dieser Aspekt der produktiven Handhabung der Verschiedenheit, der Campanellas Philosophie modern und wegweisend für ein pluralistisches Weltverständnis macht. In Campanellas Philosophie wird die Verschiedenheit zur Quelle des Wissens, denn alles ist miteinander verbunden und daher aufeinander verwiesen, um sich zu erhalten. Die Verschiedenheit ist Anfang des Austauschs, des Wissens und schließlich der Bereicherung. Als Theoretiker, der die Verschiedenheit zur Voraussetzung seiner Erkenntnislehre macht, handelt Campanella nur konsequent, wenn er in seiner Philosophie auch die Geschlechterrollen und ihre spezifischen Wertungen hinterfragt. Campanella und Morus schließen sich gegen Aristoteles Hierarchie der Geschlechter Platons *Politeia* an, die für Frauen und Männer die gleiche Erziehung fordert. In Platon,

Morus und Campanella sind Frauen in allen Aufgabenbereichen beteiligt, sie arbeiten und speisen in gemeinsamen Bereichen. Ausdrücklich werden sie in die Erziehung und die gymnastische Ausbildung einbezogen. Wie im platonischen Idealstaat, sind in der Sonnenstadt Frauen unter den Führern der Heeresabteilungen zu finden und Beamte des Heeres. Naheliegend wäre, anzunehmen, dass sie auch Funktionen unter den Bereichen von *Pon*, *Sin* und *Mor* ausfüllen könnten, sollte der korruptionsfreie und allein auf Wissen basierende Führungsanspruch wirklich sein (S, 150). Weshalb Campanella dies nicht ausdrücklich ausführt, ist der Spekulation überlassen. Andererseits werden die Priester vom Verkehr mit Frauen ausgeschlossen, doch tanzen sie gelegentlich mit Frauen (S, 154). Die Musik wird den Frauen als ausgezeichnete Kunstfertigkeit zugestanden, was die Folgerung erlaubt, dass den Frauen das ausschließliche Recht zukommt, überall dort vertreten zu sein, wo Musik ist.

Campanellas zahlreiche Anmerkungen zur Situation der Frauen in der Sonnenstadt bestätigen und bestärken die in der Renaissance neu belebte Diskussion der Geschlechtergerechtigkeit. Wie berühmte Vertreter vor ihm, spricht er vom Vorrang der Frauen, es „überwog, wie wir wissen, in diesem Jahrhundert die Herrschaft der Frauen" (S, 166). Sie erhielten jetzt die „Vorteile und Nachteile", die den anderen nun entzogen würden, heißt es dort und man kann sagen, dass diese Einsicht durchaus auf gendergerechte Bestrebungen des 20. Jahrhunderts voraus weist. Campanella stellt sich in die Tradition des Agrippa von Nettesheim, der in seiner Schrift *Declamatio de nobilitate et praecellentia foeminei sexus* den Vorrang der Frauen lobt. Lukrezia Marinelli hatte 1591 ebenfalls ihre Schrift über den Vorrang der Frauen publiziert: *La nobiltà et l'eccellenza delle donne, co' difeti et mancamenti de gli huomini.* und damit erheblichen Einfluss auf die Diskussion ihrer Zeit und lange danach genommen. Campanella reiht sich in die Tradition der aufgeklärten Renaissancephilosophen ein, die dem neuen Selbstbewusstsein der gelehrten Frauen Ausdruck verleihen (Hagengruber 2010).

9.8 Eine zukunftsweisende Utopie der Nachhaltigkeit und Verschiedenheit

Campanella behauptete immer wieder, dass sein metaphysisches Konzept schon sehr früh angelegt gewesen sei. Dem kann man zustimmen, auch wenn man die große Entwicklung berücksichtigt, die seine Schriften von der *Philosophia sensibus demonstrata* bis hin zur *Metaphysik* nehmen. Seine Absicht, das Wissen der Welt der Erneuerung zu unterwerfen, ist von Anfang an abzusehen. Campanella plant eine alles Wissen dieser Welt umfassende Enzyklopädie. Das Erfahrungswissen wird durch die Ähnlichkeitsepisteme zu einem gesicherten, allerdings hypothetischen Wissen, an dem alles und jeder Anteil hat (Otto 1992). Radikal setzt er allen Anfang des Erkennens in die partikulare Existenz jedes Seienden, unser Denken beginnt dort, woraus wir geboren sind: „Ex quo nati sumus, incipimus philosophari" (Campanella, *Compendium* 1617, 27) Der Anfang jeder Philosophie ist die konkrete und singuläre Bestimmung. Das Wissen eines Menschen ist so groß, wie er in der Lage ist, „sich mit der Welt [zu] gewichten" (Hagengruber 1994, 64). Der Mensch weiß so viel, wie er seinen eigenen Standpunkt in der Welt „vermessen" kann. Wissen und Wissenschaft hat damit eine kritische Funktion, denn es gilt, das eigene Maß am Maß der anderen zu relativieren, aber auch zu identifizieren. Die philosophische Herausforderung besteht darin, diese Vereinzelung zu überwinden, um es einander zugänglich zu machen und Schlüsse und Resultate daraus zu erzielen. Die Welt zu erkennen heißt, den eigenen Standpunkt durch die anderen zu relativieren. Die Wissenserweiterung resultiert aus der Vermittlung des Verschiedenen in Ähnlichkeit.

Campanellas Einteilung der Wissenschaften folgt seinem metaphysischen Programm und liegt als Konzept der *Civitas Solis* zugrunde. Gerade in der metaphysischen Fundierung liegt die Ursache für den Unterschied zu den Konzepten des Thomas Morus und Francis Bacon. Zwar lassen sich auch Übereinstimmungen aufzeigen, die vor allem darin begründet sind, dass Platons *Politeia* als Vorbild dient. Sie verbindet vor allem die Utopie des Thomas Morus mit Campanellas *Sonnenstadt*. Sie betrifft die egalitäre Erziehung der Geschlechter und die weitgehende Gleichstellung der Bewohner beider Utopien. Doch auch die Unterschiede sind gravierend. Denn anstelle von Morus' extremem Egalitarismus, der die Bewohner Utopias sogar alle zehn Jahre das Haus wechseln lässt, finden wir in Campanellas Staat eine meritokratische Ordnung, die das größte Wissen belohnt. Anders als bei Bacon stellt Campanella jedoch nicht den quantitativen Gewinn, den die Wissenschaft erbringt, in den Vordergrund, wenngleich dieser auch bei Campanella erwartet wird. Anders als die beiden Engländer, stellt Campanella seinen Staat nicht als christliche Domäne vor, sondern als kompatibel in allen Regionen und Religionen. Wissenschaft bedeutet in der Sonnenstadt, die Beziehungen zwischen allen Dingen in Erfahrung zu bringen, durch die die Menschen beherrscht und beeinflusst sind. Aufklärung ist somit eines der höchsten Gebote. In der Philosophie Campanellas sind alle Gegebenheiten quasi Bündel und Resultate von Beziehungen, die alles aufeinander hat. Diese Beziehungen können optimiert werden, auch der Mensch, in seinem Denken und seinem Sein, denn auch er ist nur ein Resultat dessen, „woraus er geboren ist". Campanella strebt nicht nach der Macht des Wissens um ihrer selbst willen; die Wissenschaft der Solarier hat ein Ziel, die Erhaltung der Welt und ihre qualitative Optimierung.

Campanellas Einteilung der Wissenschaften folgt seinem metaphysischen Programm und genau dies gilt auch für die *Sonnenstadt*. Die Stadt ist aufgebaut wie sein metaphysisches Schema, das er dort präsentiert (Hagengruber 1994, 99). Der Aufbau der *Civitas Solis* folgt bereits weitgehend der in der *Metaphysik* vorgetragenen Einteilung der Wissenschaften. Das enzyklopädische Erkenntnisziel identifiziert diese Welt als komplexes Gefüge vielfältiger Beziehungen und als unendlicher Wissenschaftsgrund.

Die Erzählung von der Sonnenstadt macht aber auch deutlich, dass es sich hierbei nicht oder auf keinen Fall nicht nur um eine politische Utopie handelt. Die soziale Ordnung, die darin geschaffen wird, spiegelt das enzyklopädische Interesse und Vermögen der Einzelnen und des Gesamten. Diese Weise des Wissens begründet die soziale Hierarchie. Der ideale Staat, das ideale Gemeinwesen ist nach diesen Kriterien geordnet: Zum einen ist die Gleichheit der Bürger zementiert durch den ihnen gleichermaßen zugänglichen Zugriff auf Erfahrung, zum anderen besteht die Auszeichnung darin, sich mit möglichst „viel Welt zu gewichten", also Zusammenhänge des Gegebenen einzusehen. Die soziale Utopie, die uns hier vorgestellt wird, umfasst daher nicht nur die Menschen. Alles, was ist, ist miteinander verbunden, zwischen allen und allem bestehen Ähnlichkeiten. Campanellas Ähnlichkeitsepisteme höhlt die speziezistische Vorrangstellung des Menschen aus und bestreitet sie konkret. Daher rühren seine Vergleiche des Menschen mit dem „Seeigel" und dem „Wurm", die sich in seinem Werk aufzeigen lassen. Wissen ist relativ und reflektiert das Umfeld, dem es entwächst, so Campanellas These. Die herausragende Position des Menschen ist die selbstreflexive Kritik dieser Perzeption. Je nachdem, wie weit der Wissende das Wissen auf sich selbst zurück beugen kann, lässt sich der eigene Standpunkt objektivieren und verliert seine eingeschränkte perspektivische Geltung. Campanellas Wissenschaftskonzept ist daher zugleich konstruktiv und bereits kritisch (Hagengruber 1994). Campanella ist ein Denker der hypothetischen Wissenschaften und damit ein Vordenker der Moderne. Aus diesem Grunde hat auch in der Sonnenstadt nichts apodiktische Geltung, alle sind beteiligt, dieses Wissen beständig zu eruieren und die Welt auf diese Weise zu erhalten, aber auch zu formen, nämlich zugunsten einer Umordnung der Zusammenhänge mit dem Ziel ihrer noch besseren und erfolgreicheren Erhaltung.

Campanella propagiert Veränderung und ist doch der Theoretiker der Beständigkeit. Er vertritt eine Philosophie des Erhalts und entwirft doch alles zum Zweck der Optimierung. Diese dialektische Offenheit macht ihn zu einem produktiven Denker der Renaissance, der viele wichtige Philosophen beeinflusste, allen voran John Locke und Leibniz. So gegensätzlich deren Positionen sind, so umfassend ist Campanellas Metaphysik, die eben diese zwei Dinge miteinander zu verbinden sucht, spezifische Erfahrung und universellen Wissensanspruch.

Literatur

Campanella, T. 1617: Compendium de rerum natura. Prodromus philosophiae instaurandae, Frankfurt.
Campanella, T. 1617: Prodromus philosophiae instaurandae, id est, dissertationis de natura rerum compendium secundum vera principia / ex scriptis Thomae Campanellae praemissum, Frankfurt.
Campanella, T. 1637: Quaestiones Oeconomicae. Philosophiea realis libri quator, Paris.
Bock, G. 1974: Thomas Campanella. Politisches Interesse und philosophische Spekulation, Tübingen.
Bock, G. 2007: L'Ateismo trionfato overo riconoscimento filosofico della religione universale contra l'antichristianesmo macchiavellesco, in: Sapienza: Rivista Di Filosofia E Di Teologia 60 (3), 347–349.
Bock, G. 2010: Tommaso Campanella: the book and the body of nature, Dordrecht.
Ernst, G. 2010: Tommaso Campanella, Dordrecht.
Firpo, L. 1957: Lo stato ideale della Controriforma, Bari.
Hagengruber, R. 1994: Tommaso Campanella: eine Philosophie der Ähnlichkeit, Sankt Augustin.
Hagengruber, R. 1998: Wirtschaften als Erhalt der Güter – eine Utopie?, in: Ethica. Wissenschaft und Verantwortung 6 (2), 182–189.
Hagengruber, R. 2010: Von Diana zu Minerva. Philosophierende Aristokratinnen des 17. und 18. Jahrhunderts, Berlin, 11–33.
Otto, S. 1992: Das Wissen des Ähnlichen. Michel Foucault und die Renaissance, Frankfurt/M.
Palumbo, M. 2014: La Città del Sole. Bibliografia delle edizioni (1623–2002). Istituti editoriali e poligrafici internazionali, Pisa.

Teil III: **Francis Bacon:** *Nova Atlantis*

Corinna Mieth

10 Die Legitimation der Fortschrittsgeschichte in Bacons *Nova Atlantis*

10.1 Einleitung

Der Beitrag dient der Erläuterung des ersten Teils von Bacons *Nova Atlantis* (*NA*). Die unvollendete Schrift entstand um 1623 (Krohn 1987, 158) und wurde posthum durch William Rawley, Bacons Schreiber und Nachlassverwalter in London, im Rahmen der *Opera moralia et civilia* herausgegeben. Im Vorwort an den Leser stellt Rawley Bacons Vorhaben folgendermaßen dar: „Diese Fabel von Neu-Atlantis erfand der Wohledle Verfasser, um in ihr eine Art Muster und die Beschreibung einer zur Erklärung der Natur und der Größe und Macht ihrer Werke gegründeten Gesellschaft zu liefern" (*NA*, 175).

Indem er die in der *Nova Atlantis* beschriebene Gesellschaft als Muster und Musterbild beschreibt, reiht Rawley die *Nova Atlantis* in die Gesellschaftsutopien von Platon und Morus ein. Auch Bacons Vorgänger entwarfen Musterbilder von idealen Gesellschaften. Gleichwohl erwähnt Rawley in den ersten Sätzen auch bereits eine Besonderheit der Baconschen Utopie: es geht um „die Beschreibung einer zur Erklärung der Natur und der Größe und Macht ihrer Werke gegründeten Gesellschaft" (ebd). Die Gesellschaft, die Bacon in der *Nova Atlantis* beschreibt, hat insbesondere die Erklärung der Natur zum Ziel. Um zu verstehen, warum das so wichtig ist, müssen wir einen Blick auf Bacons Hauptwerk, das *Novum Organum* (*NO*) werfen. In diesem Werk wird erläutert, dass Bacon es für die Bestimmung des Menschen hält, die Natur zu verstehen. Wenn der Mensch die Natur versteht, dann kann er sie beherrschen, indem er sie nach seinem Ermessen neu- und umgestaltet. Das geschieht durch Erfindungen zum Wohle der Menschheit. So fügt auch Rawley im Vorwort die *Nova Atlantis* in Bacons Werk ein und gibt dem *Novum Organum*, der *Großen Unterweisung* und der *Naturgeschichte* einen weit höheren Stellenwert:

> Der Verfasser hatte übrigens im Sinne, in dieser Fabel ein Buch über die Gesetze oder über die beste Staatsverfassung zu schreiben. Da aber dieses Werk zu lang zu werden drohte, setzte er, um nicht an der Arbeit an seiner Naturgeschichte und der Fortführung der anderen Teile der ‚Großen Unterweisung', die er für weit wichtiger hielt, gehindert zu werden, hier den Punkt. (*NA*, 175)

Der erste Satz legt einen Verweis auf Platons *Nomoi* („ein Buch über die Gesetze") und die *Politeia* („die beste Staatsverfassung") nahe. In der Tat gehen die ersten beiden Teile der *Nova Atlantis*, *Reise und Landung* und *Belehrung im Fremdenheim von Bensalem*, auf das gesellschaftliche System, das auf der Insel Bensalem von Reisenden vorgefunden wird, und auf die Sitten der Bewohner ein. Man erfährt, dass es sich um eine Insel handelt, die sich weltgeschichtlich verorten lässt: dort leben Christen, die den göttlichen Auftrag, über die Natur zu herrschen, durch Wissenschaft nachkommen, nicht durch Expansion. Das erklärt auch den Namen: Bensalem: Sohn/Kind des Friedens. Die Insulaner gleichen den Briten, nur, dass sie alles bereits besser gemacht haben. Bacons eigentliches Interesse liegt bei der Erneuerung der Wissenschaft. Das ist sein Projekt. Denn Bacon glaubt, dass die Politik das Leben der Menschen immer nur bedingt beeinflussen kann, während „die Wohltaten der Erfinder ... dem ganzen menschlichen Geschlecht zu gute kommen [können]" (*NO I*, 129).

Ich werde die Auslegung der ersten beiden Teile der *Nova Atlantis* zunächst in eine Einordnung Bacons in die Geschichte der Utopien einbetten. Im zweiten Teil meines Beitrags werde ich dann das Verhältnis der *Nova Atlantis* zu Bacons Gesamtwerk, insbesondere zum *Novum Organum* erläutern. Dabei vertrete ich die These, dass die *Nova Atlantis* eine legitimatorische Funktion für Bacons Projekt der Erneuerung der Wissenschaften und der Etablierung einer Fortschrittsgeschichte, die sich am naturwissenschaftlich-technischen Fortschritt orientiert, hat. Zum einen beschreibt die *Nova Atlantis* den gesellschaftspolitischen Rahmen, der den wissenschaftlichen Fortschritt ermöglicht. Zum anderen wird eine eigene Offenbarungs- und Heilsgeschichte konstruiert, die als bessere Alternative zur europäischen Geschichte verstanden werden kann und eine für das Projekt der Erneuerung von Wissenschaft und Gesellschaft legitimatorische Funktion hat.

Von diesen Beobachtungen ausgehend, erfolgt im dritten Teil eine Analyse des Textes und seiner Bezüge insbesondere zu Platons gesellschaftsutopischem Ideal, wie es in der *Politeia* entwickelt wird. Anknüpfungspunkte sind hier die Genügsamkeit, die begrenzte Expansion, die hierarchische Ordnung der Gesellschaft und die Unbestechlichkeit der Beamten. Allerdings unterscheidet sich Bacon von Platon, was die Rolle der Wissenschaft für die Gesellschaft angeht: Bei Bacon ist eine Entwicklung der Wissenschaft, insbesondere der Medizin, für das gesellschaftliche Wohlergehen zentral.

Im vierten Teil dieses Beitrags untersuche ich die Legitimation der Fortschrittsgeschichte in der *Nova Atlantis* durch die Geschichte der Insel Bensalem und den Ursprung der Welterkenntnis der Insulaner in einer eigenen Offenbarung. Ich werde zeigen, dass sich diese Strategie der Legitimation der Wissenschaft als Ermöglichung einer Fortschrittsgeschichte durch ebensolche Strategien im *Novum Organum* belegen lässt.

Im fünften Teil werfe ich einen kurzen Blick auf die Rezeptionsgeschichte Bacons, insbesondere im Marxismus, und bestimme die Bedeutung seines Werks für das heutige Selbstverständnis der Naturwissenschaften sowie die Bedeutung seiner Auffassung von Wissenschaft für das Selbstverständnis unserer Gesellschaft.

10.2 Einordnung der Bedeutung Bacons in die Geschichte der Utopien

Das Wort *u-topia* (wörtlich: Nicht-Ort) entstammt, wie allgemein bekannt sein dürfte, einer Neuschöpfung durch Thomas Morus, der sein 1517 erschienenes Werk *Utopia* so betitelte. Der Sache nach nimmt die Geschichte der Utopie allerdings bereits bei Platon, auf den sich Morus auch permanent bezieht, ihren Ausgang. Utopien als Darstellungen idealer Gesellschaften sind Kontrastfolien zu bestehenden Gesellschaften und erheben dabei gleichzeitig einen normativen Anspruch: durch die Darstellung einer idealen Gesellschaftsordnung kann erkannt werden, inwiefern bestehende gesellschaftliche Praktiken defizitär sind. Platons *Politeia* entwirft hier nichts weniger als eine Revolution, eine „Umlenkung der Seele" (518b) in erkenntnistheoretischer, ontologischer und praktischer Hinsicht. Der Philosoph, der Weisheitsliebende, ist fähig, seinen Blick vom Werdenden und Vergehenden auf das ewig Seiende, die Ideen zu richten. Die Ideen sind die Urbilder, die Prinzipien der sinnlich wahrnehmbaren Dinge. Der ideale Staat ist ein vollkommenes Muster (*Politeia*, 500e), ein Urbild im Himmel (*Politeia*, 592b). Der Philosoph kann dieses erkennen und soll als derjenige, der am besten zum Herrschen geeignet ist, da er dieses Urbild erkennen kann, dem Staat dieses Muster einbilden (*Politeia*, 540a f.). Dass der Philosoph am besten zum Herrschen geeignet ist, liegt an seiner Orientierung an der Wahrheit und am Seienden. Sein vernünftiger Teil regiert in der Seele mit Hilfe des mut- und zornhaften Teils über den begehrlichen Teil. Aus der Orientierung an der Einheit des Seienden und dem obersten Prinzip des Seienden, der Idee des Guten, ist der Philosoph unkorrumpierbar. Er erkennt, was wirklich gut und nicht nur gut für ihn selbst ist. Und durch sein Wissen kann er den gesamten Staat an der Idee des Guten orientieren, indem er analog zu den drei Seelenteilen in drei Stände aufgeteilt wird, die in der idealen Gesellschaft hierarchisch geordnet sind: der Philosophenkönig, stellvertretend für den vernünftigen Teil, regiert mit Hilfe der Wächter, stellvertretend für den mut- und zornhaften Teil, über den Nährstand, die Handwerker und Bauern, stellvertretend für den begehrlichen Teil der Seele.

Diese erste Staatsutopie ist im Hinblick auf die politische Organisation des Gemeinwesens durch folgende Strukturen gekennzeichnet: (a) hierarchische Ordnung in Stände; (b) Gemeinwohlorientierung durch einen vernünftigen Herrscher, der Einsicht in das Gute für den Staat hat; (c) Erziehungs- und Bildungsideal; (d) Abschaffung von Privateigentum, Gemeinbesitz an Frauen und Kindern im Wächterstand; (e) Abgeschlossenheit des Gemeinwesens.

Diese Idealgesellschaft steht in Kontrast zur bestehenden Gesellschaft zu Platons Zeit. Dort waren nicht die Philosophen, sondern die Sophisten und Rhetoriker die Rädelsführer der Politik. Im Schiffsgleichnis vergleicht Platon diese mit Personen, die die Kunst, ans Ruder zu kommen, beherrschen, indem sie wissen, wie man sich im Notfall durch Redekunst und unlautere Methoden an die Macht bringt, doch nicht die Steuermannskunst. In den Sternen zu lesen und das Schiff in die richtige Richtung zu lenken, das traut Platon nur den Philosophen zu (*Politeia*, 487a–489d). Entsprechend gibt es auch keine Rettung für die Staaten bevor nicht „entweder die Philosophen Könige werden ... oder die jetzt so genannten Könige ... wahrhaft und gründlich philosophieren" (*Politeia*, 473c f.). Die Legitimation der Philosophenpolis erfolgt durch den Nachweis der Unkorrumpierbarkeit des Philosophen, begründet in der Einsicht der Herrschaft als etwas Notwendigem und nicht als etwas Gutem für ihn selbst. Entsprechend müssen die Philosophen zur Herrschaft gezwungen werden (*Politeia*, 540a f.).

Thomas Morus greift viele dieser Grundzüge der *Politeia* auf. Auch Francis Bacons *Nova Atlantis* steht noch in dieser Tradition der klassischen Staatsutopie. Diese wird von Bacon weiterentwickelt und erneuert. In den hier zu fokussierenden Abschnitten der *Nova Atlantis* knüpft Bacon, was die Beschreibung des politischen Systems betrifft, durchaus an platonische Ideen an. So sind die Staatsdiener unbestechlich, die Gesellschaft ist eher genügsam, es wird nicht von entfesselten Bedürfnissen und dekadenten Ereignissen berichtet. Die Gesellschaft ist nicht von der *Pleonexie*, dem Immer-Mehr-Haben-Wollen gekennzeichnet, das Platon für Seele und Staat für verwerflich hält, weil es den schlechteren unteren Seelenteil beziehungsweise die schlechteren Stände den kompetenteren überordnet. Doch ist der Gesellschaftsentwurf, den Bacon in *Nova Atlantis* beschreibt, nicht die Pointe seiner Utopiekonzeption. Vielmehr beschreibt Bacon in *Nova Atlantis* die gesellschaftlichen Rahmenbedingungen, unter denen seine Fortschritts- und Wissenschaftsutopie gedeihen kann. Was Bacon über Platon, Morus und Campanella hinaus zur Geschichte der Utopie beiträgt, ist die Verzeitlichung der Utopie. Die ideale Gesellschaft wird nicht als abgetrennt von der bestehenden Gesellschaft am Reißbrett entworfen oder nur an einem fernen Ort vorgefunden, zu dem es keine historische Verbindung gibt. Bacons großes Projekt ist vielmehr nichts weniger als die Erneuerung der Wissenschaften, wie sie in seinem Hauptwerk, dem *Novum Organum* dargelegt wird. Diese Erneuerung der Wissenschaften wird einerseits durch den Nutzen der Wissenschaft für die gesamte Menschheit durch deren Erfindungen und andererseits durch die Revolution des Wissenschafts- und Methodenverständnisses selbst legitimiert. Bacons eigentliche Utopie ist eine Wissenschaftsutopie, die eine Fortschrittsgeschichte der Wissenschaft konstruiert. Diese Konstruktion der Fortschrittsgeschichte ist Bacons große Neuerung im Vergleich zu Platon und Morus. Und die *Nova Atlantis* leistet ihren Teil dazu, indem sie die Geschichte einer Parallelgesellschaft erzählt, die einen direkten Auftrag von Gott hat, der ihr durch Offenbarung zuteil wurde, Wissenschaft zu betreiben und die Natur zu beherrschen.

10.3 Einordnung der *Nova Atlantis* in Bacons Gesamtwerk

Ich gehe hier davon aus, dass die *Nova Atlantis* innerhalb von Bacons Hauptwerk, des Novum Organum gedeutet werden kann. Sie hat legitimatorische Funktion für das Unternehmen der großen Erneuerung der Wissenschaft, insbesondere, indem der Gesellschaft auf der Insel Bensalem eine eigene Offenbarung zu Teil wird (vgl. Abschnitt 10.4). Für die These, dass es in der *Nova Atlantis* nur um die gesellschaftlichen Rahmenbedingungen geht, die eine Erneuerung der Wissenschaften zum Wohle der gesamten Menschheit (Bacons Fortschritts- und Wissenschaftsutopie) ermöglichen, und nicht um eine eigenständige politische Gesellschaftsutopie, spricht folgende Passage aus dem Aphorismus 129 des *Novum Organum*, in dem Bacon sein Ziel der Erneuerung der Wissenschaften, die Erfindungen zum Wohle der gesamten Menschheit hervorzubringen, zu legitimieren versucht:

> Erstens scheint unter den menschlichen Handlungen die Einführung bedeutender Erfindungen bei weitem den ersten Platz einzunehmen, so haben schon die früheren Jahrhunderte geurteilt ... Denn die Wohltaten der Erfinder können dem ganzen menschlichen Geschlecht zugute kommen, die politischen hingegen nur den Menschen bestimmter Orte ... [D]ie Erfindungen beglücken und tun wohl, ohne jemandem ein Unrecht, oder ein Leid zu bereiten. (*NO I*, 129)

Hier wird deutlich, inwiefern Bacon vorrangig eine Wissenschaftsutopie vertritt: die richtig betriebene Wissenschaft bringt fruchtbringende Erkenntnisse, nämlich Erfindungen hervor. Diese Erfindungen wirken sich zum Nutzen der gesamten Menschheit aus, während die Politik eine ambivalente Sache ist, die unter gewissen Leistungsbeschränkungen steht: für die Verbesserung politischer Zustände gilt, dass sie nur den Menschen bestimmter Orte zukommen, befristet und zudem meistens nicht ohne Gewalt und Unordnung zu haben sind. Bacon spielt an dieser Stelle die Überlegenheit der Wissenschaft, die die göttlichen Ehren verdient hat, gegen die Politik aus, der man nur die Ehren von Heroen schuldet (*NO I*, 129).

Der Mensch ist nicht in erster Linie ein *zoon politikon*, sondern seine eigentliche Bestimmung liegt nach Bacon in der Herrschaft über die Natur, legitimiert durch göttlichen Auftrag. Die Aufgabe des Menschen ist es, die Natur zu erkennen und so umzugestalten, wie es ihm am meisten nutzt.

Bacon unterscheidet zwischen einer Gotteserkenntnis, die sich an den Offenbarungen zu orientieren hat, und der Naturerkenntnis, die der Wissenschaft zukommt. Somit ist die Wissenschaft von der Theologie emanzipiert und Bacon kann verlangen, dass „nüchternen Geistes dem Glauben nur das gegeben wird, was des Glaubens ist" (*NO I*, 65), wohingegen „Menschenwerk den göttlichen Dingen keinen Abbruch tue" (*Instauratio Magna*, 131). Im Gegenteil: Bei Bacon entsprechen die Wissenschaft und die Naturbeherrschung Gottes Schöpfungsauftrag. Mit diesem Pakt zwischen den zuvor getrennten Bereichen Wissenschaft und Theologie wird dem Menschen die Macht über die Natur „bis an die Grenzen des überhaupt Möglichen" (*NA*, 205) eröffnet. Damit ist die aktive Rolle des Menschen in der Geschichte legitimiert: „Es handelt sich ... nicht bloß um das Glück der Betrachtung, sondern in Wahrheit um die Sache und das Glück der Menschheit und um die Macht zu allen Werken" (*Instauratio Magna*, 65). Die Bedingung dieser Ermächtigung ist allerdings die genaue Erkenntnis der Naturgesetze: „Denn der Mensch als Diener (minister) und Dolmetscher (interpres) der Natur wirkt und weiß nur so viel, wie er von der Ordnung der Natur durch seine Werke oder durch seinen Geist beobachtet hat; mehr weiß er nicht, und mehr vermag er nicht. Denn keine Kraft kann die Kette der Ursachen lösen oder zerbrechen, und die Natur wird nur besiegt, indem man ihr gehorcht. Daher fallen jene Zwillingsziele, die menschliche Wissenschaft und Macht, zusammen, und das Mißlingen der Werke geschieht meist aus Unkenntnis der Ursachen" (ebd.). Die neue Methode der Wissenschaft soll die Macht des Menschen über die Natur erweitern. Die Natur besitzt für Bacon keinen Eigenwert. Sie hat den Rang eines Mittels, das den Stoff für die „Macht zu allen Werken" (ebd.) abgibt.

Bei der Schaffung neuer Werke ist der Mensch zwar an die Naturgesetze gebunden, jedoch in seiner Zielsetzung keiner natürlichen Zweckbindung verpflichtet. Im Anhang der englischen Ausgabe der *Nova Atlantis* zeigt sich an einer Liste von Forschungszielen nochmals die schon in *Of Innovations* formulierte Idee, dem natürlichen Lauf der Dinge, der diese zum Verfall verdammt hat, durch menschliche Neuschöpfung entgegenzutreten. Die Kenntnis der Natur hat keinen Selbstzweck, sondern wird dazu benötigt, diese nach menschlicher Zwecksetzung umzumodeln. Die Nachahmung der Natur (*NA*, 212) dient ihrer Beherrschung. So steht auf der Liste der wissenschaftlichen Zielsetzungen die Hervorbringung neuer Stoffe (*Works* III, 168), die Neuzüchtung und Neukombination von Pflanzen und Tieren und schließlich folgerichtig die Erschaffung von künstlichen Menschen (*NA*, 212). Der Mensch, der mit Gottes Einverständnis über die Natur verfügt, bringt am Ende in seiner Eigenschaft als zweiter Erschaffer nicht nur die gesamte Natur als künstlich verdoppelte (*NA*, 205 ff.), sondern auch sich selbst noch einmal neu und besser hervor.

Wissenschaft und Theologie sind einerseits voneinander getrennt, indem sich die Wissenschaft emanzipiert. Andererseits wird der Mensch durch die Erfindungen zum Schöpfer. „Die Erfindungen sind gleichsam neue Schöpfungen und sind Nachahmungen der göttlichen Werke" (*NO I*, 129). Wir haben bereits gesehen, dass dies durch Bacons Theologieverständnis möglich ist, indem er den Menschen als Wissenschaftler im göttlichen Auftrag beschreibt. Zur Legitimation dieser Idee dienen ihm biblische und antike Quellen. Zentral sind hier jedoch wiederum nicht die politischen, sondern die wissenschaftlichen Errungenschaften, die als „fruchtbringend" in die Konstruktion einer Fortschrittsgeschichte eingegliedert werden. So bezieht sich Bacon im Anschluss auf Salomo, der dem in der *Nova Atlantis* beschriebenen Haus Salomonis Pate steht: „Auch ist bemerkenswert, daß selbst Salomo in der Blüte seiner Macht, ... dennoch in all dem sich nicht selbst den Ruhm zuerkannte, sondern ausrief: ‚Der Ruhm Gottes sei, die Dinge zu verhüllen, des Königs Ruhm, die Dinge zu ergründen'" (*NO I*, 129).

So sieht Bacon die edelste Aufgabe des Menschen in der Welt: er ist Erforscher der Welt, die Gott geschaffen hat, indem er die Naturgesetze ergründet, die Gott festgelegt hat (das ist der Ruhm, der Gott dafür gebührt, die Dinge zu verhüllen). Der König ist einerseits der Mensch, der sich die Natur aneignet, indem er seiner Aufgabe gerecht wird, die Natur „zu ergründen", andererseits ist durchaus im Sinne der Wissenschaftsutopie derjenige zur politischen Herrschaft bestimmt, der über die Natur Bescheid weiß und sie zum Zwecke der Menschen fruchtbringend umgestalten und nutzbar machen kann. Die Platonische Philosophenkompetenz der Steuermannskunst wird hier zur Kompetenz des Naturwissenschaftlers. Denn darüber, wie die Lebensqualität der Menschen ist, bestimmt nicht die Politik, sondern die Wissenschaft:

> Man erwäge doch auch einmal den großen Unterschied zwischen der Lebensweise der Menschen in einem sehr kultivierten Teil von Europa und der in einer sehr wilden und barbarischen Gegend Neu-Indiens. Man wird diesen Unterschied so groß finden, daß man mit Recht sagt: ‚Der Mensch ist dem Menschen ein Gott' ... Und diese Verschiedenheit bewirken nicht der Himmel, nicht die Körper, sondern die Künste. (*NO I*, 129)

Die Europäer sind den Ureinwohnern Amerikas wissenschaftlich-technisch überlegen. Diese Überlegenheit beruht auf dem Einsatz der drei bahnbrechenden Erfindungen, die die Europäer hervorgebracht haben und die zu einer Ausdehnung der geographischen Grenzen jenseits der Säulen des Herakles, der Meerenge von Gibraltar, geführt haben.

Wenn man die Überlegenheit der Wissenschaft über alle anderen Künste (wie zum Beispiel die Politik) begründen will,

> hilft es, die Kraft, den Einfluß und die Folgen der Erfindungen zu beachten ...: die Buchdruckerkunst, das Schießpulver und der Kompaß. Diese drei haben nämlich die Gestalt und das Antlitz der Dinge auf der Erde verändert, die erste im Schrifttum, die zweite im Kriegswesen, die dritte in der Schiffahrt (*NO I*, 129).

Der Kompass war das Instrument, das es ermöglicht hat, die neue Welt zu entdecken, das Schießpulver hat geholfen, sie zu erobern. „Plus Ultra", das Motto Karls des V. steht unter dem Schiff, das auf dem Titelkupfer des *Novum Organum* die Säulen des Herakles, die Grenzen der Alten Welt, überwindet. Gleichwohl hat diese Wissenschaftsutopie eine Rückbindung an die jeweiligen politischen Ziele einer Gesellschaft. Die beste Gesellschaft ist diejenige, die nicht darauf aus ist, die Herrschaft des Menschen über den Menschen, sondern die Herrschaft der Menschheit über die Natur auszudehnen. Der Legitimation dieses Projekts dient die vorliegende Erzählung der *Nova Atlantis*.

10.4 Die Struktur der Gesellschaft in der *Nova Atlantis*

Im Zentrum der Erzählung der *Nova Atlantis* steht die Entdeckung der Insel Bensalem durch die Besatzung eines europäischen Schiffes. Dabei entpuppt sich die Insel als Britannien sehr ähnlich, sie ist genau so, wie Britannien sein könnte. Der Bericht ist in der ersten Person Plural gehalten. Die Besatzung ist von Peru in Richtung China und Japan aufgebrochen (*NA*, 175). Aufgrund eines starken Westwindes kommt das Schiff nicht weiter und die Lebensmittel werden knapp. Die Reisenden rufen Gott an, „der ‚seine Wunder in der größten Not erzeigt' (Ps. 106, 24)" (*NA*, 175). Bereits hier erfolgt ein Hinweis auf die Schöpfungsgeschichte (Gen 1,10; *NA*, 176), die für den zentralen Bericht vom Haus Salomo wichtig ist, da das Haus Salomons auch das „Kollegium der Werke der sechs Tage" genannt wird: die Ankömmlinge bitten Gott, „er möge, wie er zu Anfang der Welt ‚die Sammlung der Wasser (Gen. 1,10) befahl, und das Trockene erscheinen' ließ, so auch uns jetzt Land zeigen, damit wir nicht zugrunde gingen" (*NA*, 175). So geschieht es, sie entdecken die Insel Bensalem, diese Rettung wird später als „Wunder" (*NA*, 181) bezeichnet. Was dort entdeckt wird, wird sehr positiv und beeindruckend beschrieben: ein sicherer Hafen, eine Stadt, die einen „prächtigen Anblick" bietet (*NA*, 176). Die Bewohner nehmen zunächst nur schriftlich

Kontakt auf, um sich vor möglichen Krankheiten zu schützen. Sie sind hochgebildet und mit der europäischen Kultur vertraut. Sie kommunizieren auf Althebräisch, Altgriechisch, Latein und Spanisch und sie sind Christen, das wird bereits zu Anfang klar (*NA*, 176f.).

Das Ganze ist, wie Britannien, eine Insel, nur ist alles ein bisschen besser, von den Kleidern der Inselbewohner über ihre Wohnbedingungen bis hin zu ihrem wissenschaftlich-technischen Können. Der gemeinsame Nenner ist das Christentum. Nachdem klar ist, dass die Ankömmlinge auch Christen sind, dürfen sie an Land kommen. Die Insulaner werden als edel, barmherzig und hilfsbereit beschrieben. Auf der Insel gibt es ein „Fremdenhaus" (*NA*, 179). Offensichtlich sind die Insulaner zwar hilfsbereit, doch es handelt sich nicht um eine Einwanderungsgesellschaft. Vielmehr gibt es viele klare Regeln, die einen Aufenthalt zwar ermöglichen aber nur unter bestimmten Bedingungen und nur für bestimmte Zeit. Der Lebensstandard ist sehr hoch, die Gesellschaft ist offenbar reich. Sie kann es den Ankömmlingen ermöglichen, dass es diesen an nichts fehlt, ihnen werden sogar Diener zur Verfügung gestellt (*NA*, 180). Ferner ist ihr medizinisches Können auf dem höchsten Stand. Durch spezielle rote Orangen und verschiedene Pillen werden die Kranken der Ankömmlinge zügig geheilt (*NA*, 181). Die Ankömmlinge „glaubten sich gleichsam in eine von göttlicher Heilkraft erfüllte Heimstätte versetzt. So rasch nämlich genasen sie" (*NA*, 182). Die Entwicklung der Medizin ist hier nicht wie bei Platon „ein sichereres Kennzeichen schlechter und verwerflicher Sitten" (*Politeia*, 405a), sondern eine bewundernswerte Errungenschaft. Sie belegt, dass eine auf Wissenschaft und Technik aufbauende Gesellschaft, wie sie im Kernstück des Hauses Salomos und seiner Aufgaben beschrieben wird (s. hierzu Kapitel 12 von O. Höffe in diesem Band), eine reiche und gut organisierte Gesellschaft mit einem hohen Lebensstandard ist.

Gleichzeitig ist die auf Bensalem vorgefundene Gesellschaft im Platonischen Sinne genügsam, sie ist nicht von der *Pleonexie*, dem Immer-Mehr-Haben-Wollen gekennzeichnet, das für Platon ein Grund für Sittenverfall ist. Die Insulaner legen keinen Wert darauf, Krieg zu führen, zu expandieren oder Handel zu treiben. Sie sind völlig unabhängig, autark. Die Beamten sind unbestechlich. Sie lehnen es mehrfach ab, zum „Doppelverdiener" werden (*NA*, 179f.). Ein Beamter, „der Belohnungen annimmt", ist von dieser Gesellschaft verpönt (*NA*, 179). Offensichtlich ist die Gesellschaft so reich, dass dies auch nicht nötig ist. Alle scheinen nicht nur gut, sondern luxuriös leben zu können. Die Gesellschaft ist hierarchisch geordnet, an der Spitze steht das Wissenschaftskolleg des Hauses Salomo. Wo bei Platon der unkorrumpierbare Philosoph, der die Idee des Guten erkannt hat, zum Herrschen qualifiziert ist, sind es hier die Wissenschaftler. Bereits im *Novum Organum* kündigt Bacon die Herrschaft über die Natur als die vollkommenste an. Diese ist besser als die politische Herrschaft, die die Herrschaft des eigenen Landes über andere Länder zum Ziel hat. Das Leben der Insulaner ist eine Illustration der Baconschen Wissenschaftsutopie, wie er sie im *Novum Organum* entwirft. Dort schreibt er:

> Es gehört zur Sache, drei Arten oder Grade des Ehrgeizes bei den Menschen zu unterscheiden. Bei der ersten ist man darauf aus, die eigene Macht in seinem Vaterlande zu vermehren, dies ist die gewöhnliche und teilweise unedle Art; bei der zweiten strebt man dahin, des Vaterlandes Macht und Herrschaft über das menschliche Geschlecht zu erweitern; diese Art ist gewiß würdiger, reizt aber zu stärkerer Begierde; erstrebt nun jemand, die Macht und die Herrschaft des Menschengeschlechtes selbst über die Gesamtheit der Natur zu erneuern und zu erweitern, so ist zweifellos diese Art von Ehrgeiz, wenn man ihn so nennen kann, gesünder und edler als die übrigen Arten. Der Menschen Herrschaft aber über die Dinge beruht allein auf den Künsten und Wissenschaften. (*NO I*, 129)

Gegenüber der Skizze einer Gesellschaft, die dieses Modell der Naturbeherrschung durch Wissenschaft betreibt, ist jedoch auch einige Skepsis angebracht. Wie können die Insulaner so reich sein, ohne dass sie Handel treiben? Hier wird nur von einer Art Industriespionage berichtet, die die Insulaner zum Wohle der Wissenschaft betreiben. Sie halten sich darüber auf dem Laufenden, was in den anderen Ländern geschieht, ohne sich selbst zu erkennen zu geben. Man fragt sich, ob die Abschottung dieses Landes (Begrenzung der Einwanderung, Stillschweigen über seine Existenz, keine Expansion, kein Handel) für seinen Wohlstand notwendig ist. Am Ende der Erzählung scheint es nicht so, da der Erzähler den Auftrag erhält, seinen Bericht zu veröffentlichen. Ferner fragt man sich schon bezüglich des Funktionierens der Gesellschaft ohne Außenkontakt, wie denn intern der Wohlstand verteilt wird. Es scheint ja so, dass alle subsistieren können. Aber Fragen der Verteilungsgerechtigkeit werden nicht eigens behandelt. Auch ist die wirtschaftliche Organisation unklar: worin besteht der Anreiz für das Forschen? Wie bei Platon in der Erkenntnis selbst oder vor allem in ihren Folgen (das heißt erst die lichtbringenden, dann die fruchtbringenden Erkenntnisse [*NO* I, 99])? Bacon scheint zu glauben, dass die Wissenschaftler schon selbst ihre Produkte herstellen, neue Arten züchten, etc. und es dazu gar keine Wirtschaft braucht. Der Glaube daran, dass sich die Wissenschaft einfach ohne Vermittlung durch die Politik und die Wirtschaft zum Wohle der Menschheit auswirkt, erscheint reichlich naiv. Im nächsten Abschnitt werfe ich einen Blick auf Bacons Legitimation seines Projektes.

10.5 Legitimation der Fortschrittsgeschichte in der *Nova Atlantis*

Grundlegend für Bacons lineare Geschichtskonstruktion ist, dass er die Antike als Kindheit der Menschheitsentwicklung beschreibt. Damit dreht er den scholastischen Autoritätsglauben um, dem die Weisheit des Altertums als verbindlich galt. Über diese Umkehrung gelingt es Bacon, ein lineares Geschichtsbild zu entwickeln. Die Bedingung hierfür ist die Erfahrung der geographischen Überschreitung der Grenzen der alten Welt durch Kolumbus. Von dorther kritisiert Bacon die Beschränkung der Antike hinsichtlich ihrer „Kenntnisse der Zeit und des Erdkreises" und ihre Geschichtslosigkeit im Gegensatz zur Neuzeit: „In unserer Zeit sind indes die meisten Teile des neuen Kontinents und die Grenzen der alten Welt allseitig bekannt; der Schatz der Erfahrung ist ins Unermeßliche gewachsen." (*NO I*, 72) Hier wird deutlich, dass Bacon die Antike als Kindesalter in sein lineares Geschichtsbild einordnen kann, während er ihre Erklärungsmodelle in der Neuzeit als anachronistisch ablehnen muss. Der Schulphilosophie stellt er das „Wachstum der Wissenschaften" (*De Augmentis Scientiarum* 1623) und den „Fortschritt des Lernens" (*The Advancement of Learning* 1603) gegenüber. Diese Entwicklung, die Bacon in seinem linearen Geschichtsverständnis darstellt, ist in Richtung Zukunft offen. Das Vorhaben der Wissenschaft ist für Bacon ein kooperatives, das sich mit der Zeit entfalten soll und über das Leben des einzelnen hinausgeht. Zunächst sollen Experimente schriftlich niedergelegt (*NO I*, 101) und gesammelt werden (ebd., 99), um dadurch die Regeln der Natur zu erkennen, die die Grundlage für die Schaffung neuer Werke darstellen (ebd., 103). Die Erstellung dieser „Naturgeschichte" glaubt Bacon weder innerhalb seines Lebens vollenden zu können, noch geht er von der Fehlerlosigkeit seiner Theorie aus (*NO I*, 116). Es handelt sich um einen welthistorischen Auftrag.

Bacon legitimiert seinen Wechsel des Wissenschaftsparadigmas in der *Nova Atlantis* möglicherweise aus strategischen Gründen mit einer eigenen Offenbarungsgeschichte. An die Stelle der geschichtlich gefassten Nacherzählung von Gottes Verfahren mit den Menschen, die zu einer allmählichen Erkenntnis der geoffenbarten Wahrheit in Jesus Christus führt und sich dann in einer Kirchen- und Gesellschaftsgeschichte fortsetzt, tritt eine schlagartige Lichtoffenbarung, deren Kern Bacon vermutlich aus den apokryphen Johannes-Akten übernimmt. Der Schatzkasten der Offenbarung enthält alle Elemente, die im historischen Nacheinander erzählt wurden, als einen einzigen „Mythos", der alle Einzelheiten der „narratio" enthält und auf die Neubegründung einer Gesellschaft hin fokussiert. Dazu braucht es dann keine „konstantinische Wende" und keine kirchliche Kanonbildung bzw. Auslegungsgeschichte und gesellschaftliche Transformation. Die „reine" Wahrheit fällt auf einmal vom Himmel, in Form einer eigenen Offenbarung. Nicht die Geschichte bildet die Wahrheit als Tradition, sondern die Wahrheit der Offenbarung konstituiert eine neue unmittelbare Gesellschaftsverfassung. Dies wird durch eine Zusammenfassung des „Sündengeschehens" in eine einzige, sintflut-analoge Katastrophe unterstützt: wie die Offenbarung ist auch die Sünden-Katastrophe eine einzige, neue „narratio".

Damit soll eine Vereinfachung der Legitimation der Wissenschaftsgesellschaft auf Bensalem durch eine geoffenbarte Wahrheit erreicht werden. Es wäre, so meint Bacon, seitens Gottes didaktisch geschickter gewesen, den Menschen sowohl das Heil wie die Abschreckung vor der Sündenkatastrophe in dieser Form zu geben. Sie hätten dann besser gewusst, worin ihre Verantwortung besteht: die Natur mit ihrem Geist zu durchdringen und zu nutzen. Bestraft werden die Einwohner von Alt-Atlantis (dem mittlerweile neu entdeckten Amerika) dafür, dass sie zu expansiv sind. Sie haben große Flotten, führen Krieg, erobern andere Länder. Die Bewohner von Bensalem tun dies explizit nicht.

Neu ist an Bacons Fortschritts- und Wissenschaftsutopie ihre Verzeitlichung. Die Geschichte von Bensalem wird in die Weltgeschichte eingeordnet und damit kohärent gemacht. („Deshalb wundert euch nicht, wenn Amerika so arm an Einwohnern ist und wenn seine Bevölkerung noch so einfach und barbarisch lebt. Ihr müßt nämlich den Grund einsehen: Das amerikanische Volk ist ganz jung – im Vergleich zu den übrigen Bewohnern des Erdkreises meine ich – und zwar nicht weniger als tausend Jahre jünger; so viel Zeit nämlich ist zwischen der allgemeinen Sintflut und jener besonderen amerikanischen verflossen." [*NA*, 190]) Dafür, dass die Ureinwohner Amerikas im Vergleich zu den Europäern für rückständig gehalten werden, wird eine Erklärung gefunden: die Sintflut als Strafe Gottes für *Pleonexie*. Die Insulaner von Bensalem hingegen sind religiös wie technisch auf dem neuesten Stand. Sie kennen die ganze Welt, obwohl sie selbst sich den Europäern nicht zu erkennen geben. Dies ist ein Beweis ihrer Überlegenheit, ja Gottähnlichkeit. Die Ankömmlinge „hielten es nämlich zwar für eine Fähigkeit göttlicher Geister und Mächte, nicht aber von Menschen, selbst verborgen und unsichtbar zu bleiben, dabei aber die anderen offen vor den Augen und gleichsam im vollen Lichte der Sonne zu haben" (*NA*, 187). Die Insulaner werden mehrfach als „engelhaft" (*NA*, 188, vgl. auch 183) beschrieben. Schon zu Anfang heißt es: „In diesem Land offenbar sich zweifellos Gott" (*NA*, 180). Entsprechend ist das Haus Salomons auch „der Erforschung und Betrachtung der Werke und Geschöpfe Gottes geweiht" (*NA*, 193). Dort wird Bacons Wissenschaftsutopie verwirklicht. Durch den Auftrag der Insulaner an die Ankömmlinge am Ende der *Nova Atlantis*, ihren Bericht „zum Wohle anderer Völker zu verbreiten" (*NA*, 215), wird sie verzeitlicht. Die Offenbarung wird weiter verbreitet.

Entsprechend seinem *Novum Organum* setzt Bacon hier ganz auf die nützliche Wissenschaft, die sich die Naturkräfte zu eigen macht, indem sie deren Regeln erkennt und anwendet. Dem gegenüber scheinen andere Aspekte, mit denen sich Prosperität vermehren und Sozialität ausbauen lässt, nicht im Focus der Betrachtung zu sein. Durch die neue Offenbarung wird die „alte" Religion im Sinne eines Ursprungsmythos umgeschrieben; die Geschichte (Amerikas) dient dagegen als Lehrfach für die Vermeidung von Katastrophen. Aus der Geschichte ist also die Vermeidung von Übeln zu lernen, aus der Ursprungsoffenbarung die richtige Deutung der Natur als Anleitung zur Naturbeherrschung. Die Naturgesetze werden dementsprechend funktional für menschliche Verantwortung. Der Mensch verantwortet sich nicht vor der Natur als Schöpfung, denn diese ist bereits durch Offenbarung überboten, sondern er wendet sich aufgrund seines göttlichen Auftrags der Natur als Schöpfer und Gestalter zu. Damit wird auch die zentrale Botschaft des christlichen Ethos, die *Caritas*, erfüllt.

Diese Umgestaltung theologischer Legitimation ebnet vor allem den Unterschied zwischen Schöpfung und Offenbarung zugunsten der Offenbarung als einer Art Ermächtigungsauftrag ein. Wie verhält sich dies zur damaligen theologischen Kenntnis und Erkenntnis? Im Hintergrund steht die humanistische Entlarvung der konstantinischen Schenkung als frommer Betrug zur Erlangung von Kirchenmacht. Von der Kirche hören wir bei Bacon nichts. Sie ist in die Gesellschaftstrukturen – nach britischem Vorbild? – eingemeindet. Ihre Vermittlungsfunktion übernehmen die Weisen und die Fortschritts- Ingenieure.

Auf der anderen Seite des theologischen Legitimationsverfahrens steht jedoch ein Risiko, das Bacon wohl auch mit der Veröffentlichung zögern ließ (dazu: Krohn 1987, 157). Denn eine neue unmittelbare Offenbarung hätte wohl die Verteidiger der alten Ordnung auf den Plan gerufen. Neue Offenbarungen galten als „apokalyptische" Irrtümer, eine Mischung von Unheils- und Heilsprophetien. „Apokalyptiker" wurden seit dem späten Mittelalter als Ketzer verfolgt (vgl. etwa Field 2012). Zudem entwickelte sich das sogenannte Naturrecht vor allem als Schöpfungsrecht. Der Mensch als allmächtiger Naturgestalter war in der Beförderung des Naturrechtes als ein naturgebundener Mensch dargestellt. Bacons theologische Anthropologie ist demgegenüber eher ein Vorausentwurf der modernen Wissenschaftswelt, die „Natur" als Mittel zum Zweck betrachtet, als Material zur Verfügung und Gestaltung durch den Menschen. Die „Ratio" der Natur war in der mittelalterlichen Scholastik in die „ratio" des Menschen mit eingeschrieben, sodass der Mensch, der „secundum rationem" handelte, diese vorgeschaltete „ratio" in sich trug, die zugleich Schöpfungsplan Gottes war. Dieser Schöpfungsplan und ein an Aristoteles ausgerichtetes teleologisches Weltbild schienen harmonisch aufeinander bezogen. Bacons Offenbarung als Ermächtigungsauftrag schafft neue Freiheiten, indem es an die Stelle der Schöpfungsachtung die Schöpfungsnutzung stellt. Damit wird alle Ontologie in Funktionalismus aufgelöst und die teleologische Ausrichtung liegt in der Hand des Menschen selbst. Möglicherweise musste Bacon damit rechnen, dass dies ihn zu Lebzeiten in Konkurrenz zu üblichen Kirchenpredigten brachte, zumal wenn er bei apokrypher Literatur Anleihen nahm.

10.6 Zur Rezeptionsgeschichte

Insbesondere der Marxismus knüpft an Bacons Konstruktion einer linearen Fortschrittsgeschichte an. Der Marxismus teilt auch Bacons Vertrauen in die technische Naturbeherrschung und dehnt diese auf die Sozialtechnik aus. Dieser Aspekt ist gegenüber Bacons eigener Theorie, die, wie wir gesehen haben, keine Idealstaatsutopie ist und als Gesellschaftsutopie einfach davon ausgeht, dass sich die Erfindungen „zum Wohle der gesamten Menschheit" auswirken werden, innovativ. Andererseits konzipiert auch der Marxismus den Menschen als Selbstschöpfer. Dazu werden keine religiösen Quellen mehr umgedeutet, wie bei Bacon, sondern der Marxismus gibt sich als Entlarver der Religion („Opium fürs Volk") und setzt an ihre Stelle die Wissenschaft (Engels 1882). Diese ist, ganz in Baconscher Linie durch Technik (Industrialisierung) in der Lage, den Baconschen Traum wahr werden zu lassen und das Wohl der gesamten Menschheit zu verwirklichen. Allerdings geschieht dies erst, wenn dem technischen Fortschritt ein gesellschaftlicher folgt. Am Ende der Klassenkämpfe, die den technischen Fortschritt begleiten, steht die klassenlose Gesellschaft, vorbereitet von der Diktatur des Proletariats, der wirkungsmächtigsten Klasse seit dem Zeitalter der Industrialisierung im 19. Jahrhundert. Man sieht hier wieder die Probleme der Technikgläubigkeit. Für den Marxismus ist Politik Sozialtechnik, berechenbar und bestimmbar, wie die Wissenschaft, die auf der Grundlage der berechenbaren Naturgesetze ihre Erfindungen und Neuerungen hervor bringt. Wie Bacon hat auch der Marxismus kein Verständnis von individuellen (Menschenrechten) und Kontrollmechanismen gegenüber politischer Herrschaft.

Das westliche Selbstverständnis, in einer Fortschrittsgeschichte zu leben, technischen Fortschritt beobachten zu können, der das Leben erleichtert und auf wissenschaftlichen Erfindungen basiert, wurde entscheidend von Francis Bacon geprägt. Auch das Naturverständnis, das die Natur als ein Repertoire an Möglichkeiten begreift, das dem Menschen zur freien Verfügung steht, ist entscheidend von Bacon geprägt. Hier kann man von einer „ambivalente[n] Modernisierung" sprechen (Höffe 1993, Kap. 4). Massentierhaltung, Kreuzung von Arten zum Wohle der menschlichen Bedürfnisse, Hervorbringung neuer Arten (z. B. durch Gentechnik), all das stand bereits in der frühen Neuzeit auf Bacons Agenda.

Wir können jedoch auch von ihm lernen, dass der wissenschaftliche Fortschritt und die Hervorbringungen von Erfindungen einen gesellschaftlichen Rahmen brauchen, der ihren Umgang regelt. Denn von selbst wirken sich Erfindungen nicht zum Wohle der gesamten Menschheit aus. Wir sehen das etwa am Streit um die Patente für lebensrettende Medikamente, die in Entwicklungsländern kaum bezahlbar sind. Bacons Gesellschaftsutopie der Insel Bensalem entwickelt keine Idee von Sozialstaat, Verteilungsgerechtigkeit, Menschenrechten oder vom Umgang mit Ungleichheit. Dies sind nicht nur Defizite seiner Gesellschaftsutopie, sondern auch der Wissenschaftsutopie, solange diese nicht in eine in diesen Hinsichten funktionale Gesellschaft eingebunden ist.

Literatur

Bacon, F.: The Works of Francis Bacon, hrsg. v. Spedding, Ellis und Heath, London 1857–1874, Neudruck Stuttgart 1963, 14 Bde.
Engels, F. 1882: Der Sozialismus: von der Utopie zur Wissenschaft, in: MEW, Bd. 19, Berlin 1972, 189–228.
Field, S. 2012: The Beguine, the Angel and the Inquisitor, Notre Dame.
Höffe, O. 1993: Moral als Preis der Moderne, Frankfurt/M.
Krohn, W. 1987: Francis Bacon, München.
Platon: Der Staat (*Politeia*), hrsg. v. G. Eigler, übers. v. F. Schleiermacher, in: Ders., Platon, Werke in acht Bänden, Griechisch und Deutsch, Vierter Band, Darmstadt 1971, unveränderter Nachdruck ^{6}2011.

Volker Reinhardt
11 Die Insel des geheimen Wissens – Francis Bacons *Nova Atlantis*

11.1 Utopien als historische Quellen

Der Name täuscht. Utopien geben vor, keinen Ort zu haben, und sind doch mitten in der Geschichte platziert. Utopien geben vor, das Ungedachte oder sogar Undenkbare zu denken, und verlegen ihre Handlungen daher auf unbekannte, das heißt: nicht zu lokalisierende Inseln. In Wirklichkeit aber sind diese Nicht-Orte durch unzählige Kommunikationsstränge an nur allzu bekannte Welten angebunden: an die Erfahrungswelten ihres Verfasser, seines Standes, seines Landes und zahlreiche weitere benennbare Einflussorte. Das Verhältnis, in dem die Utopie zu all diesen Welten steht, kann unterschiedlich ausfallen. Es kann von persönlichen Existenzkrisen, politischen Konflikten, ökonomischen Krisen, kulturellen Entwicklungs-Hoffnungen, aber auch von ätzender Kritik an den bestehenden sozialen Zuständen bestimmt sein; fast immer kommen mehrere dieser Faktoren zusammen. Allen diesen Prägeelementen gemeinsam ist die Zukunftserwartung. Auf der unbekannten Insel, von der kühne Seefahrer aus eigenem Augenschein oder von fremdem Hörensagen berichten, ist ein Zustand der menschlichen Gesellschaftsbildung erreicht, den Europa und die anderen bereisten Erdteile so nicht kennen, was in der Regel bedeutet, dass sie noch nicht reif für ihn sind, ihn aber ganz oder partiell zum Wohle des Einzelnen wie des Ganzen eines nicht allzu fernen Tages erreichen sollten. Ist diese Vorbildhaftigkeit in manchen moralisch oder religiös heikleren Punkten der utopischen Lebensordnung fraglich, so dienen doch auch diese dazu, das Selbstverständliche zu hinterfragen und auf diese Weise das scheinbar Unveränderliche allein schon dadurch zu verwandeln, dass Alternativen aufgezeigt und Gewohnheiten aufgebrochen werden.

So stellen sich Utopien als eine historische Gattung besonderer Art dar: Sie filtern das Ungelöste aus der überlieferten Vergangenheit und finden dafür Lösungen, die nicht von dieser Zeit und dieser bekannten Welt sind, wohl aber zu ihr gehören könnten, wenn sich diese Welt auf ihre unerhörten Gedanken einließe. Utopien verlegen in eine unerforschte Weltgegend, was sich als Lösungspotential für die Spannungen und Konflikte der eigenen Welt erweisen könnte, zumindest eines mehr oder weniger fernen Tages. So betrachtet, sind Utopien nicht nur zur Sinnstiftung instrumentalisierte, sondern auch zur Weitergestaltung vorgestellte Geschichte. Sie sind der wahre Triumph der *historia magistra vitae*, denn sie zeigen Auswege aus historischen Sackgassen auf, auch wenn man die auf den neu entdeckten Inseln beschrittenen Wege nicht bis zu Ende mitgehen muss. Utopien sind Zukunftsentwürfe, die für das historische Genre zu kühn ausfallen, aber ihm eng verbunden bleiben. Die *ars historica* des 16. Jahrhunderts bot mit ihrem hochgemuten Großmeister Jean Bodin den Mächtigen der Zeit Formeln, die Geschichte wie eine mathematische Gleichung entschlüsseln lassen sollten und damit unanfechtbar richtige Lösungen für die Zukunft boten. Die Utopie geht weiter, kann ihre Verwandtschaft mit den professionellen Virtuosen der Vergangenheits-Dechiffrierung gleichwohl nicht verleugnen.

Damit ist zugleich eine nach oben offene Messskala für Utopien geschaffen: Wie weit greifen sie aus, d. h. über die eigenen Lebens- und Erfahrungswelten hinaus? Anders ausgedrückt: Wie nah bleiben sie diesen, zum Beispiel durch Umkehr, Negation, Imitation? In welchem Maße schöpfen sie – bei allem Anspruch auf voraussetzungslose Neuheit – aus älteren Quellen? Bis zu welchem Grad brechen sie mit Traditionen oder sogar Tabus, wieweit sind ihre Gestade von bekannten Horizonten entfernt, zu welchen neuen Ufern brechen sie wirklich auf, und wieweit bieten sie damit wirklich das Unerhörte, Undenkbare? Und in welchem Maße zeigen sie der eigenen Gegenwart damit Szenarien des Aufbruchs auf?

11.2 Erzählrahmen und Fiktion

Unter all diesen Aspekten mutet Francis Bacons bei seinem Tod 1626 unvollendet hinterlassene *Nova Atlantis* eigentümlich konservativ an. Das zeigt sich schon an den Nahtstellen der nur sehr schemenhaft ausgearbeiteten Rahmenhandlung. Den britischen Seefahrern, die das unbekannte Eiland im entlegenen Südmeer betreten wollen, wird eine Abmahnung präsentiert, die auf Hebräisch, Griechisch, Lateinisch und Spanisch abgefasst ist. Sie läuft auf eine weise Quarantäne und eine nicht minder angebrachte Erforschung der Absichten hinaus, die die fremden Besucher hegen. Das heilsame Misstrauen der Inselbewohner verfliegt allerdings rasch, als man sich gegenseitig des Glaubens an ein ziemlich undogmatisch anmutendes Christentum versichert. Das trennendste Motiv der Fremdheit, die Andersartigkeit der Religion, ist damit schon einmal ausgespart, auch die Unterschiedlichkeit der Sprache tritt als solches nicht in Erscheinung. Europäer und Insulaner stehen sich damit näher als Anglikaner und Katholiken im England des Jahres 1626. Auch hinsichtlich der im Neuen Atlantis namens Bensalem herrschenden Sitten und Gebräuche ergeben sich keine wirklich signifikanten Differenzen, erst recht nicht in so heiklen Bereichen wie Familie und Sexualität, die bei Bacons Landsmann Morus ein gutes Jahrhundert zuvor mit so provozierender Andersartigkeit geschildert werden.

Der Zivilisierungsgrad der Bensalemer ist höher als der ihrer Besucher; ähnlicher Meinung war schon Michel de Montaigne beim Vergleich von als Hexen und Häretiker verfolgenden Europäern und amerikanischen Kannibalen. In einer guten Utopie kann es ja auch nicht anders sein: Lerne, Britannia! Zu lernen gibt es an allgemeiner Sittlichkeit und Höflichkeit auf Bensalem vieles; die Zuflucht und Heilung von Krankheiten suchenden Reisenden werden zum Beispiel in einem Palast der Fremden untergebracht, der mit seiner Hygiene und Komfort nichts von einem Asylantenheim des 21. Jahrhunderts hat. So müssen die Besucher neidlos zugeben, dass ihr England in einer ähnlichen Situation mit nichts Vergleichbarem aufwarten könnte. Die zivilisatorische Überlegenheit erklärt sich gut humanistisch aus dem Lernen aus der Geschichte und dem Lernen von fremden Völkern und Menschen. Bensalem ist in Europa unbekannt, aber seine Bewohner wissen alles über das gegenwärtige Europa und seine Völker (*NA* 187f.). Denn ungeachtet aller heilsamen Selbstisolierung entsenden die Neu-Atlandiden alle zwölf Jahre eine Expedition in die Außenwelt, der nicht nur die besten Seeleute, sondern auch die klügsten Auswerter aus der zentralen Forschungsstelle der Insel beigegeben werden. So kann die Insel vom Fremden lernen, ohne das Schlechte im Fremden mit zu übernehmen.

Der eigentliche Grund für ihre Überlegenheit aber liegt darin, dass man hier die besseren Geschichtskenntnisse besitzt. Die Erinnerung reicht auf Bensalem sage und schreibe dreitausend Jahre zurück (*NA* 188f.) und deckt damit die Hälfte der Zeit seit der Vertreibung aus dem Paradies ab – biblisch verbürgte Zeit und historische Chronologie fallen bei Bacon einwandfrei zusammen, hier hätte kein Theologe etwas auszusetzen. Das Langzeitgedächtnis der Insulaner zeigt den verblüfften Besuchern einen unerwarteten, geradezu umgekehrten Geschichtsverlauf auf: Früher war mehr, mehr Seefahrt, Handel und Kommunikation zwischen den Kontinenten! Wer hätte das gedacht? Die navigationsverliebten Briten müssen zu ihrer Beschämung erfahren, dass schon in grauer Vorzeit Schiffe nach Amerika und von dort nach Bensalem segelten! Auf dem amerikanischen Kontinent, den sie zur Zeit Bacons gerade zu kolonisieren begannen, gab es damals Hochkulturen, die dem gegenwärtigen Europa in nichts nachstanden. So rüsteten die Bewohner Tyrambels, des heutigen Mexiko, eine Flottenexpedition ins Mittelmeer aus. Ob sie dort von den Athenern oder anderen Völkerschaften zurückgeschlagen wurden, lässt der weise Bensalemer, der den Geschichtserzähler spielt, offen. Was zählt, ist, dass die älteste Welt vernetzter war als die gegenwärtige. Allerdings konnte sie sich nicht organisch weiterentwickeln, denn eine zweite Sintflut zerstörte diese Primär-Zivilisation fast gänzlich. Die wenigen Überlebenden, die sich vor den Wassermassen retten konnten, mussten quasi bei null anfangen, was für Bacon die in seinen Augen kümmerlichen Lebensbedingungen der Indianer erklärt und zugleich die Rechtfertigung für die britische Kolonisierung liefert.

11.3 Glaube und Gesellschaft

Durch diese Rückdatierungen gewinnt ein eigentümliches Geschichtsbild Konturen. Der zivilisatorische Vorsprung der Insulaner, den die Briten bald abzuschätzen lernen werden, erklärt sich daraus, dass hier die ältesten Entwicklungs- und Überlieferungsstränge, die in Amerika verschüttet wurden, nie abgerissen sind. Wenn man auf Bensalem in Sachen Wissenschaft die Nase vorn hat, dann deshalb, weil das uralte Wissen der frühesten Menschheitsgeschichte bewahrt und weiterentwickelt wurde. Selbst die christliche Offenbarung gewinnt im Neuen Atlantis nahezu wissenschaftlichen Charakter. Kurz nach dem Kreuzestod Christi erschien dort nämlich eine Lichtsäule mit Kreuz, der sich die erstaunten Inselbewohner nur begrenzt annähern konnten, um dann zu Salzsäulen zu erstarren (NA 184ff.). Nachdem einer ihrer weisen Männer die Erscheinung gebührend als Offenbarung des wahren Glaubens begrüßt hatte, fiel diese Erstarrung von ihnen, das Licht erhob sich zum Himmel und gab eine Zedernschachtel frei, in der ein Buch lag. Darin erklärte der Apostel Bartholomäus, den Auftrag zu dieser Kästchen-Post von einem Engel erhalten zu haben. Dem Volk, das diese in Empfang nahm, wurde darin Erlösung und Frieden verheißen. Und so kam es. Die damals multikulturelle Gesellschaft von Bensalem erlebte ein Pfingstwunder, weil ein jeglicher, ob Jude, Perser oder Inder, die frohe Botschaft in seiner eigenen Sprache verstehen und verkünden konnte.

So wird Glauben zum Wissen, für skeptische Thomase ist auf der Insel kein Platz. Und in der langen Kontroverse, ob die Antike oder die Gegenwart zivilisatorisch höher steht, neigt Bacon ebenfalls der konservativen Position zu. Denn alles, was Bensalem heute auszeichnet, ist eintausendneunhundert Jahre zuvor von einem weisen und gütigen Gesetzgeber namens Solamona verfügt und danach getreulich bewahrt worden (NA 192f.). Solamona wiederum kannte, so glauben die Insulaner sicher zu wissen, Salomon, den weisen König der Juden, der lange vor seiner Zeit lebte, und zollte ihm mit der Gründung seiner wichtigsten Institution, dem Haus des Salomo, das ein Haus der Wissenschaft ist, seinen Tribut. Wissen ist das höchste Gut auf der Insel, und dieses Wissen nährt sich aus den Überlieferungs-Schätzen der Vergangenheit.

Auch das soziale und politische Leben verschont die Briten mit Fremdheits-Erlebnissen. Auch unter diesem Gesichtspunkt ist auf der Insel alles besser, aber nicht wirklich anders. Was in Europa mühsam eingeschärft und erzwungen werden muss, ist hier auf wundersame Weise konfliktlos in Herz und Gemüt versenkt und verwurzelt. Niemand schlägt über die Stränge, das Laster ist so gut wie unbekannt, ja die Insel ist geradezu der Inbegriff der Keuschheit: ohne Homosexualität, ohne Ehebruch, ohne Promiskuität, ja sogar ohne das Begehren danach. Die wenigen, die sich vergehen, werden abgemahnt und finden auf den rechten

Weg zurück. Ein tief verinnerlichter Glaube, ein nicht minder verinnerlichtes Sittengesetz, das Konsistorien überflüssig macht – Bensalem stellt sich wie ein Wirklichkeit gewordener Wunschtraum strenger Reformatoren vom Schlage Calvins dar. Maximale Abweichung in diesem Bereich sind Heiraten ohne Zustimmung der Eltern, doch auch hier wusste der kluge Gesetzgeber Abhilfe: Kinder aus solchen Verbindungen sind nicht erbberechtigt und solche unautorisierten Allianzen daher äußerst selten. Auf diese Weise ist die Ehe Hort der Tugend – im Gegensatz zu Europa, wo so schnöde Gesichtspunkte wie Bereicherung durch Mitgiften und sozialer Aufstieg durch die richtige Heirat diese natürliche Einrichtung herabgewürdigt haben. Auf der Insel aber wird das natürliche Gesetz geheiligt, und dieses natürliche Gesetz ist Monogamie und Keuschheit.

Damit stellt sich die Frage, was Europa tun muss, um zu diesem natürlichen Zustand zurückzufinden. Eine Antwort der Bensalemer lautet: Heilung durch Ritualisierung. Regelmäßig anberaumte Großfamilienfeste (*NA* 196–199) stärken den Zusammenhalt und vertreiben unsaubere Gelüste. Das Heilmittel gegen die Gebrechen der Gegenwart liegt in den schlichten Kultformen der Vergangenheit.

Keimzelle des Neuen Atlantis ist die Großfamilie unter einem Tirsan genannten Patriarchen. Dieser führt seinen Clan, dem vom König Landbesitz und Ehre garantiert werden. Auch das nimmt sich wie ein Europa aus, wie es für *laudatores temporis acti* in besseren älteren Zeiten gewesen sein soll, als der Adel noch Leitungsfunktionen besaß und noch nicht von staatlichen Organen verdrängt war. Auf nicht minder wundersame Art und Weise ist auf Neu-Atlantis das Problem der jüdischen Minderheit gelöst. Wie ein Mitglied dieser Gemeinde dem Ich-Erzähler berichtet (*NA* 199f.), erkennen er und seine Glaubensbrüder selbstverständlich an, dass Jesus von einer Jungfrau geboren wurde, mehr als ein Mensch ist und von Gott zum Herren der Seraphim erhoben wurde, die seinen Thron bewachen. Christus wird so für die Juden von Bensalem zum Elias des Messias: ein Ehrentitel, der Versöhnung mit den Christen signalisiert. Das ist zwar weniger als die Bekehrung der Juden zum Christentum, doch auf Bensalem die Grundlage für ein spannungsfreies Zusammenleben im politisch gelobten Land. Das Hauptproblem des Konfessionellen Zeitalters, das friedliche Zusammenleben unterschiedlicher Glaubensgemeinschaften in einem Staat und an einem Ort, löst sich durch diese partielle Synthese von selbst – wiederum im Gegensatz zu Europa, wo laut Bacon die Juden Christus und die Christen, unter denen sie leben müssen, hassen. Die Lösung für die rivalisierenden christlichen Konfessionen, die sich zur Entstehungszeit von Bacons Text feindlicher denn je gegenüberstehen, bestünde analog darin, jeweils die Prämissen der anderen Seite anzuerkennen, ohne deswegen die eigene Rechtgläubigkeit aufzugeben, oder zumindest den Andersgläubigen gutes Gewissen und edles Streben zuzugestehen. Näher ausgeführt wird diese brennend aktuelle Problematik am Beispiel Bensalems allerdings nicht.

11.4 Die Macht des Wissens

Dessen spirituelles und intellektuelles Zentrum ist – wie die Besucher aus mancherlei Andeutungen hinlänglich erfahren haben – das geheimnisvolle Haus des Salomo, das von einer ebenso arkanen Bruderschaft geführt wird. Einer dieser Väter, die man in der Inselhauptstadt seit zwölf Jahren nicht mehr gesehen hat, kündigt gerade seinen Besuch an (*NA* 202). Er wird wie eine Haupt- und Staatsaktion begangen: mit einer prachtvollen Prozession, in der die Würdenträger in (ausführlich beschriebene) Staatsgewänder gehüllt sind und der vornehme Gast die staunenden Städter stumm segnet. Auch bei dieser im Europa der Prozessionen vertrauten Gelegenheit gewinnt Bensalem im Vergleich: vor allem durch die mustergültige Disziplin der Einwohner, die wie in perfekter Schlachtordnung an den Straßenrändern stehen – auch das ein unerfüllter Wunschtraum aller damaligen Obrigkeiten.

So herrscherlich distanziert und erhaben sich der Einzug des Salomon-Haus-Vaters auch vollzieht, gegenüber den gestrandeten Briten gibt er sich erstaunlich auskunftsbereit. Sie dürfen sogar einen der Ihren auswählen, dem die ganze Bandbreite dieses „Forschungsinstituts" mitgeteilt wird. Offensichtlich drängt es den Hüter und Mehrer des Wissens, dem staunenden Europa von seinen Schätzen und von seiner Überlegenheit mitzuteilen. Den Zweck des Hauses umreißt er wie folgt: „Der Zweck unserer Gründung ist die Erkenntnis der Ursachen und Bewegungen sowie der verborgenen Kräfte in der Natur und die Erweiterung der menschlichen Herrschaft bis an die Grenzen des überhaupt Möglichen" (*NA* 205).

Wissen ist Macht, das macht der Ausdruck *imperium* in diesem Zusammenhang überdeutlich. Nach Macht zuerst über die Natur und dann über die Menschen, die ja der Natur und ihren Gesetzen unterworfen sind, strebten die Alchimisten seit jeher, und ihren Bräuchen und Vorgehensweisen ähnelt die Salomon-Hausordnung auch am meisten. Zwar ist Goldmachen auf Bensalem kein Thema, da die Insel so gut wie keinen Warenverkehr mit dem Ausland mehr unterhält, doch ist es ein erklärtes Ziel der Bruderschaft, in künstlichen Höhlen bis zu drei Meilen unter dem Erdboden neue, künstliche Metalle herzustellen – welche und für welchen Zweck, bleibt allerdings offen. Die Salomon-Väter sind der Meinung, dass sich weit unter und über dem Erdboden die Beschaffenheit der Stoffe verändert, vor allem was ihre Haltbarkeit betrifft. So entwickeln sie ein ausgesprochenes Faible dafür, organische Materie auf verschiedenartigste Weise und in den unterschiedlichsten Umgebungen zu vergraben und nach einiger Zeit wieder in Augenschein zu nehmen, um die Art und Schnelligkeit der Zerfalls- oder Erhaltungsprozesse zu studieren.

An einigen dieser exponierten Außenposten werden sogar Eremiten platziert (*NA* 205), die nicht nur diese Veränderungen im Auge behalten, sondern selbst als Versuchsobjekte dienen, zum Beispiel mit Erfolg zur vitalen Frage, ob sich das menschliche Leben durch den Rückzug in solche Abgeschiedenheit verlängern lässt. Auch diverse Krankheiten können nach Auskunft des Insel-Magus auf diese Weise geheilt werden. Allerdings erfahren die wissbegierigen Europäer nicht, wie; der Weg in die Tiefe allein kann es kaum sein. Wie die Luft wird auch das Wasser zum Versuchsobjekt der Bensalemer Bruderschaft. In einigen Spezial-Weihern wird aus Salzwasser Süßwasser und umgekehrt. Reißende Flüsse dienen der Untersuchung der Strömung und ihrer Nachahmung. Über das Stadium der reinen Beobachtung sind die Salomon-Forscher längst hinaus gelangt: Sie haben „mehrere Maschinen, die die Winde auffangen, vervielfältigen und verstärken" (*NA* 206).

Wie ihnen dieser entscheidende Schritt von der Untersuchung zur Konstruktion von Geräten gelungen ist, die selber Bewegung erzeugen und so in Konkurrenz zur Natur treten, wird allerdings nicht einmal angedeutet. Dabei ist das schon damals die alles entscheidende Frage: Wie lässt sich Energie gewinnen, die den kunstvoll ersonnenen Geräten als Antrieb dienen kann? Solange sie unbeantwortet blieb, blieben die raffiniertesten Apparaturen, wie sie ein Leonardo da Vinci erfand, reine Gedankenspiele. Das gilt auch für die Wirksamkeit der Wasser-Mischungen, die in der künstlichen Seenlandschaft von Bensalem vorgenommen werden. Das kostbarste Produkt dieser Experimente ist das so genannte „Paradies-Wasser", das Krankheiten zu heilen und das Leben ebenfalls zu verlängern vermag: alchimistische Versprechen par excellence.

Die Anordnung der Experimente, die Annahmen, die sie leiten, die Maßnahmen, die getroffen werden, um ihre Ergebnisse zu überprüfen und Zufallsfaktoren auszuschließen – alles, was zur Methode gehört, bleibt hier exemplarisch unklar. So, wie das Mitglied der Wissenschaftler-Bruderschaft seine Institution schildert, gleicht sie einer barocken Wunderkammer aufs Haar. Die neue Naturwissenschaft, wie sie zur selben Zeit Galileo Galilei kreiert und proklamiert, ist öffentlich wie die Versuche, die sie begründen, siehe Galileis Fall-Experimente auf dem schiefen Turm von Pisa. Die neue Wissenschaft, die die immer und überall gültigen Gesetze der Natur ableitet, geht, ja drängt an die Öffentlichkeit, damit das Wissen, das sie erzeugt, eben nicht mehr geheim bleibt. Galilei war ein äußerst geschickter und manchmal auch äußerst unvorsichtiger Publizist, der seine Theorie und Ergebnisse weit über alle geschlossenen Zirkel der Gleichgesinnten und Eingeweihten hinaus einem breiteren Publikum bekannt machen wollte und deshalb auf Italienisch schrieb. Selbstverständlich ging es auch dem Pisaner in hohem Maße um Selbstprofilierung, doch nicht mehr als Vermittler arkanen Wissens, wie die meisten seiner Vorgänger, sondern als Herold einer neuen Wissenschaft, die ihre Resultate nicht mehr als mehr oder weniger unverbindliche Theorien, sondern als definitiv gesichertes Welt-Wissen präsentierte. Als solcher trat Galilei bekanntlich in Konkurrenz zur Kirche und ihren Überwachungs-Institutionen, die allenfalls Hypothesen solcher Art duldeten. Gerade weil Galilei den Methoden-, Wissens- und Erkenntnis-Anspruch der Theologie bei der Erforschung der natürlichen Welt bestritt und den Primat des neuen Naturwissenschaftlers einforderte und sich so auf die riskante Konkurrenz mit den Theologen einließ, die ihr Welterklärungsmonopol nach dem Konzil von Trient gestärkt glaubten, brauchte er die Öffentlichkeit – und verschätzte sich, was deren Echo und Unterstützung anging, fatal.

Beim drei Jahre älteren Bacon bleibt die Erforschung der Natur nicht nur zutiefst arkan und ihre Versuchsanordnung offen, sondern auch jeder Konflikt mit der Religion und deren Dienern ausgespart.

11.5 Natur-Zähmung und natürliche Wunder

Katalogartig, wie sie begonnen hatte, setzt sich die Beschreibung des insularen Geheimkabinetts und seiner Wunder-Produktion fort (*NA* 205ff.). In geräumigen Gebäuden werden Meteore nachgeahmt und untersucht. Auch hier vollzieht sich der Übergang von der Beobachtung zur Nachahmung und Selbsterzeugung ohne jede Erklärung. So werden in diesen Versuchshallen künstliche Niederschläge hervorgebracht, und zwar nicht nur von Schnee und Hagel, sondern auch von Lebewesen: In dieser ganz speziellen Luft werden Insekten wie Heuschrecken und Fliegen, aber auch Frösche gezeugt. Auf der Erde, in ihren Versuchsgärten, gelingen den Wundermännern des Salomon-Hauses nicht weniger erstaunliche Experimente. Dort testen sie nicht nur gut empirisch, welche Erde welchen Pflanzen behagt und durch welche Zumischungen sich ihr Wachstum und ihr Fruchtansatz verbessern lassen, sondern dort bringen sie durch bloße Bodenmischungen, ohne Aussaat und Samen, sogar neue Pflanzen und Früchte hervor. Auch hier können die rückständigen Europäer nur staunen; wie diese Großtaten vollbracht werden, wie der Mensch durch die Erkenntnis der Naturgesetze zum Herren der Natur wird und als eine Art Vize-Gott neue Lebensformen hervorbringt, wird ihnen jedoch verschwiegen. Umso deutlicher tritt der Zweck aller Unternehmungen hervor: den Menschen von Krankheiten zu heilen und sein Leben zu verlängern, wenn nicht sogar zu irdischer Unsterblichkeit zu führen.

Dabei sind Tierversuche unvermeidlich. In zoologischen Gärten halten die Forscher-Brüder zahlreiche Säugetiere und Vögel, die sie wie lebendige Maschinen sezieren, um dadurch zu erkennen, welche Teile lebensnotwendig und welche verzichtbar sind. Auch hier vollzieht sich der Übergang von der Theorie zur Praxis nahtlos. Mit den durch ihre Vivisektionen gewonnenen Ergebnissen machen die Salomonianer Tiere kleiner oder größer, fruchtbarer oder steril. Der Mensch ist auf diese Weise zum Herrn der Schöpfung geworden. Was Gott an sechs Tagen hervorgebracht hat, formt der Mensch nach seinen Zwecken um. Daraus entstehen am Ende sogar ganz neue Arten, die nicht nur lebens-, sondern sogar reproduktionsfähig sind: Schlangen, Würmer, Fliegen und Fische. Diese neuen, von Menschen hervorgebrachten Kreaturen sind keine Zufallsprodukte, sondern genau geplant, ja geradezu designt – stets entspricht das Ergebnis den Vorhersagen. Der Schritt zur Produktion von *homunculi*, der finstersten und sagenumwobensten Kunst der Alchimisten, scheint von hier aus logisch, doch vollzogen wird er nicht. Die Experimente mit lebenden Menschen beschränken sich auf die Eremiten in der Erde und auf hohen Türmen.

Sehr viel konventioneller nehmen sich dagegen die Brauhäuser, Bäckereien und Küchen aus, in denen neue, bessere Nahrungsmittel hergestellt werden. Dass auch sie dem Hauptzweck, das Leben zu verlängern und angenehmer zu gestalten, dienen, versteht sich von selbst. Und so geht es denn auch weiter mit den ermüdenden Aufzählungen: „*Habemus etiam* ...", wir haben auch dieses und jenes noch, und zwar stets etwas, das es bei euch, wie wir durch unsere Spionage-Expeditionen sehr genau wissen, so nicht gibt: Apotheken mit den unvermeidlichen lebensverlängernden Mittelchen und Tinkturen, mechanische Künste und Techniken, die sehr viel feinere Alltagsprodukte wie Papier und Seidenstoffe herstellen, Brennöfen mit größerer Hitze und genaueren Einstellungen sowie, natürlich, auch die Apparaturen, die große Hitze künstlich erzeugen – auch hier kein Hinweis darauf, wie. Was zählt, ist der monoton repetierte Komparativ: besser, ausgeklügelter, wirksamer, als ihr es kennt. Die Präsentation des Salomon-Vaters gestaltet sich je länger desto eitler und protziger, ja geradezu parvenühaft. Das überlegene Wissen seiner Institution erstreckt sich selbstverständlich auf die menschlichen Sinnesorgane: Auf Bensalem gibt es Ferngläser, die das ganz Ferne nahe heranrücken, Lupen, die wie Mikroskope funktionieren und das ganz Kleine in Blut und Urin sichtbar machen, und natürlich Maschinen, die Licht von bislang unbekannter Art und Intensität aus verschiedenen Körpern hervorgehen lassen. Darüber hinaus setzen die Insulaner das Licht zielgerichtet zur Ortung weit entfernter Objekte ein, fast schon wie Laserkanonen.

Selbst die unbelebte Welt der Steine und Mineralien ist hier weiter, begünstigt von der Natur, doch vor allem von der überragenden Kunstfertigkeit der Salomon-Brüderschaft, die auch auf diesem Gebiet die Schöpfung veredelt, etwa durch zu Glas gewordene Metalle (*NA* 211) sowie durch natürliche und künstlich produzierte Edelsteine, die es anderswo nicht gibt, und Magneten von einzigartiger Kraft. Selbst die Fossilien sind hier anders. Warum, lässt Bacon offen und lässt damit eine Chance zur wissenschaftlichen Profilierung aus. Fossilien werden wenige Jahrzehnte später, als Niels Stensen, genannt Steno, der dänische

Leibarzt des toskanischen Großherzogs, sie in den Bergen des Apennin findet, Fragen aufwerfen, die das biblische Zeitgefüge und mit ihm die Schöpfungsgeschichte der Genesis langfristig in Frage stellen werden: Wann und wie kommen versteinerte Fische auf Bergeshöhen?

Der Meister des Salomon-Hauses aber geht in seiner Ruhmes-Rede zum Laut-Labor über, das – man ahnt es bereits – nicht nur alle natürlichen Töne nachahmen, sondern auch verstärken, umlenken und auf alle nur mögliche Art und Weise verfremden kann; dass Schwerhörige hier wieder hellhörig werden, hat die Insel Europa ebenfalls voraus. Auch der Geschmack- und Geruchssinn kommt auf seine Kosten. Die Bruderschaft experimentiert eifrig an allen nur denkbaren künstlichen Aromen und neuen Geschmacksrichtungen, die echter als die authentischen Produkte selbst schmecken – wie nah er damit den Praktiken der Lebensmittelindustrie des 21. Jahrhunderts kam, konnte Bacon unmöglich ahnen. Doch die eigentlichen Exzellenz-Bereiche des Salomon-Hauses sind martialischer ausgerichtet. Seine Spezialisten produzieren superstarke Kanonen und in Europa unbekannte Kriegsmaschinen, die jeden, der so leichtsinnig wäre, die Insel anzugreifen, das Fürchten lehren. Denn die Angriffe ihrer Verteidiger erfolgen aus der Luft und unter Wasser – die erfinderischen Genies der Bruderschaft haben durch Nachahmung der Vögel gelernt, sich selbst in die Lüfte zu erheben und durch ozeanische Studien die Fähigkeit erworben, mit Unterseebooten wie die Fische im Meer zu schwimmen. Mit welchen Kräften sie diese Großtaten bewältigen, bleibt abermals offen.

Auch der Antrieb für diese Untersuchungen ist unklar; von äußeren Bedrohungen war in den historischen Abrissen nie die Rede. Nicht minder rätselhaft ist die Motivation für das Labor der Spezialeffekte, mit denen alle Sinne des Menschen perfekt getäuscht werden können. Hier werden Maschinen gefertigt, die die natürliche Welt so vollendet nachahmen, dass selbst das misstrauischste Publikum in die Irre geführt würde. In dieser künstlichen Brutstätte einer zweiten Schöpfung stünde somit alles bereit, um die Menschheit mit Wundern zu überwältigen. Mit anderen Worten: die Salomonianer könnten sich als Zauberer und Übermenschen verherrlichen lassen, doch solche Manipulationen liegen ihnen denkbar fern; wer sich dazu verleiten lässt, wird mit Schande und Bußen abgestraft. Sie wollen nicht mehr scheinen, als sie sind: Wissenschaftler, die den Gesetzen der Natur weiter als alle anderen Menschen auf die Spur gekommen sind. Doch der staunende Zuhörer weiß, dass das beileibe nicht alles ist. Schließlich können die geheimnisvollen Väter aus bloßer Erde Pflanzen und aus der Luft Frösche und Heuschrecken hervorgehen lassen, und haben damit die Grenze zwischen Naturerkenntnis und der Erzeugung einer zweiten, verbesserten Natur weit überschritten. Mit anderen Worten: sie sind Wundermänner und Götter auf Erden, wollen aber nicht als solche gesehen werden.

11.6 Berufene und Berufe

Nach dem „Wir haben" das „Wir sind": Zwölf Brüder, die „Lichthändler" (*NA* 213) ziehen regelmäßig zwecks Forschungsspionage in die weite Welt hinaus und stehlen den anderen ihre Erkenntnisse. In Anbetracht der enormen Vorsprünge in allen nur denkbaren Wissenschaften überraschen diese Enteigungs-Ausflüge: Was können die Salomonianer denn noch von anderen Völkern, denen sie so weit voraus sind, lernen? Darüber hinaus ist ein weiteres Trio damit beschäftigt, die Schriften der fremden Völker für eigene Experimente auszuwerten; sie heißen sinnigerweise *depredatores*, Beutemacher. Drei weitere Brüder sammeln Experimente aus den mechanischen und übrigen Künsten; sie heißen Jäger. Minenarbeiter werden die drei genannt, die neue Experimente veranstalten. *Divisores*, Aufteiler, nennen sich diejenigen, die die Experimente aller anderen zusammenfassen und so deren theoretische Auswertung vorbereiten. Ein weiteres Trio, das den Ehrentitel *euergetas*, also Wohltäter, trägt, ist überwiegend für die praktische Nutzanwendung zwecks Hebung der allgemeinen Lebensqualität zuständig. Wozu auch „natürliche Weissagungen" gehören. Solche *naturales divinationes* bestanden zur Entstehungszeit des Texts in Europa darin, Meteore und andere Himmelserscheinungen als Botschaften für die Zukunft auszudeuten. Dieselbe Aussage schreiben ihnen auch die Salomonianer zu. Und sie sind überzeugt, diese Naturerscheinungen, seien es Kometen, Erdbeben oder Heuschreckenschwärme, auch als Warnungen vor noch schlimmeren Katastrophen deuten zu können. Ja, sie reisen sogar regelmäßig über die ganze Insel, um diese Warnungen unters Volk zu bringen. In Europa glaubte das Volk 1626 und noch lange danach an diese himmlischen Abmahnungen. Die Gebildeten allerdings suchten ganz neue Deutungswege: Kometen waren für sie natürliche Erscheinungen der Himmelswelt ohne Botschaften für die sündige Menschheit. Mit ihrer gegenteiligen Ansicht zeigt sich die Bruderschaft und mit ihr Bacon nochmals einer traditionellen, vor-wissenschaftlichen Geisteshaltung verpflichtet. Dazu passt auch, dass die Salomonianer ihre Untersuchungen wie Gottesdienste, mit Hymnen und Gebeten, zelebrieren.

Die Aufgabe der drei „Lampen" besteht darin, neue Experimente zu ersinnen. Die drei *inoculatores*, die Aufpfropfer, führen diese Versuche aus und berichten über deren Ergebnisse. Die letzten und durch ihre Funktion höchsten drei Brüder schließlich ergänzen, erweitern und vertiefen alle bislang aus Experimenten gewonnenen Ergebnisse in allgemeingültige Erkenntnisse und Regeln. Sie heißen daher Dolmetscher. Auch für Nachwuchs sorgt das illustre Kollegium, und zwar in Form von Novizen und Lehrlingen. Zudem steht ihnen für ihre Experimente unbegrenzt Personal zur Verfügung. Alle Brüder zusammen beschließen, welche Resultate ihrer Forschungen publik gemacht und welche geheim gehalten werden sollen. Dabei überwiegen die *arcana scientiae* bei weitem. Diese nicht weiterzugeben verpflichten sich die Salomonianer durch ein feierliches omertà-Gebot. Den Größen der Wissenschaft errichten sie Statuen, die in einer speziellen Ruhmeshalle aufgestellt werden. Dabei kommen auch einzelne Europäer wie Kolumbus, der Entdecker West-Indiens, zu Ehren.

Damit endet die Schilderung des Vaters. Bevor er sich verabschiedet, gibt er seinem Zuhörer die Erlaubnis, alles, was er auf Bensalem erfuhr, in Europa zu publizieren, und fügt ein Ehrengeschenk über 2.000 Dukaten dazu. Damit endet Bacons Text oder besser: er bricht unvollendet ab.

11.7 Fazit: eine Utopie?

Ist er überhaupt eine Utopie im eigentlichen Wortsinn? Bacons Text fehlt die Idee der Erziehung und damit auch die Vorstellung von einem neuen Menschen. Die Bensalemer sind friedfertiger, höflicher, toleranter und disziplinierter als die Europäer. Wie sie so geworden sind, wird nicht gesagt, nicht einmal angedeutet. Bei Morus und Campanella war das umgekehrt, für sie war der Weg zum großen Teil das Ziel. Was die Salomon-Bruderschaft erreicht hat, sind Menschheitsträume von Anbeginn an. Doch wird kein Weg dahin aufgezeigt. Die Errungenschaften der Insel laufen auf eine Entzifferung der Natur zwecks ihrer Beherrschung hinaus – über beide Methoden kein Wort. Für die wirklichen Wissenschaftler Galilei und Newton stand der Mensch ganz am Anfang des Weges, der zum Erkennen der Natur führte; sehr vieles würde ihm zudem immer verschlossen bleiben. Bacons Inselbewohner aber sind schon fast am Ziel. Sie können fliegen und haben das Leben des Menschen weit verlängert. Selbst eine Art irdischer Unsterblichkeit ist ihnen zuzutrauen. So stellt sich die *Nova Atlantis* weniger als Utopie und viel mehr als eine Art Märchen von einem technischen Schlaraffenland dar. In diesem Zusammenhang wäre zu fragen, ob und wie der Text auf die verbreitetste Utopie-Gattung des 20. Jahrhunderts, Science-Fiction, gewirkt hat. Gewisse Übereinstimmungen stechen schon jetzt ins Auge – so wie die Bezwingung der Natur im neuen Atlantis keine wirklich neuen Menschen hervorbringt, so bleibt auch in den Helden der Star-Trek-Abenteuer das Menschlich-Allzumenschliche auch Lichtjahre von der Erde entfernt erhalten.

Otfried Höffe
12 Das Haus Salomons

Francis Bacon, nach Ausweis seiner *Essays* ein brillanter, überdies lebenskluger Schriftsteller, gibt im Reiseroman *Neu-Atlantis* seinem Innovationspathos eine konkrete Gestalt. In der detaillierten Schilderung des Lebens auf einer zufällig entdeckten Insel wird erlebbar deutlich, wie ein von seinem Programm der *Instauratio Magna*, der großen Erneuerung der Wissenschaften, geprägtes, davon sogar dominiertes Gemeinwesen aussehen kann.

Den sachlichen Mittelpunkt der Insel, den Kern der Baconschen Erneuerung, bildet ein großräumiges Forschungsinstitut, das „Haus Salomons", auch „Kolleg des Sechs-Tage-Werkes" genannt. Während schon Neu-Atlantis abseits gelegen ist, liegt das Forschungsinstitut auf dieser Insel seinerseits noch abseits. Den anderen Inselbewohnern erscheint es wie ein für sich existierendes, ihnen zwar bekanntes, trotzdem verborgenes Kloster. Mit den „nächtlichen Sitzungen" in Platons Spätwerk, den *Nomoi*, vergleichbar, aber im offenbaren Gegensatz zu Bacons eigenem, in seinen wissenschaftspolitischen Schriften vertretenen Plädoyer für eine demokratische, der Öffentlichkeit der ganzen Welt transparenten Wissenschaft, herrscht hier Abgeschiedenheit und Verschlossenheit. Selbst der privilegierte Besucher wird nicht zur Forschungsstätte geführt, um sie selber in Augenschein zu nehmen. Vielmehr kommt ein Vertreter, einer der sogenannten „Väter" des „Hauses Salomons", und berichtet im Rahmen einer Audienz, also eines großzügig, sogar gnädiglich gewährten Gesprächs. Vorbehaltlich der Zustimmung seitens der Forscher sollen aber die Erkenntnisse ihrer Arbeit der ganzen Menschheit zugute kommen.

12.1 Der königliche Auftritt

Der Auftritt des Vaters erweist sich schon deshalb als großes Ereignis, weil – einmal mehr Geheimniskrämerei – er höchst selten stattfindet. Der letzte Auftritt war vor einer Zeitspanne, die der biblischen Apostelzahl entspricht: vor zwölf Jahren. (Auch in Campanellas Utopie, der *Sonnenstadt*, nämlich bei der Beamtenschaft, spielt die Zahl zwölf eine Rolle.) Dem Rang und Gewicht des Auftritts gemäß wird der Besuch eine Woche vorher angekündigt. Weshalb er stattfindet, bleibt wieder ungenannt, was den Geheimnischarakter, zudem elitären Charakter bekräftigt. Ihm entspricht die Feierlichkeit des Auftritts. Der „Vater" zieht wie ein Fürst ein und wird auch „vom Volk", als ob es seine Untertanen sind, wie ein

Fürst empfangen. Zusätzlich hat der Auftritt etwas Zeremonielles an sich, was an den Einzug eines Kirchenfürsten erinnert.

Die Gestalt des Vaters ist wie nach einem aristotelisch-stoischen Kriterium für normative Vollendung, dem „goldenen Mittelweg", gezeichnet. Die Person ist mittelgroß und mittleren Alters, was für gereifte Erfahrung, aber nicht für ein in der Vitalität schon abnehmendes Lebensalter spricht. Es lässt allerdings auch nicht an das denken, was große Forscher häufig auszeichnet, an eine unvorbelastete, „kindliche" Neugier. Noch in einer weiteren Hinsicht ist die Person eine Mitte, sie ist nämlich weder auffallend „asketisch" noch wie ein Bonvivant korpulent, vielmehr schlank, aber stattlich. Und der Gesichtsausdruck zeigt nicht Arroganz, wohl aber die hoheitsvolle Überlegenheit einer von Mitleid mit den gewöhnlichen Menschen geprägten Person.

Im Kontrast dazu steht die auffallende Kleidung, noch auffallender ist deren detaillierte Beschreibung. Ich vermute, das Gewand entspricht damaligen Herrschaften, jedenfalls spricht es für eine ehrfurchtgebietende Vornehmheit: Das Obergewand, eine Toga, also das klassische römische Obergewand, ist zwar aus „schlichtem schwarzem Stoff". Das Untergewand und der Schal sind jedoch aus feinstem Leinen; Handschuhe und Schuhe sind aus Samt; auf dem Kopf trägt der Vater eine helmartige Bedeckung. Noch vornehmer wirkt der Sitz, der Sessel. Er besteht aus kostbarem, wohlriechendem Material, dem Zedernholz; er ist mit Gold und Edelsteinen verziert, hat ein Seidenpolster und unter den Füßen liegt ein Seidenteppich.

Diese Schilderung von einem zur Schau getragenen Prunk wirkt nicht bloß für heutige Leser aufdringlich, sie widerspricht auch der Tradition politischer Utopien. In ihr herrscht nämlich eine Geringschätzung, nicht selten sogar Verachtung von Gold, Silber und Edelsteinen vor. Morus' Utopier sind nach Qualität und Zahl ihrer Kleider höchst anspruchslos, tragen überdies die gleichen Gewänder. Weder gibt es weltliche noch geistliche Fürsten, die sich vom einfachen Volk durch prunkvolle Kleidung absetzen.

Gesteigert wird die prunkgesättigte Vornehmheit des Vaters durch die zwei den sänfteartigen Sessel tragenden Paare von prächtig aufgeschirrten Pferden, ferner durch die zwei Paar Läufer und 50 vor der Sänfte einherschreitende Jünglinge. Unmittelbar vor der Sänfte gehen zwei barhäuptige Männer, von denen der eine das Grundsymbol des Christentums trägt, das für die Nächstenliebe der Baconschen humanitären Forschung stehende Kreuz, der andere trägt, was die Führungs- und Leitungsaufgabe symbolisiert, einen Hirtenstab. Beide, Kreuz und Hirtenstab, bekräftigen den *kirchen*fürstlichen Charakter.

Die städtischen Behörden, die den Zug begleiten, gehen der Sänfte nicht voran, sondern folgen ihr, worin sich eine klare Rangfolge ausspricht: Nicht die Politik steht an erster Stelle, vielmehr die Forschung. Diese Hierarchie beläuft sich aber nicht auf eine Expertokratie, denn die Forscher des Hauses Salomons sind weder für die Gesetzgebung noch die Verwaltung oder die Gerichtsbarkeit zuständig. Sie liefern nicht einmal eine politische Expertise. Politik, Administration und Justiz erscheinen somit als eigenständig, in Rang und Bedeutung aber den (Natur-)Forschern entschieden nachgeordnet.

Vermutlich als zum Kreuz und zum Hirtenstab zusätzliche und seinen Rang steigernde Funktion agiert der Vater selber priesterlich, ist nämlich segnend tätig. Bei der den Besuchern gewährten Audienz wird er dieses Segnen nicht bloß wieder aufnehmen, es gilt dort als eine besondere Gunst, gewissermaßen erneut als ein gnädig, keinesfalls immer gewährter Höhepunkt. Wichtiger als die in der Audienz berichteten Forschungen, sprich: die kognitive Seite, selbst wichtiger als deren humanitäre Intention, ist der geistliche Wert: fast wie ein Erlöser bringt der Vater Segen und Heil. Der Unterschied zum Christentum ist frappant, sogar skandalös: Das Heil bringt nicht eine göttlich-menschliche Hingabe, Jesu Kreuzestod, dem allerdings die Auferstehung folgt, sondern die Forschung, personifiziert in ihrem Leiter.

Hier muss man sich fragen, ob Bacon, dieser humanistisch gebildete „Intellektuelle", die Provokation gewollt hat. Will er tatsächlich damit visualisieren, dass die im Haus Salomons betriebene Forschung nicht nur vielfältige Hilfe, sondern sogar Segen und Heil verspricht, dass sie jedenfalls einen priesterlichen, insofern religiösen Charakter hat? Daran schließt sich die bei Religionen für eine priesterliche Autorität unvermeidbare Frage an: Woher kommt das Recht, woher die Kraft zum Segnen? Ist sie überheblicherweise in der Forschung als solcher enthalten?

Zeigen wird sich jedenfalls, dass der im Hause Salomons betriebene Wissensfortschritt im Dienst des menschlichen Wohlergehens steht und dass darin das Innovationspathos, die Leidenschaft für das revolutionär Neue schon des *Novum Organum* und hier des *Neu-Atlantis*, zu sehen ist: An die Stelle der Aristotelischen Theoria, des sich selbst genügenden Wissens, tritt eine humanitäre Forschung, die sich mit der großen zivilisatorischen Hoffnung verbindet, unmittelbar mittels Wissenschaft das menschliche Leben zu verbessern und Übeln abzuhelfen, mittelbar sogar Heil und Segen zu bringen.

Eine der dominierenden Theorien der Moderne heißt „Säkularisierung" und meint eine Devalorisierung von Religion und Theologie: Die christlichen Elemente überleben, wenn überhaupt, ohne ihre religiösen Wurzeln. In dem auf Neu-Atlantis vorherrschenden Wissenschaftsideal zeichnet sich die Moderne, hier ihre epistemische Seite, durch eine Gegenbewegung aus: Entwertet wird zwar die christliche Dogmatik, zugleich nimmt man aber ein Kernelement der christlichen Praxis, die Nächstenliebe, hier in Gestalt einer humanitären Wissenschaft, ernst. Pointiert gesagt: Während das christliche Mittelalter die kontemplativen Wissenschaften der Philosophie und der systematischen Theologie höher schätzt, erhebt paradoxerweise die nicht mehr so christliche Neuzeit das christliche Ideal der Nächstenliebe zum Leitprinzip.

Zurück zum Auftritt: Hoheitsvoll und Ehrfurcht gebietend wie der den Gästen noch unbekannte Schatz des im Hause Salomons enthaltenen Wissens ist auch das (feierliche) Schweigen beim festlichen Einzug und zusätzlich eine Ordnung, die selbst eine militärische Disziplin noch übertrifft.

In einer so wirkungsmächtigen Schrift wie den *Bekenntnissen* des Augustinus (Buch V, Kap. 3) wird eine Neugier, die sich nur für Naturgesetze und die mit ihrer Hilfe möglichen Prognosen interessiert, als Hoffart und überheblicher Stolz diskreditiert. Im Gegenzug wird ein „religiose quaerere", ein gottesfürchtiges Forschen, verlangt: Die Forschung soll die Natur von vornherein als Schöpfung ansehen und dahinter den Künstler der Schöpfung, also Gott, suchen. Auf diese Weise wird das bloße Wissenwollen, die *curiositas*, als eine Begierde (*concupiscentia*) verstanden, die Gefahr läuft, sich zu einem Laster auszuwachsen.

Dem widersetzt sich Bacon. Es geschieht aber nicht mit einer konträren Position, etwa einem Atheismus, sondern gewissermaßen nach der Methode der bestimmten Negation: Von jeder wissenschaftsexternen Verpflichtung freigesetzt, soll die naturwissenschaftliche Erkenntnis sich ausschließlich auf die Natur, nicht zusätzlich auf ihren Schöpfer richten. Auf eine wissenschaftsexterne Weise kann der Schöpfer jedoch präsent bleiben. Denn zu einer begründeten Gottesleugnung, zu einem Atheismus, ist die Naturforschung nicht fähig. Nach einer Variante zum neutestamentlichen Wort „Gebt dem Kaiser, was des Kaisers, und Gott, was Gottes ist" (*Matthäus* 22, 21), verlangt Bacon dem Glauben zu lassen, was des Glaubens (*NO, I*, 65), und der Naturforschung, was ihre Aufgabe ist. Auf diese Weise verliert die Neugierde das Stigma des Lasters, Augustinus' Diskriminierung der *curiositas* wird überflüssig.

12.2 Ein spannungsreicher Zweck

In einem erneut fürstlichen Ambiente und einer zeremoniell-feierlichen Begrüßung beginnt in der gnädig gewährten Privataudienz der Bericht des „Vaters". Der Gast, als Sohn angesprochen, soll zwar „völlige Aufklärung" erhalten. Um diesen seltenen Vorzug zu unterstreichen, findet sie aber ohne Beisein anderer Personen statt; die Gefährten des Gastes und ein Page des Vorstehers haben den Raum verlassen.

Der Bericht wird als vierteilig angekündigt. Auf (1) den Zweck der Gründung und die (2) Vorrichtungen mitsamt den Mitteln folgen (3) Obliegenheiten und Funktionen und abschließend (4) die Weihen und Zeremonien (*NA*, 205). Genau genommen gibt es aber noch einen fünften Teil, der über Prognosen und Ratschläge handelt (*NA*, 215).

Unter den ungleich langen Teilen ragt hinsichtlich seiner Länge der zweite Teil über die facettenreiche Forschung und die zugehörigen Forschungseinrichtungen stark heraus. Der Gesamtbericht, die Aufklärung über das Haus Salomons, gilt als Geschenk, das zudem einen superlativischen Rang erhält. Vorher schon als „die großartigste Gründung aller derartigen auf der Erde" und als „Leuchte unseres Landes" gerühmt (*NA*, 193), wird das Haus Salomons erneut ausgezeichnet.

Der erste und weitaus kürzeste Teil des Berichts nennt einen doppelten Zweck, der im Fortgang des Berichts „Naturerkenntnis" und „Naturbeherrschung" heißt. Denn der erste Aspekt, eine Ursachenforschung hinsichtlich der geheimen, also bislang verborgenen Bewegungen in den Naturdingen und hinsichtlich der inneren Naturkräfte, ist theoretischer Natur, der zweite Aspekt hingegen relativiert den theoretischen Charakter. Das bis in die Tiefen vordringende Naturverständnis, so erscheint es jetzt, hat keinen intrinsischen Wert. In den Dienst eines bloßen Machtinteresses gestellt, das hier noch nicht auf humanitäre Zwecke verpflichtet wird, verliert die Forschung den Rang der Aristotelischen Theoria eines Selbstzwecks. Mit dem ehrgeizigen Ziel, unbegrenzt viele Dinge zu bewirken, soll statt dessen die menschliche Macht möglichst weit ausgedehnt werden: Im Haus Salomons herrscht ein radikales Streben nach Macht.

Offenbar besteht zwischen dem Machtstreben und der sich selbst genügenden Naturerkenntnis eine Spannung. Und nicht erst in der Wirkungsgeschichte, sondern schon bei Bacon selbst kann die Spannung zulasten der bloßen Naturerkenntnis und zugunsten des Machtstrebens aufgelöst werden. Bekanntlich will nämlich unser Autor das nutzlose Wissen des Mittelalters, die folgenlosen Spitzfindigkeiten scholastischer Dispute, zugunsten eines nützlichen Wissens ablösen. In *Neu-Atlantis* wird erstaunlicherweise die Spannung innerhalb des doppelten Zwecks nicht thematisiert, allerdings wird nicht die in einem verbreiteten Bacon-Verständnis vorherrschende Auflösung favorisiert: In der Darstellung des „Hauses Salomons" wird die Naturbeherrschung nicht ausschließlich bevorzugt.

Baconsche Wissenschaft soll zwar das menschliche Leben verbessern und Übeln abhelfen, womit das Machtstreben einer humanitären Intention unterworfen wird. Und von der entsprechenden Wohltätigkeit kann es nie genug geben. Der Wahlspruch auf der Titelvignette der *Instauratio*, „plus ultra", also „immer mehr", führt in ihrer Vorrede zur These: „but of charity there is no excess" (lat. Original: „sed caritatis non est excessus"; *Instauratio Magna*, 132). Trotzdem wird im „Kolleg des Sechs-Tage-Werkes" der reinen Naturerkenntnis nicht jedes Eigengewicht genommen. Ohne die scholastischen Dispute wiederzubeleben, relativiert Bacon seine denn doch zu schlichte wissenschaftstheoretische Opposition: *scientia activa* statt *scientia contemplativa*, also aktive, sich in Handlungen vollziehende Wissenschaft statt im Lehnstuhl „über Gott und die Welt" nachzudenken. Statt dessen wird die Aristotelische Theoria nicht vollständig entmachtet. Bacon überwindet zwar deren kontemplativen Grundzug, dass sich seine Forscher nicht länger auf eine „passive" Anschauung der sich selbst darbietenden Dinge einlassen. An die Stelle des bloßen Betrachtens tritt die vom Verstand geleitete Veränderung, das Experiment. Im Fall der weiterhin geschätzten *reinen* Naturerkenntnis fehlt aber jene Steigerung des aktiven Moments in der *scientia activa*, die die menschliche Macht auszudehnen trachtet. Bei einer ersten Vorstellung des Hauses Salomons ist sogar von der „Betrachtung der Werke und Geschöpfe Gottes", also doch von einer Kontemplation, die Rede. Obwohl Bacon der zweckgebundenen Forschung ein großes Gewicht einräumt, wird die zweckfreie Forschung nicht vollständig entwertet.

Bacon misst dem Experiment einen hohen Wert bei, trotzdem darf man ihn nicht einem methodischen Empirismus zurechnen. Er sucht vielmehr zwischen Empirismus und Rationalismus einen mittleren Weg, die innige Verbindung der Erfahrung mit der Vernunft, für die er ein schönes Bild findet: Während der Empiriker wie eine Ameise alles nur zusammenträgt und der Rationalist wie eine Spinne sein Gewebe bloß aus sich selbst entwickelt, hält der wahre Naturforscher die Mitte: „wie die Biene, die aus den Blumen der Felder und Gärten ihren Stoff sammelt, ihn dann aber durch eigene Kraft verarbeitet" (*NO*, I, 95).

Das, was Bacon nur positiv einschätzt, die humanitäre Intention, hat freilich ambivalente Züge, die unser Autor übersieht. Die Wissenschaft unterwirft sich nämlich einer ihr externen Aufgabe. Ein weiteres Mal bezahlt sie ihre Modernisierung mit einem Verlust. Mit einer ersten Devalorisierung der Theoria gibt die Forschung das Moment der epistemischen Vollendung auf, das Aristoteles wegweisend im Einleitungskapitel der *Metaphysik* skizziert, nämlich die Steigerung der natürlichen Wissbegier von der Erforschung von Sachverhalten über deren Ursachen und Gründe bis hin zu den nicht mehr überbietbaren, nämlich schlechthin ersten Ursachen und Gründen. Auf diesen letzten, für die Philosophie charakteristischen Schritt, wird nämlich verzichtet, daher verliert die Forschung ihre epistemische Unschuld. Durch das Experiment verliert sie zusätzlich ihre gesellschaftliche Unschuld. Und durch die humanitäre Zielsetzung gibt sie schließlich noch ihre Freiheit auf. Zugleich setzt sie ihre humane Dignität aufs Spiel: eine Kultur des Wissens, die, als Selbstzweck gepflegt, dem Menschen eine Selbstverwirklichung ermöglicht. In einer Baconschen Wissenschaft verdrängt nämlich das Humanitäre der bloßen Intention das Humanum als Wirklichkeit.

Merkwürdig ist dieser Umstand schon: dass Bacon die Neugier zunächst von allen religiösen und theologischen Fesseln befreit und dann nicht sich selbst überlässt. Auf diese Weise bleibt er dem traditionellen, Augustinischen Programm denn doch treu: Die Forschung, rein als solche genommen, wird diskreditiert.

Die Diskreditierung erfolgt sogar vom selben Leitbegriff – „religiose" – her; der Unterschied beginnt erst bei dessen näherer Bestimmung. Da es Augustinus auf den Schöpfungscharakter der Natur ankommt, versteht er „religiose" im Sinne einer theologischen Dogmatik. Hingegen hat Bacon, da er auf „charity" (caritas) abhebt (Instauratio Magna, 132), ein praktisches Verständnis. Da man das Leitziel „Nächstenliebe" aber auch aus nicht-religiösen Gründen verfolgen kann, bereitet sich hier die Gestalt einer neuzeitlichen Säkularisierung vor, nämlich ein „humane quaerere", das das Augustinische „religiose quaerere" nicht bloß umdeutet, sondern sogar aufgibt.

Wie die Forderung nach einer „gottesfürchtigen Forschung", so erlegt auch die nach einer „humanitären Wissenschaft" dieser eine Einschränkung auf. Die Art der Einschränkung hat sich allerdings geändert. An die Stelle einer negativen tritt eine positive Pflicht, das Neugierverbot wird abgelöst durch ein Humanitätsgebot. In dessen Rahmen gewinnt schon auf Neu-Atlantis, werden wir sehen, und noch mehr im Verlauf der Aufklärungsepoche die Sorge für die Gesundheit einen besonderen Rang. Und weil wir diesen Rang weiterhin anerkennen, bleiben wir Kinder der Aufklärung bis heute. Nehmen wir diesen wichtigen Teil fürs Ganze, so heißt im Verhältnis zu Aristoteles die Baconsche Devise: Medizin statt Metaphysik (s. schon Höffe ⁴2000).

12.3 Die Forschungseinrichtungen

Weitaus umfangreicher als die zweiteilige Zweckbestimmung ist der nächste, der materiellen Seite des Hauses Salomons gewidmete Teil. Dieser orientiert sich kaum an Teilzwecken, die vom doppelten Leitzweck abgeleitet oder in ihn untergliedert werden. Darin tritt Bacons Nachdruck auf Induktion und eine Spitze gegen Deduktion zutage: Der doppelte Leitzweck bleibt in seiner generellen Formulierung schlicht stehen. Statt von ihm aus in einem „Top down"-Verfahren einzelne Aufgabenbereiche zu bestimmen, werden mittels eines „Bottom up"-Vorgehens in fast penibler Detailfreude all die Einrichtungen und Hilfsmittel angeführt, die man sich für eine im Dienst der menschlichen Macht instrumentalisierten Naturerkenntnis nur vorstellen kann. Dabei klingt Bacons Interesse an, Hypothesen aus Daten zu erarbeiten, die wiederum mit Hilfe von Experimenten zu gewinnen sind. Die Forschungseinrichtungen sind Labors, in denen Wissenschaft und Technik ineinandergreifen. Nicht nach Wissenschaftsdisziplinen gegliedert, ergeben sich die Aufgaben aus den entsprechenden Apparaturen.

Baconsche Forscher scheinen weniger von Naturgesetzen inspirierte Experimentatoren als Personen zu sein, wie sie für humanitäre, daher angewandte Wissenschaften von der Art der Medizin und Technik sachgerecht sind, nämlich

Tüftler und Bastler. Im Fortgang des Berichts erscheint aber auch das gegenläufige Muster. Während den Experimenten zunächst keine „theoriegeprägten" Fragen zugrundeliegen, gibt es später genau dies, den Entwurf von Experimenten im Ausgang von Theorien. Ebenso wird später die im heutigen Verständnis bloße Theorie, das genuine Interesse an tieferer Naturerkenntnis, bedeutsam.

Bei seinen Beschreibungen der Aktivitäten schreitet Bacon von der Tiefe zur Höhe, vom festen Land zum Wasser fort, dann indirekt zur Luft, nämlich zu Gebäuden, die meteorologischen Erscheinungen gewidmet sind. Die Ausmaße von allen entsprechenden Einrichtungen sind selbst für heutige Verhältnisse enorm, für die damalige Zeit geradezu unvorstellbar groß. Der Name „Haus" Salomons ist daher irreführend. Es handelt sich nicht um ein einziges geräumiges Gebäude; das Forschungsinstitut ist weit eher ein riesiger Forschungscampus.

Den Anfang der Beschreibungen bilden unterirdische, bis zu 600 Klafter, also deutlich mehr als 1.000 m tiefe Höhlen. Daran schließen sich Türme an, die bis zu einer halben Meile hoch sind, sich also mit den höchsten Wolkenkratzern von heute messen können. Hinzukommen Salz- und Süßseen, Brunnen und künstliche Quellen, Obstplantagen, Gärten, Parks und Gehege, Einrichtungen zur Forschung und für Lebensmittel und Getränke, für mechanische, kalorische, optische, akustische, olfaktorische Aufgaben, nicht zuletzt für Waffen, Fluggeräte und Zeitmessung sowie „Zauberkünste", Taschenspielerkniffe, Gaukeleien und Illusionen.

Getreu dem Thema des zweiten Teiles wird in einem der letzten Gebäude, dem Haus der Mathematik, nicht etwa Analysis, Geometrie oder Arithmetik, noch weniger Mengenlehre, Topologie oder ein anderes Themenfeld reiner Mathematik betrieben. Vielmehr geht es um geometrische und astronomische Instrumente, also um Geräte für die Erdvermessung und Himmelsbeobachtung.

Bekanntlich steht im Mittelpunkt von Bacons wissenschaftlicher Revolution eine Kunst des Entdeckens, die auf Fortschritte im Wissen, auf Innovationen, aus ist, womit „die Wahrheit", wie Bacon sagt insofern eine „Tochter der Zeit" ist, als das Wissen mehr und mehr anwächst (*Cogitata et visa*, III, 612; *NO*, I, 84). Um diesen Fortschritt zustande zu bringen, darf sich die Naturforschung nicht länger auf das Hörensagen verlassen; die Frage, ob es damals der Fall war, kann hier dahingestellt bleiben. Man muss vielmehr, wie Bacon von seiner professionellen Herkunft, der Justiz, her gewöhnt ist, „gerichtsfeste Beweise" („lawful evidence") erbringen. Zu diesem Zweck führt man durch, was zu den Hauptaufgaben des Hauses Salomons gehört, nämlich methodisch durchgeführte, dabei nachprüfbare Experimente. Mit ihrer Hilfe wird eine wichtige Eigenschaft von Bacons Erneuerung der Wissenschaft erfüllt: dass man Entdeckungen nicht dem Zufall überlässt.

Zur Frage freilich, wie man des näheren vorgehen soll, fehlen methodische Hinweise. Getreu Bacons Idolenlehre sollen Illusionen zwar erforscht und, darf man wohl ergänzen, durchschaut, aber nicht verwendet werden. Bei „Geld- und Ehrenstrafen" ist es den Forschern untersagt, „etwas Natürliches durch künstliche Zurüstung wunderbar zu machen; rein und von jedem Schein und jeder falschen Wunderhaftigkeit unberührt, sollen vielmehr die Naturerscheinungen vorgeführt werden" (*NA*, 213).

Statt dessen werden die Laboratorien und Gerätschaften beschrieben, in denen bzw. mit denen die Arbeit und Entdeckungen vonstattengehen sollen. Nur an wenigen Stellen werden nähere Forschungszwecke erwähnt, wobei teils im Prinzip schon bekannte, teils neuartige Aufgaben genannt werden: Im großen Forschungscampus von Neu-Atlantis geht es um die Herstellung von Kunststoffen, sowohl von künstlichen Mineralien als auch von Metallen; gesucht werden eine erhöhte Fruchtbarkeit der Böden, im Vorgriff auf Anti-Aging: lebensverlängernde Heilmittel, im Vorgriff auf biologische und zoologische Genmanipulation: neue Pflanzen- und Tierarten, dabei unter der damaligen Annahme einer Urzeugung (Archigonie bzw. *generatio spontanea*) die Erzeugung von Schlangen-, Würmer- und Fischarten aus Verwesungsvorgängen; man befasst sich mit Nahrungsmitteln für Altersschwache und mit einer Art noch raffinierterer Infusion, nämlich mit Flüssigkeiten, die keine Infusionsnadeln benötigen, sondern in die ganze Hand eindringen. Weiterhin gibt es Vorläufer für die Gewinnung von Sonnenenergie, nicht zuletzt die Entwicklung von Waffen.

Bei diesem letzten Forschungsbereich drängt sich die Frage auf, ob es denn unbedenklich ist, die Forschung in militärische Dienste zu stellen. Bacon wirft sie ebensowenig auf wie die Frage des Missbrauchs oder der doppelten Nutzung („double use"): dass für konstruktive Ziele gemachte Entdeckungen destruktiv genutzt werden können. Einwenden ließe sich, dieses Thema sei damals noch nicht virulent gewesen. Tatsächlich gab es aber schon, was den damaligen bibelfesten Zeitgenossen wohlbekannt war, ein alttestamentarisches Beispiel, die Feldhacke, die Kain zum Brudermord verwendet. Überdies gab es literarisch berühmte Giftmorde, nicht zuletzt Täuschungsmanöver wie das Trojanische Pferd.

Derartiger Missbrauchsgefahr könnte man zwar entgegenhalten, den Forschern des Hauses Salomon seien doch „jeder Betrug und jede Lüge verhaßt" (hier zitiert nach der Übersetzung von G. Bugge, S. 54; merkwürdigerweise in der Heinisch-Übersetzung nicht übersetzt). Auch wenn sich die Forscher selbst als moralisch untadelig erweisen sollten, liegt die Nutzung ihrer Entdeckungen nicht mehr in ihrer Hand. Sie entscheiden zwar, welche Entdeckungen der Öffentlichkeit mitgeteilt werden (*NA*, 214). Ob diese Vorsichtsmaßnahme genügt, lässt sich jedoch bezweifeln. In dieser Hinsicht dürften die Vorkehrungen des Hauses Salomons als Vorbild für eine wissenschaftsgeprägte Zivilisation kaum genügen. Obwohl heutige Wissenschaftsorganisationen zwar strenge Regeln aufstellen, können sie Missbrauch, doppelte Nutzung und eine von vornherein auf nicht bloß defensive Waffen ausgerichtete Forschung nicht verhindern.

Zumindest spätere Leser dürften darüber erstaunt sein: Bacon glaubt an die Möglichkeit eines allerdings damals noch nicht als unmöglich erkannten Perpetuum mobile (hier zitiert nach der Übersetzung von G. Bugge, S. 54; wird in der Heinisch-Übersetzung nicht deutlich).

Lässt man die genannten Forschungsstätten von Neu-Atlantis Revue passieren, so fällt ihre ungeheure Breite und Vielfalt auf. Die Naturwissenschaften – damals sprach man freilich nicht von „sciences", sondern von „natural philosophy" – samt ihrer Anwendbarkeit sind geradezu enzyklopädisch vertreten: von den verschiedenen Zweigen der Physik über die Chemie und Biologie, über die Meteorologie und Astronomie bis zur Technik, Medizin, Landwirtschaft und Pharmazie. Kein größeres Defizit springt ins Auge. Bei einem derart weiten Interessenhorizont überrascht es nicht, dass Bacon ein geistiger Pate für die älteste englische Akademie der (Natur-)Wissenschaften ist, die zwar noch nicht zu Bacons Lebzeiten, aber knapp vier Jahrzehnte nach dem Erscheinen von *New Atlantis* (1627), im Jahr 1660, gegründet wird und die Qualifikation im Titel trägt, „königlich", mit der Bacon sein revolutionäres Werk, die *Instauratio Magna*, kennzeichnet: die Royal Society.

12.4 Ämter und Dienste

Der dritte Teil ist von weit geringerer Länge, aber nicht so kurz wie der erste Teil. Den Aufgaben der Mitglieder gewidmet, gibt es wie die Zahl der Engelschöre, also erneut eine im Christentum bedeutende Zahl, neun Arten und entsprechend viele Aufgaben. Dadurch wird die Forschung zu einem kooperativen Unternehmen. Dessen Vorbild könnten sowohl Orden wie die Benediktiner und Zisterzienser sein als auch die zeitgenössischen Manufakturbetriebe, auch gewisse Geheimbünde wie die Rosenkreutzer. Die Art der Kooperation bleibt freilich unerörtert: Wie arbeiten die Mitgliederarten miteinander, wie die Gruppenmitglieder untereinander; gibt es wie bei Klöstern und Betrieben einen Gesamtleiter und weitere Hierarchiestufen; herrscht eine hierarchiefreie Teamarbeit vor; gibt es oder fehlt eine gruppeninterne Arbeitsteilung?

Angesichts der thematisch und methodisch außerordentlich vielfältigen Aufgaben fällt die geringe Zahl von Forschungsmitgliedern auf. Von der ersten Gruppe abgesehen ist die Zahl so gering, dass man eher an eine Gruppe von Direktoren eines großen Universitäts- oder eines Max-Planck-Instituts denkt, die freilich ihre Aufgaben nur mit Hilfe zahlreicher Mitarbeiter erfüllen können. Dann könnten die später erwähnten „Schüler" (*NA*, 214) zwar Nachwuchswissenschaftler sein, von denen aber nur ein geringer Anteil die Chance hat, zu einem Forschungsdirektor aufzusteigen.

Ohne es ausdrücklich zu sagen, skizziert Bacon mitlaufend eine Hierarchie von Forschungsaufgaben, zugleich eine kognitive oder eine epistemische Rangfolge, die von empirischen Beobachtungen über deren Verarbeitung zur schließlichen Theoriebildung aufsteigt. Sie relativiert den genannten Vergleich mit gleichberechtigten, einander nebengeordneten Institutsdirektoren. Die epistemische Hierarchie wird aber nicht zugleich zu einer sozialen Hierarchie erklärt.

Die erste und unterste Forschergruppe umfasst die meisten Mitglieder, der Zahl nach erneut wie die Apostel Jesu zwölf. Sie tragen in ihrem Namen die für Wahrheit und Weisheit, für Einsicht und Erkenntnis wichtige Metapher des Lichts; sie heißen „Lichthändler" (*mercatores Lucis*, *Merchants of Light*). Ihre Gruppe ist so groß wie die Hälfte der anderen acht Gruppen zusammen. Insgesamt gibt es 36 „Ordensbrüder", davon sind ein Drittel Handelsleute des Lichts (*NA*, 213).

Im Widerspruch zum kurz vorher erfolgten leidenschaftlichen Ablehnen von Lug und Trug sind es wissenschaftliche Spione, die unter Angabe einer falschen Nationalität (mit welchen Pass- und Visumsfälschungen?) in andere Länder reisen und sich dort die Bücher und Versuchs- bzw. Experimentalmuster, also die geistigen, gegebenenfalls auch materiellen Zeugnisse fremder Erfindungen, besorgen. Weil sie „Händler" genannt werden, müssten sie eine für jedes Handeln typische Gegenleistung erbringen. Worin oder ob sie überhaupt besteht, wird jedoch nicht berichtet. Dass ihre Gruppe viermal so groß wie jede der anderen Gruppen ist, weist auf ein überragendes Gewicht, auch wenn sie in epistemischer Hinsicht die unterste Schicht der Forscherhierarchie bildet.

Ob sie allein, in kleinen Gruppen oder zusammen reisen, wie lange sie – Wochen, Monate oder Jahre – unterwegs sind, auch welche Sprachen sie für ihre Aufgabe brauchen, erfährt man nicht: Sind die Lichthändler polyglott, oder besitzt jeder von ihnen andere Fremdsprachenkenntnisse, die sich dann arbeitsteilig ergänzen; oder gibt es aus anderen Gründen keine Sprachprobleme? Die Schriftrolle, die den Reisenden bei ihrer Ankunft überreicht wird, ist in drei Gelehrtensprachen, Althebräisch, Altgriechisch und gutem Latein, zusätzlich in Spanisch verfasst. Die Ansicht aber, dass die Lichthändler, vorausgesetzt sie beherrschen diese vier Sprachen, sich damit überall verständigen können, ist optimistisch. Bacon selber schreibt teils in der damaligen Gelehrtensprache, dem Latein, teils wie in diesem Reiseroman in seiner Volkssprache, auf Englisch. Der Bericht erfolgt jedoch in einer dritten Sprache, dem Spanischen. Sie ist nicht nur die Sprache einer der damals führenden Entdecker- und Kolonialmächte, sondern zugleich die Sprache, in der der als Entdecker Amerikas gerühmte Kolumbus den „Ersten Brief aus der Neuen Welt" verfasst, bevor er in die Gelehrtensprache, das Lateinische, übersetzt und dadurch in ganz Europa gelesen wird.

Zur Arbeit der Lichthändler finden sich in einem vorangehenden Berichtsteil einige Hinweise: Die Spionagereisen zu Forschungszwecken finden alle zwölf Jahre statt, mit zwei Schiffen, auf denen je drei Mitglieder mitfahren. Wofür aber braucht es dann nicht sechs, sondern doppelt so viele, nämlich zwölf Lichthändler? Und: Womit beschäftigen sich die nichtmitreisenden Lichthändler und womit die zwölf Lichthändler während den Zwischenzeiten? Schließlich: Reisen „Schüler" mit, damit sie das Geschäft des Spionierens lernen?

Die zweite Gruppe, die ebenfalls für die Informationensuche zuständigen Ausbeuter oder Beutesammler (*depraedatores*, *Depredators*), stellen alle in Büchern zu findenden Versuche zusammen (ebd.).

Bei der dritten Gruppe, den (Geheiminis-)Jägern (*venatores*, *Mystery-men*) deutet sich eine mögliche Arbeitsteilung an. Das Forschungsmaterial, das sie zusammentragen, betrifft drei Gebiete. Deren Abfolge ist in zweierlei Hinsicht überraschend: Obwohl Bacon eine humanitäre Forschung bezweckt, setzt er hier bei der reinen Wissenschaft an, auf die die mechanische Technik und schließlich die „in allen angewandten Wissenschaften" folgen (ebd.). Und wenn man sich der Forschungsstätten erinnert, sieht man nicht, wo in ihnen denn die reine Wissenschaft stattfindet, eine ihr gewidmete Forschungsstätte sucht man nämlich vergeblich. Weiterhin bleibt das Verhältnis der Forschungseinrichtungen zu den Aufgaben der Forscher unklar: Sollen lediglich drei Personen die Entdeckungen der so zahlreichen Forschungseinrichtungen sammeln, während die in der Hierarchie nächste Gruppe, erneut nur drei Personen, die höchst unterschiedlichen Versuchsergebnisse bewerten?

Die nächsten drei, die Forschergruppe 4, die Schatzgräber oder Grubenarbeiter (*fossores sive operatores in Mineris*, *Pioneers or Miners*), überlegen, welche neuen Versuche aussichtsreich sind. Diese Aufgabe drängt die Frage auf, wer denn die Versuche durchführt. Bei der Fülle von Forschungsstätten mit sehr verschiedenartigen, vermutlich hochspezialisierten Gegebenheiten werden die Schatzgräber schwerlich die allzu unterschiedlichen Versuche selber durchführen, was eine weitere Frage aufdrängt, ob die Schatzgräber zumindest hinreichend kompetent sind, um zu beurteilen, welche Versuche warum aussichtsreich sind: Erstens bräuchten sie die seltene Fähigkeit einer generalistischen Urteilskompetenz, mit der Zusatzfrage, wo man sie wie erwirbt und wie man die Betreffenden auswählt. Zweitens müssten die Personen, selbst wenn sie so enorm urteilsfähig sind, sich mit den Mitarbeitern der verschiedenen Forschungsstätten oder deren Leitern gründlich beraten. Ohne ein Wechselgespräch ist hier kaum ein Erfolg zu erwarten, dafür finden sich aber weder Gremien noch Zeitpläne.

Andererseits obliegt einer in der Hierarchie sehr hochstehenden, vorletzten Gruppe, der Gruppe 8, den „Pfropfern" (*insistores*, *Inoculators*), eine Aufgabe, die ihren Namen, das Veredeln von Pflanzen, nur partiell anzeigt: Sie sollen die „so empfohlenen und aufgetragenen Versuche praktisch ausführen und über ihre Erfolge berichten" (*NA*, 214). Erneut stellt sich die Rückfrage: Werden die doch so unterschiedlichen Experimente einer ziemlich kleinen Gruppe, nur drei Personen von drei Dutzend, also weniger als zehn Prozent der Beteiligten, überantwortet? Darin läge ein Übergewicht von Theorie (im weiten Verständnis) gegenüber der Empirie, denn der Suche, Vorbereitung, Einschätzung und Auswahl von erfolgsversprechenden Experimenten werden weit mehr Aufgabenbereiche und Personen zugeordnet als der Durchführung der Experimente. Das Übergewicht bleibt auch dann gegeben, wenn man an die gegen Ende des dritten Teils erwähnten zahlreichen Mitarbeiter, Gehilfen und Diener, denkt. Bei ihnen fällt zusätzlich auf, dass sowohl von Männern als auch von Frauen die Rede ist, während die drei Dutzend Hauptpersonen, zur „Brüderschaft" zusammengefasst, eine pure Männergesellschaft bilden, eine rein männliche Klostergemeinschaft (vgl. das Stichwort „Nachwuchs für die Männer") im „heiligen" Dienst an der Wissenschaft. Die Fragen, ob die Bruderschaft – vermutlich – zölibatär lebt, wer sich um ihre Ernährung, Kleidung und andere Tagesarbeiten sorgt, und ob ihr Essen und Trinken ähnlich opulent ausfällt wie Kleidung und Entourage des berichteten „Vaters", werden nicht erörtert.

Ähnliche Probleme stellen sich vorher bei den Ordnern, wörtlich: Aufteiler (*divisores*) oder Zusammenfügern (*Compilers*) der Gruppe 5, die die Versuchsergebnisse übersichtlich gestalten und ihnen dann allgemeine Regeln entnehmen sollen. Dabei setzt sich der bei den Schatzgräbern begonnene Übergang, der von der Induktion zur Deduktion, fort. Erneut lässt sich bezweifeln, dass für die höchst unterschiedlichen Forschungsbereiche das Ordnen von wenigen Generalisten erfolgreich vollzogen werden kann.

Analog geht es den Mitgiftausstattern oder Wohltätern (*euergetas, Dowry-men or Benefactors*) der Gruppe 6. Sie haben den methodisch weitläufigen Auftrag, aus den Entdeckungen die praktisch verwertbaren oder die dem wissenschaftlichen Fortschritt dienenden herauszusuchen oder herzuleiten. Zugleich zeigen sich zwei bislang nicht so klare Dinge: Zum einen erwartet man von den Entdeckungen nicht, dass sie unmittelbar praktisch oder für einen innerwissenschaftlichen Fortschritt an sich relevant sind. Zum anderen erhalten sie, was bei der den Bericht einleitenden Zweckbestimmung, der Machtausdehnung, unterbewertet werden könnte und in einem verbreiteten Bacon-Verständnis auch unterschätzt wird: Außer der praktischen Verwertbarkeit gibt es den wissenschaftlichen Fortschritt, und diesem, dem möglichst tiefen, insofern theoretischen Verständnis von Kausalzusammenhängen, Kräften und Bestandteilen der Natur, kommt ein Eigenwert zu.

Klugerweise verlässt sich das Haus Salomons nicht auf die Arbeit der bislang eingeführten Arbeitsgruppen. In Plenarversammlungen – von wem geleitet? –

werden die Dinge gründlich nachgeprüft. Erst dann machen sich die in kognitiver Hinsicht drei höchsten Forschergruppen ans Werk. Zunächst wird die Gruppe 7, die der drei Leuchter (*lampadas, Lamps*), tätig, die für ihre Aufgabe erneut eine anspruchsvolle generalistische Urteilskompetenz benötigen. Dabei scheint sich der bisherige methodische Weg, der Aufstieg innerhalb der Induktion umzukehren. Denn von einem höheren, sprich allgemeineren Gesichtspunkt aus sollen aus dem bislang vorliegenden Material neue Versuche angeregt werden, bei denen das genuin theoretische Verständnis, das tiefere Eindringen in die Natur, vorherrscht.

Die auf die schon genannte vorletzte Gruppe, die Pfropfer, folgende Gruppe 9, die Erklärer und Ausleger der Natur (*interpretes Naturae, Interpreters of Nature*) sollen Theorien in einem strengen Verständnis aufstellen, nämlich gewissermaßen induktiv die gewonnenen Einsichten zu größeren Erfahrungskomplexen erweitern und zu allgemeingültigen Regeln oder Grundsätzen bringen. Hier darf man an Naturgesetze denken, womit der Höhepunkt der Forschungsarbeit nicht in Machtzuwachs über die Natur, auch nicht in deren Indienstnahme liegt. Im Gegensatz zu Bacons häufiger Forderung nach wachsender Macht über die Natur und deren Einsatz zu humanitären Zwecken erhält erneut die Theorie, hier als erklärendes Verstehen bestimmt, den Vorrang vor der humanitären, auf einer Macht über die Natur gestützten Anwendung.

Zum Schluss des dritten Teiles weißt Bacon auf das Vorhandensein zahlreicher Mitarbeiter und auf eine feierliche Pflicht zur Geheimhaltung hin. Abweichend von der aus der *Instauratio Magna* bekannten Forderung nach einer demokratisch offenen Naturforschung, die ihr Wissen frei und um des Gemeinwohls willen allen Menschen übermittelt, wird auf Neu-Atlantis ein Publizitäts- oder sogar Publikationsgebot – alle Ergebnisse werden öffentlich zugänglich – ausdrücklich abgelehnt. Und – aus Ehrfurcht vor der Hohen Bruderschaft? – gibt es weder von seiten der Inselbewohner noch von ihrer politischen Führung gegen die Geheimhaltungspraxis einen Protest. Das Bacons gesamten Beiträgen zur Forschungspolitik zugrundeliegende, als demokratisch zu qualifizierende Gemeinwohlinteresse kontrastiert hier auffallend mit einer elitären Entscheidungsautorität: Über eine allgemeine, selbst über eine auf die politische Führung eingeschränkte Bekanntgabe wird nur Haus Salomon-intern, dann freilich gemeinsam überlegt und beschlossen.

Aufgrund der *gemeinsamen* Überlegung und Entscheidung hat das Haus Salomons intern, was nach außen fehlt, einen demokratischen Charakter. Er besteht trotz der kognitiven Hierarchie bei den Aufgaben der Mitglieder, was denn doch für ein Bild gleichberechtigter Institutsdirektoren spricht. Innerhalb des gesamten Gemeinwesens hingegen, eben extern betrachtet, gestaltet sich das Forschungsinstitut als elitäre Einrichtung, als epistemische Aristokratie.

Zugunsten eines ihrer Leitzwecke lässt sie sich aber auf eine volkspädagogische Aufgabe ein, ohne die die Forscheraristokratie ihre humanitäre Sendung verfehlen würde: Gelegentlich reist man in die wichtigeren Städte und klärt in gut verständlichen Vorträgen die Bevölkerung über besonders nützliche Erfindungen auf. Für die Frage, was denn als nützlich anzusehen ist, braucht sie jedoch seitens der Bevölkerung keinerlei Auskunft und Rat. Das Haus Salomons weiß alles hier Wichtige. Die ansonsten klare Trennung von Wissenschaft und Politik wird hier zurückgenommen. Zum Charakter der epistemischen Aristokratie kommt denn doch noch ein Moment von Expertokratie, oder freundlicher gesagt: Wissenschaftliche Verantwortung lässt sich nicht an die Politik delegieren, weder wie damals an eine absolutistische, noch wie heute an eine demokratische Politik. Als Träger der Finanzierung der Forschung und als deren Betroffene steht der Demokratie jedoch eine Mitverantwortung zu.

12.5 Kulturelle Einrichtungen

Der vierte und der Ankündigung nach letzte Teil behandelt die kulturellen Institutionen und sozialen Üblichkeiten. Dabei erscheinen die Institutionen als säkulare Entsprechungen von religiösen Einrichtungen, was zweierlei bedeuten dürfte: Zum einen erhalten die Erfindungen und Entdeckungen einen religionsanalog hohen Rang, zum anderen soll in der Bevölkerung das Vertrauen in die entsprechende Arbeit gestärkt werden:

Statt Reliquien von Heiligen stellt man Musterstücke der großen Erfindungen auf. Und im Pantheon stehen weder die Bildnisse von Göttern, Religionsstiftern oder deren Aposteln noch die von Theologen und Philosophen, sondern Bildsäulen berühmter Entdecker oder Erfinder. Gemäß dem Titelkupfer der *Instauratio Magna*, das ein Schiff unter vollen Segeln zeigt, wird als erster der Entdecker Westindiens, Kolumbus, genannt. Es folgen unter anderem die ersten Schiffsbauer, der Erfinder des Schießpulvers, des Buchdrucks und der Weinbereitung. Die noch elementareren Erfinder, die des Feuers, des Rades oder des Faustkeils, werden, vermutlich weil anonym, nicht erwähnt, obwohl man auch den jeweils Unbekannten hätte Statuen errichten können.

Rein wissenschaftsimmanent und säkular verhält man sich im Haus Salomons nicht. Vielleicht um keinen Unmut religiöser Kräfte zu erregen oder aus innerer Überzeugung, gibt es Gottesdienste und Liturgien. Und die Bitte um Gottes Schutz und Segen zugunsten einer Arbeit, die zu guten und heiligen Zielen führt, wird stark betont.

Ein fünfter, einleitend nicht angekündigter Teil führt bedeutsame Dienstleistungen für das Gemeinwesen an, ohne dafür eine eigens verantwortliche Gruppe, eine Gruppe 10 als ein Team für eine reichhaltige Öffentlichkeitsarbeit, einzuführen. Die ersten Dienstleistungen ergeben sich aus dem prognostischen Wert der Forschungen: Man kündigt ansteckende Krankheiten und Seuchen an und prophezeit drohende Naturkatastrophen: von Heuschrecken über Hungersnot, Unwetter und Erdbeben bis zu Überschwemmungen und Kometen. Dank einer Kompetenz, die vermutlich selbst heutigen Fähigkeiten überlegen ist, sagt man Jahrestemperaturen voraus und gibt Ratschläge, wie man sich gegen Naturschicksalsfügungen wappnet. Am Schluss erhält der Gast einen Segen und die Erlaubnis, das Vorgetragene zum Wohl anderer Völker zu verbreiten sowie zusätzlich das wahrhaft fürstliche Geschenk von 2.000 Goldstücken (*NA*, 215).

12.6 Defizite

Zu einigen schon genannten Defiziten kommen weitere hinzu. Nimmt man einmal Distanz zum hier skizzierten Bericht, so fällt auf, wie detailliert, sogar überdetailliert der Abgesandte des Hauses Salomons beschrieben wird, sein Auftritt, sein Gewand, sein thronartiger Sessel, sein Gefolge und so weiter. Diese Beschreibungen erinnern an die übergenauen Regieanweisungen eines Theaterschriftstellers, die aber kein kreativer Regisseur übernimmt und die in einer wissenschafts*politischen* Utopie noch überflüssiger sind. Die für das Haus Salomons weit wichtigeren Fragen hingegen: wie denn die Forschung in den genannten Einrichtungen abläuft, welchen Methoden sie folgt, wie man kompetente Forscher und ihre Mitarbeiter auswählt und ausbildet, wie das Haus Salomons sich finanziert und wie sie die entsprechende Unterstützung erhält, daher auch die Frage, wie das Gemeinwesen die einschlägigen materiellen, sozialen und rechtlichen Privilegien gewährt und gewährleistet, zumindest zulässt, all diese Fragen und Nachfragen, wird sich zeigen, werden bei Bacon nicht einmal gestellt, geschweige denn beantwortet.

Hätte man von einem so erfahrenen Politiker wie unserem Autor nicht erwarten dürfen und von einem Erfolg suchenden Wissenschaftspropheten nicht erwarten sollen, dass er sich auf die genannten Fragen einlässt? Oder nimmt er sich für die oberflächlichen Dinge wie das fürstliche Zeremoniell des Auftritts so viel Zeit, um dem König Jakob I., den er für sein Projekt als Mäzen gewinnen wollte, vom königlichen Rang seines Projekts zu überzeugen, während anderes offen bleibt, um keine hinderliche Detailkritik zu provozieren?

Ein weiteres Defizit fällt auf: Es fehlen die Geistes-, selbst die Sozial- und Rechtswissenschaften. Die erste Wissenschaftsgruppe braucht es vermutlich nicht, weil die Bensalemer schon so gut wie alles dazu wissen. Und da die Gesellschaft mit ihrer Gesetzgebung schon ideal ist, ohnehin es keine Gesetzes- und Novellierungsflut gibt, erscheinen auch die anderen Wissenschaften als überflüssig. Für den von Bacon angestrebten Fortschritt braucht es nur Naturwissenschaften, Medizin und Technik. Für deren Fortschritt fehlt allerdings eine der nötigen Antriebskräfte: Da nur ein einziger Forschungscampus existiert, entfällt die für Dynamik unverzichtbare Konkurrenz (s. in diesem Band Kap. 13).

Ein noch größeres Defizit liegt darin, dass Bacon die Folgelast seiner Entmachtung der *scientia contemplativa* übersieht: wer eine *scientia contemplativa* betreibt, handelt bloß in Form von Denken, mit der *scientia activa* hingegen handelt er in der Welt und an der Welt. Die Frage, wie intensiv dies geschieht und mit welchen Risiken, kann hier zurückgestellt werden. Entscheidend ist, dass, wer experimentiert, in die Natur eingreift und damit eine Verantwortung übernimmt, die der rein kontemplativen Theorie von Grund auf fremd ist: Sobald sich die Wissenschaft auf Experimente, dabei nicht nur auf Gedankenexperimente stützt, erweitert sich ihre aufgabenspezifische Verantwortung um eine generelle Handlungsverantwortung. Wer in der Welt und an der Welt handelt, ist für das, was er dann tut, zuständig. Obwohl die entsprechende Verantwortlichkeit in den letzten Generationen stark gestiegen ist, findet der qualitativ größere, der entscheidende Zuwachs lange vorher, beim Aufgeben der Theoria als Leitbild der Forschung, statt. Hier trifft das Aristoteles-Wort zu, dass der Anfang mehr als die Hälfte ist: Als *scientia activa* taucht die Forschung in den Gegenstand ein, das Subjekt begibt sich ins Objekt; das Experimentieren hält sich für wertfrei und ruft doch, *à contre cœur*, moralische Werte auf den Plan.

Bacon hat diese Tragweite nicht durchschaut. Unter den vielen Zuständigkeiten („Ämtern") seiner Forscherrepublik finden wir zwar die Aufgabe, die Experimente der Kollegen zu überprüfen. Vorgesehen ist jedoch lediglich eine positive, vor allem forschungsinterne Selektion. Die Verantwortlichen, die mit gutem Grund „Wohltäter" heißen, haben „betreffs der Ergebnisse zu überlegen, was dem täglichen Gebrauch und der Praxis dient, was den Wissenschaften nicht nur als Tatsache, sondern auch als Ausgangspunkt geläufiger Erklärungen der Ursachen dienlich ist" (*NA*, 213). Die Frage aber, ob denn die Experimente moralisch überhaupt zulässig sind, wird nicht einmal gestellt. Man darf Bacon zwar nicht vorwerfen, er habe einen a-moralischen Begriff von Wissenschaft; im Gegenteil finden wir an zahlreichen, sogar exponierten Stellen moralische Elemente. Zum Beispiel bittet man auf Neu-Atlantis um Gottes Schutz und Segen, „damit er unsere Arbeit zu lenken und zu leiten, zu erleuchten und zu gutem und heiligem Nutzen zu wenden geruhe" (*NA*, 215). Weiterhin heißen die Wissenschaftler „Weise" (*wise men*), und Bacon meint damit nicht wie Aristoteles' die der *sophia* eigene, bloß epistemische Fähigkeit (*Nikomachische Ethik*, VI 7), vielmehr eine zugleich lebenspraktische Kompetenz.

Schon der Titel der Forscherrepublik, Haus Salomons, spielt wie gesagt auf diese Einheit zweier Begriffe von Weisheit an, auf die des Naturforschers und die des Königs und Richters. Vorstellen darf man sich die Forscher also nicht als zynische Techniker des Experimentierens; sie verkörpern wissenschaftliche und moralische Kompetenz zugleich. Im Vorwort der *Instauratio* sagt schon die erste „Ermahnung": „that men confine the sense within the limits of duty" (lat. Original: 131). Trotzdem besteht ein Defizit an Moral; denn Bacon führt keine Kriterien ein, an denen sich die Wissenschaftler als vorbildlich und ihre Experimente als zulässig erweisen. Ebenso fehlen Ämter, die über die Einhaltung der Kriterien wachen würden. Auf diese Weise des Nichtbehandelns bleiben die moralischen Elemente das trockene Versichern eines generellen Vorbehaltes: ein zwar frommer, jedoch folgenloser Wunsch. Vielleicht gibt es sogar eine Generalermächtigung: Weil der Experimentator nicht anders handelt als Gott bei der Schöpfung – freilich *modo humano* –, erscheint, was auch immer er tut, als unbegrenzt richtig.

Im *Novum organum* ist Bacon vorsichtig optimistisch. Den Hinweis, Künste und Wissenschaften könnten durch Bosheit und Luxus entwürdigt werden, weist er mit dem Argument zurück, das träfe doch auf alle irdischen Güter zu. Entscheidend sei, dass man gemäß göttlichem Vermächtnis die Macht über die Natur zurückgewinne, für den rechten Gebrauch werde schon die gesunde Vernunft und die Religion sorgen („*usum vero recta ratio et sana religio gubernabit*"; *NO*, I, 129).

Das erwähnte Problem der Forschung, dass sie wegen ihres Experimentalcharakters in die Welt eingreift, könnte sich auf wenige Bereiche beschränken; wegen der entfesselten Neugier hat der Eingriff jedoch im Prinzip keinerlei Grenzen. Auf Neu-Atlantis wird wie gesagt in alle nur erdenklichen Richtungen experimentiert. Betrieben wird, um es zu wiederholen, Materialforschung für Kunststoffe, für Dünger und Treibstoffe; es gibt Lebensmittel-, Hochtemperatur- und Strömungsforschung sowie Versuche zur Meeresentsalzung; gearbeitet wird an künstlichen Sprachen, ferner an Maschinen bis hin zu Robotern und Automaten; in Kleintierlabors werden Nutztiere von der Art der Seidenraupe und der Honigbiene gezüchtet; man experimentiert mit Pfropfungen und Inokulationen und antizipiert sogar eine so moderne Forschung wie die Gentechnik, allerdings erst im subhumanen Bereich.

Ein weiteres Problem: Unmittelbar auf humanitäre Zwecke lässt sich die Kenntnis der Naturkräfte gar nicht festlegen. Der Handlungsstruktur nach ist es trivial, in der praktischen Bedeutung jedoch kaum zu unterschätzen, dass der Entdeckungszusammenhang nicht über die Verwendung entscheidet. Auch Kräfte, die nur um humanitärer Zwecke willen erforscht werden, können am Ende für beliebige Zwecke eingesetzt werden. Obwohl Bacon diese Verselbständigung nicht gewollt hat, lässt sie sich, weil in der Handlungsstruktur verankert, nicht verhindern. Darin liegt eine stillschweigende Selbstüberschätzung: Die Wissenschaft erhebt einen Anspruch, den sie, rein als Wissenschaft gesehen, nicht einlöst. In einem sehr grundsätzlichen Sinn kann sie der Rolle des Zauberlehrlings nie entkommen: Die Nächstenliebe treibt zu einer Erkenntnis der Naturkräfte, die, einmal erreicht, von der Antriebskraft unabhängig existiert.

Zwei Aufgaben bleiben, obwohl sie sich ergänzen, grundverschieden: Hilfspotentiale entwickeln und sie jemandem zukommen lassen. Vorausgesetzt, die Naturforschung verfolgt überhaupt humanitäre Zwecke, so erfüllt sie nur die erste Aufgabe; sie stellt Hilfsmöglichkeiten bereit, deren sich die gesamte Menschheit bedienen kann, ohne dass schon ein bestimmter Adressat festgelegt würde. Gegen die (gerechte) Verteilung der Möglichkeiten, gegen die Gerechtigkeitsaufgabe, indifferent, gibt sie sich, hier in Benthams und Mills Sinn utilitaristisch, mit dem kollektiven Wohl zufrieden.

Nicht zuletzt darf man dieses Defizit nicht übersehen: Die Mitglieder des Hauses Salomons sollen wissenschaftliche und moralische Vortrefflichkeit, gewissermaßen intellektuelle und Charaktertugenden, in einer Person vereinen. Die in einem entfernten Vorbild für eine Utopie, die in Platons *Politeia* ausführlich behandelte Frage, wie man die erforderlichen Personen auswählt und die ausgewählten Personen auf ihre Aufgaben vorbereitet, wie man sie also erzieht, bildet und ausbildet, wird bei Bacon dagegen ausgespart. Es gibt zwar „Novizen und Schüler, damit die Kette der zu Versuchen und Forschungen bestimmten Männer nicht abreißt" (*NA*, 214). Wie man die Anfänger auswählt, ob man sich bewirbt und eventuell einer Prüfung unterzieht und vor allem, was man in der Vorbereitungsphase lernt, wie man sowohl den intellektuellen als auch den moralischen Lernerfolg prüft, schließlich wie die „Zuteilung" zu den verschiedenen Aufgabenbereichen vorgenommen wird – derartige Fragen werden nicht einmal gestellt, geschweige denn des näheren behandelt. Überlässt hier Bacon sehr viel mehr als Platon dem glücklichen Zufall?

In vielen anderen Hinsichten hingegen ist Bacons *Neu-Atlantis* weit weniger „utopisch" als Platon, auch als Thomas Morus und Tommaso Campanella: das Privateigentum wird nicht abgeschafft; es gibt keine Frauen- und Kindergemeinschaft; zum Wohlergehen des Gemeinwesens braucht man weder Philosophen- noch Philosophen-Theologen-Könige. Utopisch ist allein, was sich bald als realisierbar herausstellen wird: eine Dominanz der miteinander verschwisterten Forschungszweige, der (Natur-) Wissenschaft, Medizin und Technik.

Literatur

Augustinus: Confessiones/Bekenntnisse, lat.-dt., eingel., übers. u. komm. v. J. Bernhart, Frankfurt/M. 1987.
Bacon, F.: Cogitata et visa, in: The *Works* of Francis Bacon, hrsg. v. J. Spedding, R. L. Ellis, D. D. Heath, Bd. III, London 1857.

Bacon, F.: The Essays or Counsels, Civill and Morall, hrsg. m. Einl., Anm. u. Komm. v. M. Kiernan, Oxford 2000.
Höffe, O. ⁴2000: Moral als Preis der Moderne. Ein Versuch über Wissenschaft, Technik und Umwelt, Frankfurt/M.

Otfried Höffe

13 Politische Utopie oder realistische Vision: Ein Ausblick

Utopisches Denken tritt in vielerlei Gestalten auf, beispielsweise in Gemälden, die ein Paradies oder eine arkadische Landschaft darstellen, in Musikstücken von der Art der Pastorale, in Gedichten oder in deren Verbindung mit Musik. Vermutlich gibt es nichts, was den Menschen so erhebt wie der Blick in jene Welt vor dem Sündenfall, in der sich Unschuld mit Frieden und Schönheit verschwistert. Weltweit bekannt ist Beethovens Vertonung von Schillers Ode „An die Freude" mit dem vielzitierten Vers „Alle Menschen werden Brüder". Im folgenden Ausblick soll es nur um Texte gehen, die die Ordnung eines Gemeinwesens, seine Struktur, Gesetze und Lebensform, darstellen, also um „politische Utopien". Erinnerungen an das verlorene Paradies oder ein goldenes Zeitalter bleiben ebenso beiseite wie Verheißungen einer Welt jenseits des irdischen Lebens, also religiöse Utopien. Die hier gemeinten Utopien befassen sich mit dem Diesseits, für das sie in der Regel eine konkrete Gesellschaftsordnung mitsamt ihrer Rechts- und meist auch Herrschaftsordnung entwerfen. Bloße Verfassungsentwürfe gelten hier nicht als politische Utopie.

13.1 Ein anthropologischer Rang

Schon von ihrer Wortbedeutung her, dem Nicht-Ort oder Nirgendwo, entwerfen politische Utopien eine nicht existierende Wirklichkeit. Sie sind im ursprünglichen Sinn eine Fiktion, eine literarische Erdichtung und Erfindung, dabei in der lange Zeit vorherrschenden positiven Form keine Extrapolation gegenwärtiger Entwicklungen in die Zukunft. Von Zeitkritik motiviert stellen Utopien der Gegenwart, vor allem ihrer gesellschaftlichen und politischen Seite, eine radikal, nämlich bis zu den Wurzeln andere Gestalt entgegen. Positive Utopien schildern eine Welt, wie sie dereinst gestaltet sein kann, vermutlich auch gestaltet sein soll, negative Utopien, welche Welt man lieber vermeidet. In beiden Gestalten erheben sie keinen moralischen Zeigefinger, sondern stellen ihren Gegenentwurf so eindrücklich, vielleicht sogar so mitreißend vor, dass sie vom Leser erwarten, er werde die moralische Botschaft nicht bloß verstehen, sondern auch für überzeugend halten. Utopien verbinden jedenfalls einen zeitkritischen mit einem moralisch-präskriptiven Impuls.

Weniger wegen ihres moralischen Anspruchs als wegen ihres fiktiven Charakters wird ihnen gern Wirklichkeitsfremdheit vorgeworfen. Dass sie andere, meist gesellschaftliche und politische, gelegentlich auch ökonomische, religiöse oder technische Verhältnisse oder deren Ineinandergreifen darstellen, verdient freilich den Vorwurf der Weltfremdheit noch nicht. Denn ein Gegenentwurf zur Wirklichkeit bricht deren Übermacht, die sich in dem bei sogenannten Realisten beliebten Hinweis niederschlägt: Die Welt sei nun einmal so; man könne sie nicht ändern.

Tatsächlich muss die Welt aber nicht, wie sie ist, bleiben. Der wahrhaft realistische Blick sieht sogar, dass zur Welt, wie sie ist, das Gegenteil gehört: dass sowohl Individuen als auch Gruppen, selbst Vereine, Verbände, Unternehmen und andere Organisationen sich Gedanken machen, wie sie morgen leben können und leben wollen. Wer nun mit der Gegenwart unzufrieden ist, wird sie nicht in die Zukunft verlängern. Er wünscht sich vielmehr eine andere Zukunft, als Optimist überlegt er sich eine bessere, als Pessimist befürchtet er eine noch schlechtere Welt. Dort, wo die Wünsche oder Befürchtungen sich nicht mit dem „morgen", der nahen Zukunft, zufrieden geben, wo sie vielmehr aufs Übermorgen, die ferne Zukunft, blicken, befreit man sich von der Fixierung auf die Gegenwart und öffnet sich zum utopischen Denken.

Damit aus dem Sich-Öffnen mehr wird, damit ein Potential für Utopien zur Aktualisierung gelangt, braucht es freilich noch eine zweiteilige Motivationskraft und zusätzlich eine Realisierungsfähigkeit: Auf eine Aktualisierung des Utopiepotentials wird vor allem derjenige gedrängt, der, mehr als nur unzufrieden mit den gegenwärtigen Verhältnissen, wahrhaft leidet, sei es persönlich *unter* den Verhältnissen, sei es als sensibler Zeitgenosse *an* ihnen. Wer beispielsweise mit oder an Diskriminierung und Korruption, an Armut, Hunger und Elend sowie unter oder an der Verletzung elementarer Würde leidet, ist für Utopien prädestiniert, jedenfalls empfänglich. Andere leiden an oder unter gesellschaftlicher Intoleranz oder religiöser Bevormundung, am „stahlharten Gehäuse" einer überbordenden Bürokratie oder einem alles überwachenden Staatswesen.

Der Leidensdruck allein genügt freilich nicht. Zur Motivationskraft muss der Wunsch hinzukommen, dass sich die Verhältnisse tatsächlich ändern. Allerdings braucht es lediglich diesen Wunsch. Denn im Fall eines Willens zu Veränderung verfasst man keine Utopie, sondern schreitet in Form von Protest oder Widerstand zur Tat. So besehen steht hinter Utopien nur ein gebremster Ernst, der allerdings andere zum vollen Ernst, zur Tat, anstacheln kann:

Bei Autoren wir Tommaso Campanella, der den damals mächtigsten Politiker, Kardinal und Herzog Richelieu, auffordert, Paris in eine Sonnenstadt und Frankreich in einen Sonnenstaat zu verwandeln, oder wie Francis Bacon, der seinen König Jakob I. als Mäzen für seinen Forschungscampus gewinnen will, wird aus dem Anstacheln-*Können* sogar ein ausdrückliches Anstacheln. Selbst bei ihnen bleibt der Ernst aber gebremst, denn das veritable Anstacheln findet sich nicht im Text selbst, sondern nur in dessen Widmung oder dessen Begleitschreiben.

Sogar die zweiteilige Motivationskraft reicht für das Verfassen einer Utopie nicht aus. Zusätzlich braucht es eine Kraft anderer Art, die dem Menschen glücklicherweise zur Verfügung steht, eine unbegrenzte Vorstellungskraft. Mit ihrer Hilfe lassen sich in beide Richtungen Superlative entwickeln, sowohl eine zum Superlativ des Wünschenswerten erhöhte ideale als auch eine zum Superlativ des Abschreckenden und Abstoßenden, eine zur Schreckensgestalt gesteigerte Gesellschaft und Politik. Dort malt man eine positive Utopie aus, auch Eutopie, „Wohl-Ort" genannt, ein Nirgendwo des Wohlergehens, beispielsweise einen Idealstaat oder mit Marx und Engels die Aufhebung aller Staatlichkeit in einer freien Assoziation, hier eine negative Utopie, eine Dystopie oder Antiutopie, ein Schreckensbild.

13.2 Weltfremdheit?

Zum vorstellungsgeleiteten, „phantastischen" Superlativ gehört seiner Natur nach die Übertreibung. Da bei einem Wesen, das „aus krummem Holze" gemacht ist (Kant, *Idee*, Sechster Satz, AA VIII: 23), die positive und lange Zeit dominierende Art der Utopie, die der rundum idealen Verhältnisse, nie wirklich wird, darf man ihr daher keine ungebührliche Weltfremdheit vorwerfen. Allenfalls die Antiutopien, die Schreckensszenarien, drängen sich in die zu erleidende Realität ein. Obwohl die Wirklichkeit, die George Orwell in *Nineteen Eighty Four* oder die Aldoys Huxley in der *Brave New World* entwirft, in heutigen Demokratien als höchst unwahrscheinlich erscheint, bietet die Gegenwart doch genügend Tendenzen, und die totalitären Diktaturen des 20. Jahrhunderts bieten Beispiele, für die es selbst heute in nichtwestlichen Staaten erschreckende Fortsetzer, „Nachahmer" gibt.

Berechtigt ist eher der Einwand, im Fall der positiven Utopie schenke man sich zwei wichtige Aufgaben. Weder setze man sich mit grundlegenden Vorbehalten, mit mehr als nur zeitbedingten Schwierigkeiten und Barrieren, auseinander, noch überlege man sich, welche Argumente für, aber auch welche gegen wichtige Elemente des Neuentwurfs sprechen. Schließlich erspare man sich die schwierige Anschlussfrage einer Abwägung, auf der grundlegenden Ebene, die einer Güterabwägung. Denn der Menschheit ist nicht geholfen, wenn die neu entworfene Gesellschaft, statt ideal zu sein, die Gesamtsituation verschlechtert.

Die Aufgabe der Güterabwägung stellt sich kaum bei einer Gemeinsamkeit der frühneuzeitlichen Utopien, bei ihrem stillschweigenden Plädoyer für religiöse Toleranz. Angesichts der damaligen blutigen Konfessionskriege liegen deren Vorteile allzu deutlich auf der Hand. Anders verhält es sich bei zwei Elementen, die sich sowohl in Morus' *Utopia* und Campanellas *Civitas solis* als auch in zahlreichen vorangehenden und nachfolgenden Utopien finden: die Besitzgemeinschaft, manchmal auch die Gemeinschaft der Frauen und Kinder. Schon Platons *Politeia* (449a ff.) vertritt zwar diese zweifache Gemeinschaft. Realistischerweise hebt sie aber den skandalösen Charakter des Vorschlages hervor und unterwirft klugerweise den Vorschlag einer weitreichenden Beschränkung: Die doppelte Gemeinschaft wird nur für die politische Führungselite, also eine in Platons Idealpolis sehr kleine Gruppe gefordert.

Nicht erst gegen Campanellas Ausweitung der Frauen- und Kindergemeinschaft auf die gesamte Gesellschaft, sondern gegenüber Platons weit bescheidenerem Programm hatte schon Aristoteles überzeugende Einwände vorgebracht (*Politik*, 1261a,10 ff.). Nur wenig modernisierend gesagt, wollen zum Beispiel Kinder in fortschreitendem Alter gern ihre Eltern kennenlernen. Vermutlich noch wichtiger ist der Einwand, dass in der persönlichen Beziehung der Eltern zu ihren Kindern diese zwar nicht immer, aber häufig ein weit höheres Maß an Fürsorge und Zuneigung erfahren als wenn sie Kinder des ganzen Volkes, aber keine Kinder von wohlbestimmten Personen sind. Ähnlich, kann man sagen, fehlt es bei der Frauengemeinschaft an individueller wechselseitiger Zuwendung und Verantwortung und an gegenseitigem Respekt.

Auch wenn man diese Einschätzungen nicht teilt, handelt es sich um naheliegende, überdies wohlbekannte Einwände, die ein Entwurf, will er ernst genommen werden, sich vorzulegen und zu entkräften hat. Dass dies in der bei den Utopien vorherrschenden Gattung eines Reiseromans und nicht in einer wissenschaftlich-philosophischen Argumentation zu erfolgen hätte, versteht sich. Die Dialogform, in die man die Entwürfe kleidet, erleichtert die genannte Aufgabe.

Analoges trifft auf das Element des Privateigentums zu, das nicht nur bei Campanella, sondern auch bei Morus abgeschafft ist. Es handelt sich hier zwar um ein schwierigeres, in der politischen Debatte bis heute strittiges Themenfeld. Daher genüge der Hinweis, dass die einschlägigen sozialistischen Utopien in der Regel zwei Aufgaben vernachlässigen. Einmal fehlt ihnen der genauere Blick auf die Tragweite: Privatbesitz muss keineswegs dazu führen, dass, wie es in Morus' *Utopia* heißt, „alle alles [!] nach dem Wert des Geldes messen" (44). Dass so wesentliche Werte wie Liebe und Freundschaft, wie Verlässlichkeit, Treue und Selbstachtung nicht pekuniär zu messen sind, ist allzu offensichtlich. Außerdem verdrängen die entsprechenden Autoren Freiheitschancen, die der Privatbesitz – er muss sich nicht auf alles erstrecken – enthält. Zum anderen tauchen legitime Wertkonflikte auf, weshalb ohne die eine oder andere Art von Güterabwägung utopische Botschaften an Überzeugungskraft einbüßen.

Allzu rasch darf man den Vorwurf einer etwaigen Weltfremdheit allerdings nicht erheben. Denn politische Utopien von der Art von Morus' *Utopia*, Campanellas *Civitas solis* und Bacons *New Atlantis* verlieren sich nicht in bloßer Träumerei, etwa in Mythen vom verlorenen Paradies und in Geschichten von Reisen in Länder voll Überfluss. Sie entwerfen keine Wunderländer, noch weniger Märchenländer, in denen man unter offensichtlich unmöglichen Bedingungen lebt. Politische Utopien berichten nicht von Verhältnissen eines Schlaraffenlandes, wörtlich: Faulenzer- und Torenlandes (von *slûr*: Faulenzer und *affe*: Affe, Tor), das von wohllebenden Müßiggängern bewohnt wird. Sie versprechen kein Land, in dem Milch und Honig fließen, in dem die gebratenen Tauben dem Trägen in den Mund fliegen, die Bratwürste auf den Zäunen wachsen, die Faulheit höchste Tugend und der Fleiß schlimmstes Laster ist.

Politische Utopien sind auch keine religiösen Utopien, die ein Leben „am Ende aller Tage", also eine jenseitige Welt beschreiben; politische Utopien bleiben im Diesseits. In den positiven Fällen entwerfen sie zwar eine ideale, aber keine märchenhafte Gesellschaft. Sie versprechen keinen „Himmel auf Erden". Morus und Campanella haben aber einen neuen Menschen im Blick, Bacon, hier bescheidener, immerhin eine neue Akzentsetzung.

13.3 Drei Defizite

Leugnen lässt sich nicht, dass in den bekannten politischen Utopien drei grundlegende Defizite vorherrschen: Es fehlt an Dynamik, an Freiheit und an einer Überlegung zur internationalen, mittlerweile globalen Ordnung. Sind nun diese Defizite zufällig oder sperren sich die drei Themen einem utopischen Entwurf, sei es aus Gründen ihres Leitinteresses, sei es wegen ihrer literarischen Gattung?

Mangelnde Dynamik. Abgesehen von einer Vorgeschichte, in der man die wesentlichen Dinge lernt, skizzieren die politischen Utopien eine statische Gesellschaft, die weder eine Entwicklung noch eine Geschichte kennt. Für dieses Defizit an Dynamik lassen sich ein sachlicher und ein literarischer Grund anführen.

Der sachliche Grund: Die Gesellschaft wird so entworfen, dass es weder Wettbewerb noch Streit, folglich auch nicht deren gelegentliche Folge, die Krise, gibt. Komplementär dazu wird die soziale Natur der Menschen, die Kant in die treffende anthropologische Formel der „ungeselligen Geselligkeit" gebracht hat, halbiert. Drastisch formuliert wird der Mensch in seiner sozialen Seite kastriert, nämlich zu einem Wesen verkürzt, das zu seinen Mitmenschen lediglich das friedliche Miteinander, die Gemeinschaft im emphatischen Sinn der Gemeinsamkeit, sucht. Der Wunsch hingegen, oft auch das Bedürfnis, sich hervorzutun, wird ausgeblendet. Mangels der einschlägigen Antriebskräfte, mangels dem Willen, aus Konkurrenzsituationen als Sieger hervorzugehen, mangels Ehrsucht, Habsucht und Herrschsucht, mangels Neid und Eifersucht fehlt es in den politischen Utopien an Wettbewerb und Konkurrenz. Man muss nicht wie Hegel aus Gründen der „sittlichen Gesundheit der Völker" den Krieg für notwendig halten, um die befürchtete „dauernde Stille" zu vermeiden (*Über die wissenschaftlichen Behandlungsarten des Naturrechts*: Werke 2, 487; vgl. *Rechtsphilosophie*, § 394 Zusatz: Werke 7, 493f.). Damit weder die einzelnen Gemeinwesen noch deren Zusammenleben, die Weltgesellschaft, stagnieren, genügt die gewaltfreie Form von Wettbewerb und Konkurrenz. Lässt man sie – im Rahmen des Rechts – zu, so darf man zusätzlich mit einer wirtschaftlichen, auch einer kulturellen, etwa künstlerischen Blüte rechnen.

Einwenden lässt sich, Bacons *Neu-Atlantis* biete doch eine Ausnahme, da die wichtigste Institution der Insel, das Haus Salomons, Innovation und Dynamik zum Prinzip gemacht hat. Die Antwort lautet Ja und Nein. Richtig ist, dass die Forschung im Haus Salomons auf immer neue Entwicklungen und Erfindungen zielt, von denen ein Großteil das Leben außerhalb des Forschungsklosters verbessern dürfte. Trotzdem fehlt es in zwei Hinsichten an Konkurrenz und Wettstreit, folglich an Dynamik. Zum einen gibt es nur ein einziges Forschungsinstitut, zum anderen ist dessen Arbeit in epistemischer Hinsicht nur hierarchisch gegliedert. So wenig wie es zum Haus Salomons eine Außenkonkurrenz gibt, existiert eine Binnenkonkurrenz, denn sowohl zwischen den Hierarchiestufen als auch innerhalb der einzelnen Stufen herrscht pure Kooperation; für nichtkooperative Arbeit, für Konkurrenz fehlen beide: Anreize und Strukturen. Hinzukommt, dass sowohl das Leben innerhalb der Forschergemeinschaft als auch das Leben außerhalb, nicht zuletzt die Beziehung zwischen beiden, als einmal für immer festgelegt, mithin als statisch erscheinen: Das gesamte Leben auf der Insel bleibt ewig dasselbe.

Der zweite, jetzt literarische Grund, der eventuell gegen die Dynamik als Faktor von Utopien spricht, könnte in der Gattung des Reiseromans liegen. Es wird nämlich von einer konkreten Gesellschaft berichtet, die man in einer kurzen Zeitspanne, meist nur in wenigen Tagen, kennenlernt. Zweifellos erschwert das die Wahrnehmung dynamischer Faktoren, macht sie allerdings nicht unmöglich. Denn in der Regel wird man von hochrangigen Vertretern der utopischen Gesellschaft informiert, also von Personen, die die dynamischen Faktoren erwähnen könnten. Sie müssten dann freilich auf Wettbewerbssituationen, deren ungewissen Ausgang und eventuelle Krisen hinweisen. Das dürfte ihrem Verständnis einer idealen Gesellschaft widersprechen, so dass der sachliche Grund wohl entscheidend ist.

Ein dreifaches Defizit an Freiheit. In dem Entwurf einer konkreten Gesellschaftsform und Lebensweise, der für politische Utopien oder utopieähnliche Texte typisch ist, bleibt den Bürgern so gut wie keine Freiheit. Nehmen wir als Beispiel die von Platon und Campanella propagierte Kindergemeinschaft. Bei diesem Thema sollte es den Menschen zumindest freistehen, ob sie überhaupt

Eltern sein, also Kinder haben wollen, ferner ob sie die Fürsorge selber übernehmen oder anderen Personen überlassen wollen.

Generell votieren positive Utopien, betrachtet man sie unter der Alternative „geschlossene oder offene Gesellschaft", für die erste Option. Selbst in bezug auf die Religion sehen sie trotz der meist vertretenen Toleranz keinen Pluralismus von Lebensformen vor. Ein religiöses Leben, das vom jüdisch-christlichen Muster weit entfernt ist, kommt ebenso wenig vor wie eine Abstinenz von Religion oder gar eine Opposition gegen sie oder eine religiöse Pluralität. Pluralismus, wenn auch in Toleranz eingebettet, ist nicht vorgesehen. Der Leitwert politischer Utopien liegt im Glück, dabei im kollektiven Glück, nur innerhalb von ihm, dem Gemein-wohl, hat es Platz für das persönliche Wohl.

Ist es erstaunlich, dass Utopien zum Prinzip Freiheit fehlen? Plädoyers für eine offene und dynamische Gesellschaft gibt es durchaus, aber sie tauchen nicht als konkret ausgemalter Entwurf, als Utopie, auf. Warum nicht: Ist es zu schwierig, einer wahrhaft freien, infolgedessen pluralistischen Gesellschaft die für Utopien charakteristische Gestalt eines gesellschaftlichen Gesamtentwurfes zu geben? In der Tat müsste man verschiedene und verschiedenartige Lebensformen und deren friedliches Miteinander beschreiben und weit mehr über Spielräume und Erlaubnisse als über Gebote und Verbote sprechen. Jedenfalls wird in den vorherrschenden Utopien, und zwar selbst den Eutopien, nicht bloß den Dystopien, die Freiheit des Menschen empfindlich eingeschränkt.

Keine Außenperspektive. Nimmt man Morus, Campanella und Bacon zum Muster, so entführen die Utopien den Leser auf eine abgeschiedene Insel. Damit entledigen sie sich eines weiten Aufgabenfeldes, der Außenbeziehungen, obwohl sie zu allen Zeiten, zweifellos auch damals eine große politische Bedeutung haben. Man könnte zwar einwenden, man dürfe die jeweilige Utopie thematisch nicht überfordern. Getreu dem auch für politische Texte geltenden Sprichwort „in der Beschränkung zeigt sich der Meister" sei die Konzentration auf die innere Organisation eines Gemeinwesens und das Ausklammern der Außenpolitik nicht bloß legitim, sondern überdies sinnvoll.

In der Regel entwirft eine politische Utopie die Gesamtordnung einer Gesellschaft. Und bei der verbreiteten Gestalt, dem Reisebericht von einer fernen, von der Umwelt ausdrücklich abgeschiedenen Insel, wird die Aufgabe, wie man sich zu benachbarten Gemeinwesen verhält, ausdrücklich weggeschoben: Stranden zufällig Schiffsbesatzungen, so werden sie gastfreundlich aufgenommen, aber nur für eine kurze Zeit und mit dem Auftrag, daheim vom so idealen Leben auf der Insel zu berichten. Diesem Auftrag liegt ein „missionarisches" Interesse zugrunde, das stillschweigend dem christlichen Grundsatz folgt: „Geht hin in alle Welt und lehret alle Völker." Man soll nämlich von der vorbildlichen Lebensform der Insel lernen, sie vielleicht sogar übernehmen. Gemäß dem Defizit von

Konkurrenz und Dynamik taucht die Möglichkeit konkurrierender Lebensformen ebensowenig auf wie die Einsicht, dass es angesichts der Vielzahl von Gemeinwesen sowohl zu Kooperation als auch zu Konflikten kommen könnte, dass beispielsweise die Wissensspione von Bacons *Neu-Atlantis* andernorts gar nicht willkommen sind.

13.4 Realistische Vision?

Das Interesse der politischen Utopie, eine weit bessere Zukunft zu entwerfen, bleibt fraglos willkommen. Denn warum sollte das politische Denken sich mit gegenwartsfixierten Szenarien zufrieden geben? Und: Warum sollte man gewisse literarische und intellektuelle Möglichkeiten, die sich anbieten, ausschlagen? Weil man andererseits die skizzierten Einwände nicht beiseite schieben darf, bietet sich ein Zwischenweg an, eine Strategie, die die Vorteile aus beiden möglichst unter gleichzeitiger Vermeidung offensichtlicher Nachteile zu kombinieren sucht:

Man kann vom utopischen Denken das Interesse an einer wesentlichen Verbesserung der gegenwärtigen Welt übernehmen, die Anteile der doch bestehenden Weltfremdheit aber verringern. Vom realistischen Denken hingegen kann man Einsichten über die Welt des Politischen übernehmen, ohne auf erhebliche Verbesserungen zu verzichten, weil es angeblich in der Welt stets ungerecht und gewalttätig zugeht. Auf diese Weise verbindet man hoffnungsweckende Ziele mit einer Weltkenntnis, womit man den Vorwürfen der Weltfremdheit entkommt. Insbesondere rechne man nicht mit einem neuen Menschen, sondern gebe sich mit dem bekannten, aber nicht nur negativ eingeschätzten Homo sapiens zufrieden.

Eine derartige Kombination kann man als bescheidene, „kleine Utopie" oder als „realisierbare Utopie" bzw. „Realutopie" bezeichnen (Höffe ^{4}2000, 11.4; Höffe 1999, 16.3). Treffender ist jedoch, von einer realistischen Vision zu sprechen. „Vision" ist dann weder religiös im Sinn einer Erscheinung noch im psychologischen Sinn einer Halluzination gemeint. Vielmehr kommt es auf die Leistung an, die man bei einem Visionär schätzt. Der Zusatz des Realistischen weist auf eine nicht lediglich vorstellbare, sondern auch verwirklichbare Zukunft hin: Eine realistische Vision zeichnet sich gegenüber einer Utopie durch ein höheres Maß an begrifflicher und argumentativer Reflexion und an Erfahrungsoffenheit aus. Der entsprechende Zukunftsentwurf setzt sich nämlich mit den für seinen Themenbereich wesentlichen Realitäten auseinander, womit er Einwände der Weltfremdheit entkräftet.

13.5 Beispiele

Erläutern wir die Besonderheit einer realistischen Vision an einigen Beispielen. Für eine Ordnungsform mit visionärer Kraft, die sich dem Prinzip Freiheit verpflichtet, kennt die Menschheit mehr als lediglich eine Gestalt. Setzt man Feindebatten beiseite, so sind drei Muster hochanerkannt. Die erste Gestalt besteht in einer dreidimensionalen Kultivierung, also in den visionären Kräften von Technik, Medizin und Erziehung. Die zweite Gestalt besteht in der konstitutionellen Demokratie. Sie wendet sich gegen eine weitere politische, ihrem Wesen nach sogar apolitische Utopie, gegen die von philosophischen Anarchisten wie Proudhon und seinen Nachfolgern vertretenen Utopie der Herrschaftsfreiheit (zur Auseinandersetzung damit s. Höffe ⁴2003, Teil II). Im Gegensatz dazu erkennt die konstitutionelle Demokratie die Notwendigkeit einer Herrschaft von Menschen über Menschen an, nimmt ihr aber den Stachel der Willkürgewalt. Sie lässt die politisch notwendige Herrschaft von den Betroffenen selbst ausüben und bindet sie an Gewaltenteilung und zusätzlich an Freiheitsrechte, an negative und positive Freiheiten.

Eine dritte Vision liegt einer der ältesten gesellschaftlichen Erfindungen zugrunde, dem Markt. Er erlaubt, das für die Menschen notwendige Arbeiten und Wirtschaften, darüber hinaus jede Form von Konkurrenz, frei und selbstbestimmt, ohne Einschränkung seitens Dritter vorzunehmen. In bezug auf die Arbeit ergänzt der ökonomische Markt das Freiheitspotential der Technik. Während diese Geräte und Verfahren anbietet, die die Arbeit erleichtern und ihren Ertrag erhöhen, sorgt der Markt durch sein freies Spiel der Kräfte dafür, dass das zur Befreiung von Hunger und Armut notwendige Wirtschaften möglichst effizient stattfindet und dass sich die erforderlichen Begabungen entfalten. Er macht es möglich, Wettstreit friedlich auszutragen und stimuliert vermittels Konkurrenz innovative Leistungen.

Die zweite und die dritte freiheitsverpflichtete Vision, die konstitutionelle Demokratie und der facettenreiche, keineswegs nur ökonomische Markt, schließen sich nicht etwa aus, sondern ergänzen einander. Vereinfacht gesagt legt der demokratische Rechtsstaat den verbindlichen, auf Freiheitsrechte, Sozialstaat, Umweltschutz und Generationengerechtigkeit verpflichteten Rahmen fest, während der Markt sich innerhalb dieses Rahmens frei entfalten darf (näher dazu Höffe 2015, bes. Teil III und IV).

Zwei weitere Beispiele sollen näher ausgeführt werden: Für die internationalen, mittlerweile globalen Verhältnisse entwirft die pure Utopie eine Welt reinen Friedens, in der alle aggressiven und destruktiven Impulse des Menschen, folglich auch Faktoren der Dynamik verschwunden sind. Im Gegensatz dazu betont ein Realismus, dass unter den Menschen nicht überall und stets „eitel Liebe und

Freundschaft" herrschen können, da es Konkurrenz, etwa um seltene Güter und knappe Dienstleistungen gibt, außerdem jenen Willen, von anderen geachtet und gewürdigt zu werden, der oft genug als Kampf um Anerkennung zutage tritt, der wiederum Folgeerscheinungen wie Neid, Eifersucht und Rachsucht zeigt. Schließlich gehört zum Menschen ein Interesse sich hervorzutun, teils gesteigert, teils pervertiert zu Habsucht, Ehrsucht und Herrschsucht. Eine realistische Vision plädiert nun für einen Frieden, der die Konkurrenz, selbst deren unschöne Gestalten erlaubt, sie aber nicht unter Gewalt agieren lässt. Sie votiert für das Prinzip Recht und verpflichtet es auf grundlegende Gerechtigkeitsprinzipien wie die Menschenrechte.

Offensichtlich bietet der Entwurf einer an Menschenrechte gebundenen Rechtsordnung in Gesellschaften, in denen Privatjustiz und Blutrache herrschen, und in Zeiten von Diktaturen eine visionäre Kraft. Weil aber die skizzierte Vision innerhalb der westlichen Gemeinwesen im Prinzip längst anerkannt ist, hat der visionäre Charakter hier seine Macht verloren. Der Rechtscharakter konstitutioneller Demokratien kann zwar da und dort noch optimiert werden; und über die genaue Reichweite der zu Grundrechten gewordenen Menschenrechte sowie über allfällige Güterabwägungen wird noch lange gestritten werden. Selbst eine Ausweitung der Gerechtigkeitsperspektive auf die künftigen Generationen (Stichworte: Umweltschutz, Einschränkung der Staatsverschuldung) ist aber nicht mehr prinzipiell umstritten.

Hans Jonas' „Versuch einer Ethik für die technologische Zivilisation", das *Prinzip Verantwortung*, mag daher bei seinem Erscheinen, im Jahr 1979, noch einen gewissen visionären Anstrich gehabt haben. Allerdings hätte man das Plädoyer für eine sozialistische Öko*diktatur* nicht übersehen, überdies John Rawls' in der *Theorie der Gerechtigkeit* (§ 44) im Namen der Generationengerechtigkeit vertretenen Spargrundsatz nicht vergessen dürfen. Jedenfalls kann man heute, mehr als eine Generation später, zwar entsprechende politische Forderungen erheben, wer sie aber noch als Visionen hinstellt, überschätzt sich. Und eine Utopie ist die konstitutionelle Demokratie gewiss nicht mehr.

Vom gelegentlichen, dann falschen Pathos abgesehen ist daher hier die visionäre Kraft verblasst. Geblieben ist sie jedoch für das genannte Themenfeld, die globale politische Ordnung. Eine realistische Vision entwirft dafür eine Rechtsordnung und skizziert sie als eine Weltrechtsordnung, die „Weltrepublik" heißen mag. Visionär ist der entsprechende Entwurf von Kant (1795; vgl. Höffe 1999) entwickelt worden. In seinem nachdrücklich „philosophischen Entwurf", der Schrift *Zum ewigen Frieden*, skizziert er nach dem Muster der damaligen Friedensverträge eine politische Ordnung, die er in sechs Präliminarartikel und drei Definitivartikel gliedert. Jene führen die notwendigen Vorbedingungen, diese die entscheidenden Hauptbedingungen eines Zusammenlebens an, das im Staats-, im Völkerrecht und im Weltbürgerrecht seine von Recht statt Gewalt bestimmte Gestalt findet.

Der Entwurf einer weltweiten Friedens- und Rechtsordnung hat deshalb visionären Charakter, weil er die seit langem und vielerorts bestehende Hoffnung auf einen weltweiten Frieden erfüllt. Er ist überdies realistisch, da er auf längst anerkannte Prinzipien wie das Recht und die Menschenrechte zurückgreift, weiterhin sich auf gewisse Vorbilder wie das römische *ius gentium* und den Irokesenbund des 17. Jahrhunderts, darüber hinaus auf jetzt schon existierende Ansätze wie ein immer wachsendes Völkerrecht stützt. Trotzdem bleibt der Gedanke visionär, weil es mehr als einige Ansätze noch nicht gibt und weil deren Fortbildung in Richtung auf eine globale Friedensordnung manchen politischen Widerstand findet. Andererseits bleibt er realistisch, weil er wichtige Einwände wie eine Privilegierung der Staatlichkeit, wie ein fehlendes Weltgerechtigkeitsbewusstsein und den Hinweis auf eine angeblich einfachere Lösung, den Weltfrieden durch eine Weltdemokratisierungspolitik, sich zunächst vergegenwärtigt und dann argumentativ entkräftet. Die Einwände werden also nicht schlicht zurückgewiesen, vielmehr auf das in ihnen enthaltene Vetopotential geprüft: Dabei erweist sich der Anspruch eines absoluten als unberechtigt, ein konstruktives Veto hingegen als legitim. Auf diese Weise werden die in den Einwänden enthaltenen berechtigten Elemente, positiv ausgefiltert, zur Verbesserung des Entwurfs herangezogen.

Die skizzierte Weltrechtsordnung, auch Weltrepublik genannt, ist nur ein Beispiel. Für andere Themenbereiche sind realistische Visionen ebenfalls denkbar, etwa für das Verhältnis zur Natur. Die hier zuständige Utopie entwirft einen Frieden *mit* der Natur und erweitert ihn um einen Frieden *in* der Natur, bei dem gemäß dem Wort des Propheten Jesaia (11, 6–8) die Wölfe beim Lamm zu Gast sind, der Löwe wie das Rind Stroh frisst und ein Säugling am Loch der Otter spielt.

Zu Recht verheißt der Prophet diesen Frieden erst fürs Jenseits; denn im Diesseits bleiben Wölfe und Löwen Raubtiere, die sich von anderen Tieren ernähren. Der zivilisierte Mensch mag Vegetarier werden, Jäger- und Fischerkulturen sind es nicht; zumindest Krankheitserreger und Krankheitsüberträger werden bekämpft; und im Zuge der Bevölkerungsentwicklung, auch der Verstädterung hat der Mensch vielen Arten und Exemplaren von Tieren und Pflanzen den Lebensraum beschnitten. Von einem veritablen Frieden kann hier also keine Rede sein.

Es gibt noch ein grundsätzlicheres Gegenargument: Der Friede ist ein Phänomen der Wechselseitigkeit, Frieden schließen kann man nicht allein. Er bedarf der Zustimmung des anderen, auf die man im Fall der Natur „ewig" warten muss. Denn ihr fehlt die „ontologische" Voraussetzung, die Fähigkeit zur Zustimmung, die ihrerseits an Handlungsfähigkeit gebunden ist. Der Ausdruck „Friede" klingt schön; wegen einer grundsätzlich fehlenden Wechselseitigkeit liegt aber seiner Anwendung auf die Naturbeziehung ein Kategorienfehler zugrunde.

Die Alternative, eine realistische Vision, erkennt die zweifelsfreie Sonderstellung des Menschen an. Sie verbindet das Bacon-Descartes-Programm einer Herrschaft und Meisterschaft über die Natur mit der Moralfähigkeit zu dem von Kant inspirierten Gedanken eines *dominium morale* (Höffe ⁴2000, Kap. 12.3). Das Bacon-Descartes-Programm schließt nämlich die Gefahr nicht aus, dass der Mensch gegenüber der Natur sich einer Herrenmoral befleißigt, bei der man die Natur als einen Sklaven behandelt, den man nach Belieben unterdrücken und ausbeuten darf. Die Moral erhebt dagegen Einspruch und verlangt jenen moralisch verantwortlichen Umgang, der in der Natur mehr sieht als lediglich eine auszubeutende Rohstoffreserve und mehr als Gelände für Städte und Straßen, für Gewerbeparks, Skipisten und Strandhotels.

13.6 Rückblick

Ob man der Phantasie alle Freiheit erlaubt und sie auf eine Reise schickt, die sich weder Sachzwängen beugt noch mit dem alten Menschen zufrieden ist, oder ob man sich durch naheliegende Einwände belehren lässt, also: ob Utopie oder lieber realistische Vision – beide Optionen haben eines gemeinsam. Sie bleiben dem, was das Leben häufig erst lebenswert macht, treu: Wünschen, Hoffnungen, selbst Träumen. In ihrem Rahmen spricht zugunsten der Option „Utopie", dass sie bei manchem Publikum die größere emotionale Kraft entfaltet, gegen sie freilich, dass sie der Illusion, sogar Irreführung und Verblendung nicht entkommt. So gesehen braucht man nicht auf alle Utopien zu verzichten. Die in utopischer Hinsicht kleinere Schwester, die realistische Vision, dürfte die vernünftigere, zugleich humanere Alternative sein.

Literatur

Aristoteles: Politik, neu hrsg. v. U. Wolf, Reinbek bei Hamburg, 1994.
Hegel, G.W.F. 1803: Über die wissenschaftlichen Behandlungsarten des Naturrechts seine Stellung in der praktischen Philosophie und sein Verhältnis zu den positiven Rechtswissenschaften, in: Werke in 20 Bänden, Frankfurt/M. ⁷1980, Bd. II, 434–530.
Hegel, G.W.F. 1821: Grundlinien zur Philosophie des Rechts (Rechtsphilosophie), Bd. VII.
Höffe, O. 1999: Demokratie im Zeitalter der Globalisierung, München, Taschenbuch: 2002.
Höffe, O. ⁴2000: Die Moral als Preis der Moderne. Ein Versuch über Wissenschaft, Technik und Umwelt, Frankfurt/M.
Höffe, O. ⁴2003: Politische Gerechtigkeit, Frankfurt/M.
Höffe, O. 2015: Kritik der Freiheit. Das Grundproblem der Moderne, München.

Jonas, H. 1979: Das Prinzip Verantwortung. Versuch einer Ethik für die technologische Zivilisation, Frankfurt/M.
Kant, I. 1784: Idee zu einer allgemeinen Geschichte in weltbürgerlicher Absicht, in: Gesammelte Schriften, hrsg. v. d. Königlich Preußischen Akademie der Wissenschaften, Berlin 1902ff. (Akademie Ausgabe), Bd. VIII, 15–31.
Kant, I. 1795: Zum ewigen Frieden. Ein philosophischer Entwurf, in: Akademie Ausgabe, Bd. VIII, 341–386.
Platon: Der Staat (Politeia), hrsg. v. G. Eigler, übers. v. F. Schleiermacher, in: Ders., Platon, Werke in acht Bänden, Griechisch und Deutsch, Vierter Band, Darmstadt 1971, unveränderter Nachdruck ⁶2011.
Rawls, J. 1971: A theory of justice, Cambridge/Mass.; dt. Eine Theorie der Gerechtigkeit, Frankfurt/M. 1975.

Auswahlbibliographie

1 Textausgaben

1.1 Gesamtübersetzung

Der utopische Staat. Morus: Utopia – Campanella: Sonnenstaat – Bacon: Neu-Atlantis, übers. u. hrsg. v. K. J. Heinisch, Reinbek bei Hamburg 1960.

1.2 Thomas Morus, Utopia

Libellus vere aureus, nec minus salutaris quam festivus de optimo rei-(publicae) statu, deque nova insula Utopia, authore clarissimo viro Thoma More inclytae civitatis Londinensis cive et vicecomite cura M. Petri Aegidii Antwerpiensis, et arte Theodorici Martini Alustensis, Typographie almae Lovaniensium Academiae nunc primum accuratissime editus, Löwen 1516, Paris 1517, Basel 1518.
Utopia and Nova Atlantis, hrsg. v. J. A. Saint-John, London 1850.
Utopia, übers. v. G. Ritter mit einer Einl. v. H. Oncken, Berlin 1922.
Utopia, übertr. v. H. Schiel, Köln 1947.
Utopia, übers. v. A. Hartmann, Basel 1947.
Utopia, übers. u. eingel. v. P. Turner, Harmondsworth 1973.
Utopia, übertr. v. H. Kothe, hrsg. u. mit einem Nachw. v. H. Günther, Frankfurt/M./Leipzig 1992.
Utopia, hrsg. v. E. Surtz, Yale Edition of the Complete Works of St. Thomas More, Bd. 4, New Haven, CT 1993.
Utopia, Latin text and English Translation, hrsg. v. G. M. Logan, Cambridge 1995.
Utopia, nach der Ausgabe v. H. Schiel neu hrsg. v. A. Heine, Essen 1997.
Utopia, übers. u. eingel. v. V. C. H. Miller, New Haven, CT 2001.
Utopia, übers. v. D. Baker-Smith, London 2012.

1.3 Tommaso Campanella, Civitas Solis

Civitas solis, in: Realis Philosophiae epilogisticae partes IV, Hoc est de rerum natura, hominum moribus, politica (cui civitas solis innata est) et Oeconomica, cum adnotationibus physiologicis a Thobia Adami nunc primum editae, quibus accedent Quaestionum partes totidem eiusdem Campanellae contra omnes Sectas veteres, nouasque, ad Naturalem ac Christianam Philosophiam hisce libris contentam confirmandam, Frankfurt 1623.
Civitas solis, in: Opera, Bd. II: Disputationum in IV partes suae philosophiae realis libri IV et Civitas solis, Paris 1637.
Civitas solis poetica. Idea Reipublicae Philosophicae, in: J. Hall (Hrsg): Mundus alter et idem sive Terra Australis antehac semper incognita, longis itineribus peregrini Academici nuperrime lustrata Authore Mercurio Britannico. Accessit propter affinitatem materiae

Thomae Campanellae Civitas Solis et Nova Atlantis Franc. Baconis, Bar. de Verulamio, Utrecht 1643.
Die Sonnenstadt oder Idee einer philosophischen Republik, Altenburg 1789.
La Cité de soleil, in: Œuvres choisies mit einer Einl. v. L. Colet, Paris 1844.
Der Sonnenstaat des Dominikaners Thomas Campanella, übers. v. Ch. G. Tröbst, Weimar 1860.
Der Sonnenstaat, übers. u. m. einer biogr. Skizze sowie m. sachl. Anm. vers. V. I. E. Wessely, München 1900.
Der Sonnenstaat, Ausw. übers. v. P. Oestreich, Leipzig 1919.
La città del Sole, ital. u. lat. Text hrsg. v. N. Bobbio, Turin 1941.
Der Sonnenstaat. Idee eines philosophischen Gemeinwesens, Berlin 1955.
La città del Sole, hrsg. v. L. Firpo. Neuauflage hrsg. v. G. Ernst u. L. S. Firpo, Laterza ⁹2015.

1.4 Francis Bacon, New-Atlantis

Nova Atlantis. Fragmentorum alterum; in: Operum moralium et civilium Tom., hrsg. v. G. Rawley, London 1638, 351–386.
Nova Atlantis, in: Mundus alter et idem, Utrecht 1643.
Novus Atlantis. Opus imperfectum, in: Opera omnia quae extant, Frankfurt 1665, 967–994.
Nova Atlantis, in: Utopia and Nova Atlantis, hrsg. V. J. A. Saint-John, London 1850.
New Atlantis, in: The Works of Francis Bacon, hrsg. v. J. Spedding/R. L. Ellis/D. D. Heath, Bd. 3, London 1857, 119–166.
Neu-Atlantis, übers. v. R. Walden, Berlin 1890.
Bacon's Advancement of Learning and the New Atlantis, eingel. v. T. Case, London 1906.
New Atlantis, ed. With More's Utopia, mit einer Einl. v. H. Gotein, London 1925.
Neu Atlantis, übers. v. G. Gerber, eingel. m. Anm. v. F. A. Kogan-Bernstein, Berlin 1959.
The Advancement of Learning and New Atlantis, hrsg. v. A. Johnston, Oxford 1974.
Three Early Modern Utopias: Thomas More: Utopia. – Francis Bacon: New Atlantis. – Henry Neville: The Isle of Pines, hrsg. v. S. Bruce, Oxford 1999.
Neu Atlantis, übers. v. G. Bugge, durchges. u. neu hrsg. v. J. Klein, Stuttgart 2003.

2 Bibliographien und Hilfsmittel

Firpo, L. 1940: Bibliografia degli scritti di Tommaso Campanella, Turin.
Firpo, L. 1947: Ricerche campanelliane, Florenz.
Geritz, A. J. 1998: Thomas More. An Annotated Bibliography of Criticism, 1935–1997, Westport, CT.
Gibson, R. W. 1950: Francis Bacon. A Bibliography of his Works and of Baconia to the Year 1750, Oxford.
Gibson, R. W. 1961: A Preliminary Bibliography of St. Thomas More with a Bibliography of Utopias and Dystopias. 1500–1750, New Haven.
Heinisch, Klaus J. 1960 (Hrsg.): Der utopische Staat. Morus: Utopia – Campanella: Sonnenstaat – Bacon: Neu-Atlantis, Reinbek bei Hamburg, 266–277.

Lakowski, R. I. 1995: A Bibliography of Thomas More's Utopia, in: Early Modern Literary Studies 1 (2).
Sylvester, R. S./Marc'Hadour, G. P. (Hrsg.) 1977: Essential Articles for the Study of Thomas More, Hamden, CT.
Wentworth, M. D. 1995: The Essential Sir Thomas More. An Annotated Bibliography of Major Modern Studies, New York.

3 Werkeinführungen und Biographien

3.1 Thomas Morus

Ackroyd, P. 1998: The Life of Thomas More, London.
Boswell, J. C. (Hrsg.) 1994: Sir Thomas More in the English Renaissance. An Annotated Catalogue, Binghampton, NY.
Cottret, B. 2012: Thomas More. La face cachée des Tudors, Paris.
Fleisher, M. 1973: Radical Reform and Political Persuasion in the Life and Writings of Thomas More, Genf.
Guy, J. 2000: Thomas More, London.
Heinrich, H. P. 1998: Thomas Morus. Mit Selbstzeugnissen und Bilddokumenten, Reinbek bei Hamburg.
Herz, D. 1999: Thomas Morus zur Einführung. Unter Mitarb. v. V. Weinberger, Hamburg.
Marc'Hadour, G. 1971: Thomas More ou la sage folie, Paris.
Murphy, A. 1996: Thomas More, London.
Logan, G. M. 2011: The Cambridge Companion to Thomas More, Cambridge.
Prévost, A. 1969: Th. More (1477–1535) et la crise de la pensée européenne, Tours.
Schölderle, Th. 2011: Utopia und Utopie. Thomas Morus, die Geschichte der Utopie und die Kontroverse um ihren Begriff, Baden-Baden.
Schulte-Herbrüggen, H. 1968: St. Thomas More: A Check-List of Manuscript Material relating to his Life and Works. Habil. Schrift, Münster.
Schulte-Herbrüggen, H. (Hrsg.) 1987: Thomas Morus: 1477/78–1525. Humanist – Staatsmann – Märtyrer, München.

3.2 Tommaso Campanella

Bock, G. 1974: Tommaso Campanella. Politisches Interesse und philosophische Spekulation, Tübingen.
Delumeau, J. 2008: La mystère de Campanella, Paris.
Ernst, G. 1999: Tommaso Campanella, in: P. R. Blum (Hrsg.): Philosophie der Renaissance, Darmstadt, 222–236.
Ernst, G. 2002: Tommaso Campanella, Rom/Bari.
Flasch, K. 1996: Poesie – Philosophie – Politik: Tommaso Campanella, in: Tommaso Campanella: Philosophische Gedichte, ausgew., übers. u. hrsg. v. Th. Flasch, Frankfurt/M., 13–95.

Formichetti, G. 1999: Tommaso Campanella. Eretico e mago alla corte dei Papi, Casale Monferrato.
Hagengruber, R. 1994: Tommaso Campanella. Eine Philosophie der Ähnlichkeit, Sankt Augustin.
Headley, J. M. 1997: Tommaso Campanella and the Transformation of the World, Princeton.

3.3 Francis Bacon

Anderson, F. H. 1962: Francis Bacon. His Career and his Thought, Los Angeles.
Crowther, J. G. 1977: Francis Bacon. The First Statesman of Science, London.
Epstein, J. J. 1977: Francis Bacon. A Political Biography, Athens.
Farrington, B. 1970: The Philosophy of Francis Bacon. An Essay on its Development from 1603 to 1609, Chicago.
Fuller, J. O. 1981: Francis Bacon. A Biography, London.
Gaukroger, St. 2001: Francis Bacon and the Transformation of Early-Modern Philosophy, Cambridge.
Jardine, L. 1974: Francis Bacon: Discovery and the Art of Discourse, Cambridge.
Jardine, L./Stewart, A. 1998: Hostage to Fortune. The Troubled Life of Francis Bacon, London.
Klein, J. 1987: Francis Bacon oder die Modernisierung Englands, Hildesheim/Zürich/New York.
Krohn, W. ²2006: Francis Bacon, München.
Mathews, N. 1999: Francis Bacon. The History of a Character Assassination, New Haven, CT.
Peltonen, M. (Hrsg.) 1996: The Cambridge Companion to Bacon, Cambridge.
Pérez-Ramos, A. 1988: Francis Bacon's Idea of Science and the Maker's Knowledge Tradition, Oxford.
Rossi, P. 1968: Francis Bacon: From Magic to Science, Chicago.
Rossi, P. 2002: Francis Bacon. Il Lord Cancelliere e la moderna immagine della scienza, Mailand.
Sessions, W. A. 1996: Francis Bacon Revisited, New York.
Wormald, B. H. G. 1993: Francis Bacon. History, Politics and Science, 1561–1626, Cambridge.

4 Monographien und Abhandlungen zu den drei Utopien

Bierman, J. 1963: Science and Society in the *New Atlantis* and other Renaissance Utopias, in: Publications of the Modern Language Association of America 78, 492–500.
Dethloff, U. 1993: Die Rezeption von Thomas Mores Utopia in der französischen Renaissance, in: Germanisch-Romanische Monatsschrift 43(2), 209–213.
Donnelly, D. F. 1984: Temporal and Cosmic Order. The Making of a New Vision in Thomas More's Utopia, in: Proceedings of the PMR-Conference: Annual Publication of the International Patristic, Medieval and Renaissance Conference 9.

Erzgräber, W. 1966: Zur 'Utopia' des Thomas Morus, in: G. Müller-Schwefe/K. Tuzinski (Hrsg.), Literatur – Kultur – Gesellschaft in England und Amerika. Festgabe für Friedrich Schubel, Frankfurt/M., 229–256.
Eurich, N. 1967: Science in Utopia. A Mighty Design, Cambridge, MA.
Firpo, L. 1970: La Città ideale di Campanella e il culto del sole, in: Ricerche storiche ed economiche in memoria di C. Barbagallo. A cura di L. De Rosa, Neapel, 379–389.
Gordon, W. M. 1997: Thomas More's Utopia. Preface to Reformation, in: Renaissance and Reformation/Renaissance et Reforme 21 (3), 63–79.
Grafton, A. 2001: Where was Salomon's House? Ecclesiastical History and the Intellectual Origins of Bacon's *New Atlantis*, in: H. Jaumann (Hrsg.): Die Europäische Gelehrtenrepublik im Zeitalter des Konfessionalismus, Wiesbaden, 21–38.
Hexter, J. H. 1952: More's Utopia. The Biography of an Idea, Princeton.
Johnson, R. S. 1969: More's Utopia. Ideal and Illusion, New Haven.
Kreyssig, J. 1988: Die 'Utopia' des Thomas Morus. Studien zur Rezeptionsgeschichte und zum Bedeutungskontext, Frankfurt/M.
Le Doeuff, M. 1973: La Rêverie dans 'Utopia', in: Revue de Métaphysique et de Morale 78, 480–486.
Logan, G.M. 1983: The Meaning of More's Utopia, Princeton.
Möbus, G. 1953: Politik des Heiligen. Geist und Gesetz der Utopia des Thomas Morus, Berlin, 2. erw. Aufl.: Politik und Menschlichkeit im Leben des Thomas Morus, Mainz 1966.
Nelson, W. (Hrsg.) 1968: Twentieth Century Interpretations of Utopia, Englewood Cliffs.
Padberg, R. 1967: Der Sinn der Utopia des Th. Morus, Fragen der politischen Verantwortung des Christen am Vorabend der Reformation, in: Theologie und Glaube 57, 28–47.
Pfeiffer, K. L. 1983: Wahrheit und Herrschaft. Zum systematischen Problem in Bacons New Atlantis, in: K. L. Berghahn/H. U. Seeber (Hrsg.): Literarische Utopien von Morus bis zur Gegenwart, Königstein, 50–58.
Prévost, A. 1978: L' Utopie de Thomas More, Paris.
Renaker, D. 1994: Miracle and Engineering. The Conversion of Bensalem in Francis Bacon's New Atlantis, in: Studies in Philology 87, 181–193.
Skinner, Q. 1987: Sir Thomas More's Utopia and the Language of Renaissance Humanism, in: A. Pagden (Hrsg.): The Languages of Political Theory in Early-Modern Europe, Cambridge.
Surtz S. J., E. 1957: The Praise of Pleasure. Philosophy, Education, and Communism in More's Utopia, Cambridge.
Süssmuth, H. 1967: Studien zur Utopia des Thomas Morus, Münster.
Van der Wal, G. A. 1965: Motieven in Th. Morus' Utopia, in: Tijdschrift voor Filosofie 27, 419–475.
Wartburg, W. v. 1968: Die Utopia des Th. Morus. Versuch einer Deutung, in: Discordia Concors. Festgabe für Edgar Bonjour zu seinem siebzigsten Geburtstag am 21. August 1968, Bd. 1, 63–103.
Weinberger, J. 1976: Science and Rule in Bacon's Utopia. An Introduction to the Reading of the *New Atlantis*, in: The American Political Science Review 70, 865–885.
Weiß, U. 2014: Francis Bacons Nova Atlantis (1627). Wissenschaft und Technik als Utopie, in: Schölderle, Th. (Hrsg.): Idealstaat oder Gedankenexperiment? Zum Staatsverständnis der klassischen Utopien, Baden-Baden.
Wooden, W. W. 1980: Utopia and Dystopia. The Paradigm of Thomas More's Utopia, in: Southern Humanities Review 14, 97–110.

5 Hintergrundliteratur

Baker, D. W. 1995: Topical Utopias. Radicalizing Humanism in Sixteenth-Century England, in: Studies in English Literature 35, 1–30.
Bauer, H. 1965: Kunst und Utopie. Studien über das Kunst- und Staatsdenken in der Renaissance, Berlin.
Boas, M. 1970: The Scientific Renaissance 1450–1630, London/Glasgow.
Carroll, C. 1996: Humanism and English Literature in the Fifteenth and Sixteenth Centuries, in: J. Kraye (Hrsg.): The Cambridge Companion to Renaissance Humanism, Cambridge.
Claeys, G. (Hrsg.) 2000: Restauration and Augustan British Utopias. Syracuse, NY.
Copenhaver, B. P./Schmitt, Ch. B. 1992: Renaissance Philosophy, Oxford/New York.
Dooley, P. K. 1986: Leisure and Learning in Renaissance Utopias, in: Diogenes 134, 19–44.
Hankins, J. 2007: The Cambridge Companion to Renaissance Philosophy, Cambridge.
Houston, C. (Hrsg.) 2010: New Worlds Reflected. Travel and Utopia in the Early Modern Period, Farnham.
Jones, R. F. 1975: Ancients and Moderns. A Study of the Rise of the Scientific Movement in Seventeenth-Century England, Gloucester, MA.
Klein, J. 1984: Radikales Denken in England: Neuzeit, Frankfurt/M./Bern/New York.
Klein, J. 1994: Vom Baconianismus der Royal Society bis zu John Locke: Identität, Individualität und Wissenschaftsfunktion im englischen Empirismus des späten 17. Jahrhunderts, in: S. Neumeister (Hrsg.): Frühaufklärung, München, 11–58.
Lesli, M. 1998: Renaissance Utopias and the Problem of History, Ithaka, NY.
Ludwig, H.-W. 1986: Thomas More's Utopia. Historical Setting and Literary Effectiveness, in: P. Boitani/A. Torti (Hrsg.): Intellectuals and Writers in Fourteenth-Century Europe, Tübingen/Cambridge.
McConica, J. K. 1965: English Humanists and Reformation Politics under Henry VIII. and Edward VI., Oxford.
McLean, A. 1972: Humanism and the Rise of Science in Tudor England. A Study of the Changes in the Intellectual Life of Tudor England and their Effects on Society, London.
Nipperdey, Th. 1962: Die Funktion der Utopie im politischen Denken der Neuzeit, in: Archiv für Kulturgeschichte 44, 357–378.
Warner, J. Ch. 1996: Utopia, and the Representation of Henry VIII, 1529–1533, in: Renaissance and Reformation/Renaissance et Reforme 20(4), 59–72.
Weber, K. 1931: Staats- und Bildungsideale in den Utopien des 16. und 17. Jahrhunderts, in: Historisches Jahrbuch der Görres-Gesellschaft 51, 307–338.
Webster, Ch. 1975: The Great Instauration. Science, Medicine, and Reform 1626–1660, London.
Willey, B. 1967: The Seventeenth Century Background, Harmondsworth.

6 Utopisches Denken und Utopieforschung

Berghahn, K./Seeber, U. (Hrsg.) 1983: Literarische Utopien von Morus bis zur Gegenwart, Königstein.
Biesterfeld, W. 1974: Die literarische Utopie, Stuttgart.
Bloch, E. 1969: Freiheit und Ordnung, Abriß der Sozialutopien, Reinbek bei Hamburg.

Bloch, E. 1980: Das Prinzip Hoffnung. Bd. 2, Frankfurt/M.
Claeys, G. 2010: Utopian Literature, Cambridge.
Davis, J.C. 1981: Utopia and the Ideal Society: A Study of English Utopian Writing 1516–1700, Cambridge.
Eliav-Feldon, M. 1982: Realistic Utopias. The Ideal Imaginary Societies of the Renaissance, 1516–1630, Oxford.
Engelhardt, W. W. 1969: Utopien als Problem der Sozial- und Wirtschaftswissenschaften, in: Zeitschrift für die gesamte Staatswissenschaft 4, 661–676.
Erzgräber, W. 1981: Utopie und Anti-Utopie, München.
Ferguson, J. 1975: Utopias of the Classical World, London.
Fortunati, V./Trousson, R. (Hrsg.) 2000: Dictionary of Literary Utopias, Paris.
Friedrich, G. 1974: Utopie und Reich Gottes. Zur Motivation politischen Verhaltens, Göttingen.
Frye, N. 1965: Varieties of Literary Utopias, in: Daedalus 94, 323–347.
Gnüg, H. (Hrsg.) 1981/1982: Literarische Utopie-Entwürfe, Frankfurt/M.
Goodwin, B./Taylor, K. 1982: The Politics of Utopia. A Study in Theory and Practice, London.
Hutchinson, S. 1987: Mapping Utopias, in: Modern Philology 85, 170–185.
Kamlah, W. 1969: Utopie, Eschatologie, Geschichtsteleologie, Mannheim.
Kumar, K. 1987: Utopia and Anti-Utopia in Modern Times, Oxford.
Kumar, K. 1991: Utopianism, Milton Keynes/Minneapolis.
Levitas, R. 1990: The Concept of Utopia, Hemel Hempstead/Syracuse, NY.
Liljegren, S. B. 1961: Studies on the Origin and Early Tradition of English Utopian Fiction, Uppsala.
Löffler, H. 1972: Macht und Konsens in den klassischen Staatsutopien, Köln.
Neusüss, A. ²1972: Begriff und Wesen des Utopischen, Berlin.
Manuel, F. E. 1966: Utopias and Utopian Thought, Boston.
Manuel, F. E./Manuel F. P. 1979: Utopian Thought in the Western World, Cambridge/Oxford.
Morton, A. L. 1952: The English Utopia. The 'Utopia' Tradition Throughout English Literature, London.
Moylan, T. 1986: Demand the Impossible. Science Fiction and the Utopian Imagination, London.
Pfister, M. (Hrsg.) 1982: Alternative Welten, München.
Pieper, A. 1998: Utopische Glücksentwürfe, in: J. Schummer (Hrsg.): Glück und Ethik, Würzburg, 69–81.
Roemer, K. M. 1976: The Obsolete Necessity. America in Utopian Writings, 1888–1900, Kent, Ohio.
Roemer, K. M. (Hrsg.) 1981: America as Utopia, New York.
Saage, R. 1988: Utopisches Denken im historischen Prozess. Eine sozial-philosophische Untersuchung, Stuttgart.
Sargent, L. T. 1988: British and American Utopian Literature, 1516–1985: An Annotated Chronological Bibliography, New York.
Sargent, L. T. 1994: The Three Faces of Utopianism Revisited, in: Utopian Studies 5 (1), 1–37
Schölderle, Th. 2012: Geschichte der Utopie, Köln/Weimar/Wien.
Schölderle, Th. (Hrsg.) 2014: Idealstaat oder Gedankenexperiment? Zum Staatsverständnis der klassischen Utopien, Baden-Baden.
Schwonke, M. 1957: Vom Staatsroman zur Science Fiction, Stuttgart.
Schulte-Herbrüggen, H. 1960: Utopie und Anti-Utopie, Bochum.
Seeber, H. U. 1970: Wandlungen der Form in der literarischen Utopie. Studien zur Entfaltung des utopischen Romans in England, Göppingen.

Seibt, F. 1972: Utopica. Modelle totaler Sozialplanung, Düsseldorf.
Servier, J. 1967: Histoire de l'utopie, Paris.
Soeffner, H.-G. 1974: Der geplante Mythos. Untersuchungen zur Struktur und Wirkungsbedingung der Utopie, Hamburg.
Spielvogel, J. 1987: Reflections on Renaissance Hermeticism and Seventeenth-Century Utopias, in: Utopian Studies 1, 188–197.
Spies, B. (Hrsg.) 1995: Ideologie und Utopie in der deutschen Literatur der Neuzeit, Würzburg.
Stephens, A. 1987: The Sun State and its Shadow. On the Condition of Utopian Writing, in: E. Kamenka (Hrsg.): Utopias. Papers from Annual Symposium of Australian Academy of Humanities, Melbourne.
Swoboda, H. 1972: Utopia: Geschichte der Sehnsucht nach einer besseren Welt, Wien.
Villgradter, R./Krey, F. (Hrsg.) 1973: Der utopische Roman, Darmstadt.
Voßkamp, W. (Hrsg.) 1982: Utopieforschung. Interdisziplinäre Studien zur neuzeitlichen Utopie, Stuttgart.
Winter, M. 1978: Compendium Utopiarum. Typologie und Bibliographie literarischer Utopien von der Antike bis zur Gegenwart. 2 Bde. Bd. 1, Stuttgart.

Personenregister

Adami, T. 9, 139
Agrippa von Nettesheim 151
Alexander der Große 132
Alkibiades 40
Anaxagoras 30
Andreae, J. V. 1, 54
Arendt, H. 34
Aristipp 90
Aristophanes 82, 102
Aristoteles ix, 1, 5, 11, 13, 58, 70, 82, 84, 89, 102, 118 f., 150, 169, 190 f., 201, 208
Augustinus 1–3, 113, 133, 188, 191

Baker-Smith, D. 45, 47
Beethoven, L. v. 205
Bellamy, E. 54
Bentham, J. 91, 203
Bien, G. 46
Birgitta von Schweden 127, 130
Bobbio, N. 111–115, 117 f., 121
Bock, G. 139
Bodin, J. 174
Boll, F. 46
Bradbury, R. 54
Brantl, D. 21
Bruno, G. 142, 149
Bubner, R. 46
Budé, G. 27, 52
Bugge, G. 193 f.
Busleyden, J. 23

Cabet, E. 54
Caesar, Gaius Julius 132
Calvin, J. 177
Calvino, I. 21
Chambers, R. W. 45, 49 f., 53, 68
Ciani, M. G. 29
Cicero, M. T. 30, 33, 38, 46
Clement, J. 25
Colet, J. 52
Comenius, J. A. 139
Contzen, E. v. 60–62
Cortés, H. 55
Croce, B. 139

Cyprian 4

D'Alembert, J.-B. 13
Dante Alighieri 115
Descartes, R. 9, 13, 16, 216
Di Scipio, G. 96
Dorsch, Th. S. 62
Dudok, G. 65

Edward IV. 45
Elias, N. 78
Engels, F. 91, 170, 207
Epikur ix, 5, 90
Erasmus von Rotterdam 3, 6, 23, 25 f., 45, 49 f., 52, 58, 64, 71, 73
Ernst, G. 9, 11, 140
Erzgräber, W. 58, 74, 77, 90
Euripides 82, 102

Ferdinand II. 53
Feuerbach, L. 139
Field, S. 169
Fiore, J. v. 127
Firpo, L. 25, 27, 30, 35 f., 140
Flasch, K. 10
Fourier, Ch. 1, 54
Franz I. 27, 36
Franz von Assisi 44
Freund, M. 72

Galen 82
Galilei, G. 9, 13, 142 f., 179 f., 184
Gama, V. d. 60
Gigon, O. 46
Gramsci, A. 139

Hagengruber, R. 141–144, 146, 149, 151–153
Hannibal 132
Harari, Y. N. 51
Harrington, J. 1, 54
Hegel, G. W. F. 13, 209
Heinisch, K. J. 21, 43, 193 f.
Heinrich VII. 45, 50
Heinrich VIII. 3, 27, 43, 47, 49–51, 53, 55, 66

Herodian 82
Herodot 70, 82, 102
Hertzka, Th. 54
Hexter, J. H. 22 f., 26, 34
Hippokrates 82
Hobbes, Th. 1, 61
Höffe, O. 28, 165, 170, 191, 212–214, 216
Homer 82, 102, 139
Horkheimer, M. 72
Hutten, U. v. 49, 52, 64
Huxley, A. 1, 34, 54, 207

Iser, W. 38
Jaeger, W. 46
Jakob I. 200, 206
Jonas, H. 214
Jünger, E. 1, 10

Kamlah, W. 78
Kant, I. 207, 209, 214, 216
Kapp, E. 46
Karl I. 23
Karl V. 27, 164
Katharina von Aragonien 3
Katharina von Siena 127, 130
Kautsky, K. 5, 48, 65
Kenyon, T. 36
Kepler, J. 13
Kessler, S. 99
Kolumbus, Chr. 60, 111, 149, 167, 184, 195, 199
Kopernikus, N. 13
Krohn, W. 157, 169
Kullmann, W. 46

Lafargue, P. 139
Lazzeri, C. 28
Leibniz, G. W. 153
Leonardo da Vinci 179
Lewis, C. S. 94
Locke, J. 153
Logan, G. M. 98
Lukian 4, 26, 60, 70, 82, 102
Lüsse, B. G. 66
Luther, M. 4, 9, 69

Machiavelli, N. 3 f., 9, 28, 43 f., 96

Mandeville, B. 1
Marinelli, L. 151
Martell, K. 51
Marx, K. 1, 13, 91, 207
McCutcheon, E. 24, 27
Mercier, L.-S. 54
Mersenne, M. 9
Meyer, E. 21
Mill, J. S. 91, 203
Möbus, G. 29, 33
Montaigne, M. d. 175
Morelly, E.-G. 54
Morkel, A. 46
Morris, W. 54
Mueller, J. 103, 105 f.
Müllenbrock, H.-J. 98 f.
Munier, G. 64

Nelson, E. 93
Newton, I. 184
Nietzsche, F. 13, 124
Nikolaus von Kues 128
Nipperdey, Th. 55

Oncken, H. 72
Orwell, G. 1, 34, 54, 207
Otto, S. 152
Owen, R. 54

Palissy, B. 14
Paludanus, J. 34
Palumbo, M. 139
Panno, G. 28, 31
Papst Franziskus 52
Papst Urban VIII. 9, 150
Pieper, A. 48
Pirckheimer, W. 52
Pizarro, F. 55
Platon ix, 1, 5–8, 11–13, 22, 29, 31 f., 47, 60, 65, 69 f., 82–85, 89, 96, 106, 113, 150, 152, 157–161, 165 f., 185, 203, 208, 210
Plutarch 70, 82, 102, 132
Postel, G. 128
Prévost, A. 26, 30
Proudhon, P.-J. 213

Quintilian 27

Rawley, W. 16, 157
Rawls, J. 214
Richard III. 4, 71
Richelieu, A.-J. 9 f., 127, 206
Riedt, H. 21
Ritter, G. 43, 48, 72
Roper, W. 49
Rousseau, J.-J. 13

Saint-Simon, H. d. 54
Salomon IX, 12, 15 f., 32, 163–165, 168, 176, 178–182, 184
Samjatin, E. 54
Schiller, F. 205
Schnabel, J. G. 1, 54
Schölderle, Th. 22, 29 f., 40, 48, 61, 66, 72
Schwarz, S. 67
Scipio 132
Seneca, L. A. 44, 119
Snell, B. 46
Sokrates 7, 40, 44, 89, 91, 96

Solon 16
Sophokles 82, 102
Sorge, Th. 29, 40
Surtz, E. 22 f., 26 f., 30, 34, 65

Telesio, B. 8, 127, 129, 146
Theophrast 82, 102
Thomas von Aquin 4, 37, 133
Thukydides 70, 82, 102
Trevisan, A. 35
Tunstall, C. 27, 73
Tyndale, W. 64

Vespucci, A. 29–31, 47, 55, 60
Voegelin, E. 22, 33
Vives, J. L. 52

Waldseemüller, M. 30
Weber, M. 55
White, Th. I. 94, 98
Wolsey, Th. 3, 50

Sachregister

Anthropologie 22, 26, 80, 113 f., 118, 169
Ausbildung (s. auch Erziehung und Bildung) 69, 101, 104, 106, 131 f., 151
Außenpolitik 5, 45, 131, 211

Bensalem 16 f., 158, 161, 164 f., 168, 171, 174 f., 176–179, 181, 184
Bildung 6, 8, 12, 53, 69 f., 73, 118

Christentum 3, 11, 16, 68, 102, 122, 128, 130, 139, 165, 174, 186 f., 194
Civitas Solis 2, 9 f., 127–130, 132 f., 136 f., 139, 142 f., 146, 152 f., 207 f.

England ix, 3–6, 14 f., 22, 27, 34 f., 37 f., 50 f., 54, 57, 59 f., 77, 174 f.
Erziehung (s. auch Ausbildung und Bildung) 4, 32, 34, 36, 65, 87, 89, 136, 142, 149–152, 184, 213
Ethik (s. auch Moral) 68, 89 f., 92

Fiktion 10, 21, 24, 35, 38, 40, 58, 61, 73, 174, 205
Finanzpolitik 45, 47
Forschung(seinrichtungen) ix, 13, 15, 17, 102, 162, 183, 185–203, 210
Fortschritt X, 13, 16, 66, 86, 95, 157, 158, 167–171, 192, 197, 201
Frauen 66, 69, 96, 103–106, 132, 135, 145, 150 f., 160, 197, 208
Fürstenberatung 46, 55

Gemeinbesitz 8, 160
Gerechtigkeit 2, 5, 17, 30, 68, 71, 78, 83 f., 89, 92, 98
Gerichtswesen 63, 65, 84, 144, 187
Gesellschaft 1 f., 5, 27, 29, 35, 45, 52, 54, 62, 66, 73, 77, 87 f., 91, 93 f., 100–106, 130 f., 146, 148, 157–161, 164–167, 170 f., 176, 200, 207–211, 214
Glaube 32, 68, 71, 95, 99, 102, 162, 174, 176 f., 188
Gleichheit, Gleichheitsprinzip 5, 77–79, 83 f., 86–88, 91 f., 104, 106, 145, 153

Glückseligkeit 66 f., 79, 100–102

Haus Salomon ix, 12,15 f., 32, 163–165, 168, 176, 178, 180, 182, 185, 187–193, 197–201, 203, 210
Hedonismus (s. auch Lust, Lüste) 90
Herrschaft 43, 113 f., 115, 118, 129, 131, 147, 149, 151, 160, 162–166, 170, 178, 213, 216
Ideal 7, 11, 15, 64, 69, 72, 91, 95, 143, 145, 148, 158
Krieg ix, 2, 5, 33, 36 f., 45, 48, 53 f., 58, 70 f., 93–98, 103 f., 116, 129, 131–136, 142, 165, 168, 182, 210
– Kriegspolitik 58, 70, 72, 131 f.
– Kriegswesen (s. auch Militär, Waffen) 71, 93–95, 103, 130 f., 142, 164
Kultur 1 f., 22 f., 30, 51, 55, 119, 148, 165, 190, 199

Landwirtschaft 6, 129 f., 132, 194
Lebensphilosophie 58, 71
Legitimation 15, 157 f., 160–164, 166–169
Lust, Lüste 66 f., 78–86, 89–91

Macht ix f., 6, 17, 95, 101, 112, 114–117, 123 f., 130 f., 134, 140, 152, 157, 160, 162, 166, 178, 189–191, 198, 202
Marxismus 91, 158, 170
Metaphysikus 12, 114, 116, 118, 120, 130 f., 141, 143, 147 f.
Militär (s. auch Krieg, Waffen) 83, 85, 116, 127 f., 131 f., 142
Mor 115, 123 f., 130, 141 f., 144, 147, 151
Moral (s. auch Ethik) 5, 21, 28, 46, 72, 77 f., 83 f., 89–92, 102, 105, 123, 202, 216

Nachhaltigkeit 151
Natur 14, 62, 100, 118–121, 128, 131, 157 f., 161–170, 178–184, 188, 197 f., 201 f., 215 f.
– Natur-Zähmung 180
– (Natur-)beherrschung 162, 166, 169, 170, 184, 189

Philosoph, Philosophie x, 1, 6 f., 12–15, 31–33, 35, 38 f., 43, 46, 50, 61, 68, 79, 82, 116 f., 119 f., 124, 127, 139 f., 142, 149 f., 152 f., 159 f., 165, 188, 190, 199

Politik 1–3, 5, 7, 10, 16, 27, 32 f., 40, 43, 47, 49, 62, 71, 131, 133, 158, 160 f., 163 f., 166, 186 f., 199

Privateigentum x, 5–7, 52, 57, 64, 73, 84, 106, 113, 136, 160, 203, 208

Rechtsprechung 92, 129
Reform 15, 51, 57, 59, 65, 72–74
Religion 5 f., 9, 16, 37, 58, 67 f., 73, 93, 99–103, 122, 128 f., 132–134, 137, 140 f., 150, 152, 174, 180, 187, 202, 211

Satire 7, 57, 71–73
Schlacht 104, 135 f.
Sieg 95, 136, 147
Sintflut 168, 175
Sklaven 38, 87
Sol 10, 12, 114 f., 117 f., 120, 130, 147
Sonnenstaat, Sonnenstadt ix, 10–12, 14, 111–115, 117 f., 120–122, 124 f., 128–133, 135 f., 139–153, 185, 206
Sozialordnung 58, 63, 65, 114, 153

Theologie 4, 12 f., 90, 103, 116, 123, 127 f., 130, 133, 162 f., 187 f.

Theorie 89, 116, 118, 120, 146, 149, 167, 170, 180, 192, 197 f.
Tugend 16, 21 f., 28, 35, 68, 71 f., 79 f., 83, 89 f., 100 f., 112, 117, 177, 203, 209
– Tugendethik 89 f.
Utilitarismus 48, 91
Utopia ix, 1–8, 10 f., 14, 21–23, 26–30, 32, 34, 36–40, 43, 45–55, 57–66, 68–74, 77, 78, 85–89, 91–95, 98–100, 102–106, 152, 159, 207 f.
Utopie ix f., 1f., 5, 10, 12, 16, 24, 28, 34, 40, 54 f., 57, 73 f., 91, 129 f., 139–141, 145 f., 151–153, 157–161, 173–175, 184–186, 200, 203, 205–216

Vernunft 8, 14, 23, 57, 61, 67 f., 70–73, 79 f., 85, 87, 99–101, 103, 122–124, 129, 131, 190, 202
Verwaltung 62 f., 147 f., 187
Vision 13, 77, 127 f., 131, 205, 212–216

Waffen(gattungen) (s. auch Krieg, Militär) 95, 131, 135, 147, 192–194
Weltfremdheit 10, 206–208, 212
Wirtschaftsordnung 58, 61, 63–65
Wissen, Wissenschaft ix f., 6, 11–13, 15–17, 33, 47 f., 66, 69, 82, 86, 102, 104, 114–121, 140–143, 145–153, 158–170, 176, 178–181, 183–185, 187–192, 194, 196–203
Wunder, natürliche 38, 180, 182

Hinweise zu den Autorinnen und Autoren

Luka Boršić ist wissenschaftlicher Mitarbeiter am Institut für Philosophie in Zagreb mit den Forschungsschwerpunkten Aristoteles, Renaissance-Philosophie und Ursprünge der modernen Wissenschaft sowie feministischer Philosophie. *Buchveröffentlichungen*: Renaissance Auseinandersetzung mit Aristoteles (Nizolio – Patrizi – Mazzoni) (2013), Franceso Patrizi – Ausstellungskatalog (2014; zusammen mit I. Skuhala Karasman). *Herausgeber*: Philosophie im Dialog mit den Wissenschaften (2013; zusammen mit I. Skuhala Karasman); Philosophie und die kroatische Sprache (2014; zusammen mit T. Jolić u. P. Šegedin); Physics and Philosophy (2015; zusammen mit I. Skuhala Karasman u. F. Sokolić). Übersetzungen aus dem Altgriechischen und Lateinischen (Platon, Patrizi, Cusanus).

Ruth Hagengruber ist Professorin für Praktische Philosophie an der Universität Paderborn und dortige geschäftsführende Leiterin des Fachs Philosophie. *Buchveröffentlichungen*: Tommaso Campanella. Eine Philosophie der Ähnlichkeit (1994); Nutzen und Allgemeinheit. Zu einigen grundlegenden Prinzipien der Praktischen Philosophie (2000). *Herausgeberin*: Philosophie und Wissenschaft – Philosophy and Science. Tagungsakten zum 70. Geburtstag von Wolfgang H. Müller (2002); Von Diana zu Minerva. Philosophierende Aristokratinnen des 17. und 18. Jahrhunderts (2010; zusammen mit A. Rodrigues); Emilie du Châtelet between Leibniz and Newton (2011); The Computational Turn: Past, Presents, Futures? (2011; zusammen mit Ch. Ess); Philosophy, Computing and Information Science (2014; zusammen mit U. Riss); Philosophinnen im Philosophieunterricht. Ein Handbuch (2015; zusammen mit J. Rohbeck).

Otfried Höffe ist Professor (em.) und Leiter der Forschungsstelle Politische Philosophie an der Universität Tübingen. *Buchveröffentlichungen (Auswahl)*: Praktische Philosophie. Das Modell des Aristoteles (1971, ³2008); Strategien der Humanität (1975, ²1985); Ethik und Politik. Grundmodelle und -probleme der praktischen Philosophie (1979, ⁶2008); Immanuel Kant (1983, ⁸2014); Politische Gerechtigkeit. Grundlegung einer kritischen Philosophie von Recht und Staat (1987, ⁴2003); Kategorische Rechtsprinzipien. Ein Kontrapunkt der Moderne (1990, ³1995); Aristoteles (1996, ⁴2014); Demokratie im Zeitalter der Globalisierung (1999, ²2002); Staatsbürger – Wirtschaftsbürger – Weltbürger (2004); Ist die Demokratie zukunftsfähig? (2009); Thomas Hobbes (2010); Kants Kritik der praktischen Vernunft. Eine Philosophie der Freiheit (2012); Die Macht der Moral im 21. Jahrhundert (2014); Kritik der Freiheit. Das Grundproblem der Moderne (2015). Herausgeber u. a. der Reihe „Denker" und „Klassiker Auslegen".

Andreas Kablitz ist Professor für Romanische Philologie und Allgemeine und Vergleichende Literaturwissenschaft an der Universität zu Köln und Direktor des dortigen Petrarca-Instituts. *Buchveröffentlichungen (Auswahl)*: Lamartines Méditations poétiques. Untersuchungen zur Bedeutungskonstitution im Widerstreit von Lesererwartung und Textstruktur (1985); Kunst des Möglichen. Theorie der Literatur (2012). *Herausgeber*: Mimesis und Simulation (1997; zusammen mit G. Neumann); Renaissance – Episteme und Agon: Für Klaus W. Hempfer anläßlich seines 60. Geburtstages (2007; zusammen mit G. Regn); Mittelalterliche Literatur als Retextualisierung: Das „Pèlerinage"-Corpus des Guillaume de Deguileville im europäischen Mittelalter (2014; zusammen mit U. Peters).

Corinna Mieth ist Professorin für Politische Philosophie und Rechtsphilosophie der Ruhr-Universität Bochum. *Buchveröffentlichungen*: Das Utopische in Literatur und Philosophie. Zur Ästhetik Heiner Müllers und Alexander Kluges (2003); Positive Pflichten. Über das Verhältnis von Hilfe und Gerechtigkeit in Bezug auf das Weltarmutsproblem (2012). *Herausgeberin*: Groundwork for the Metaphysics of Morals (2006; zusammen mit Ch. Horn u. D. Schönecker); Immanuel Kant. Grundlegung zur Metaphysik der Sitten (2007; zusammen mit Ch. Horn u. N. Scarano).

Giovanni Panno ist Lehrbeauftragter an der Universität Tübingen und Gymnasiallehrer für die Fächer Ethik/ Philosophie und Geschichte. *Buchveröffentlichungen*: Gesetz und Andersheit in Platons ‚Nomoi' (2005); Movimento della relazione e Schweben nelle Fichte Studien di Novalis (2007); Dionisiaco e alterità nelle Leggi di Platone (2007); *Herausgeber*: Il silenzio degli angeli. Il ritrarsi di Dio nella mistica medievale e moderna (2008); Temi antropologici, nuclei mitici e analisi letteraria (2008; zusammen mit P. Mura u. A. Barbieri); Annuario di filosofia (2010; zusammen mit M. Quaranta); L'anima della legge. Studi intorno ai Nomoi di Platone (2012; zusammen mit M. Bontempi).

Annemarie Pieper ist Professorin (em.) für Philosophie an der Universität Basel (Schweiz) und Romanautorin. *Buchveröffentlichungen (Auswahl)*: Einführung in die Ethik (1991; [6]2007); Gut und Böse (1997, [3]2008); Selber denken. Anstiftung zum Philosophieren (1997, [5]2002); Gibt es eine feministische Ethik? (1998); Glückssache. Die Kunst, gut zu leben (2001, [3]2004); Die Klugscheisser GmbH. Roman (2006); Satans Austreibung. Roman (2010); Nachgedacht: Philosophische Streifzüge durch unseren Alltag (2014). *Herausgeberin*: Die Macht der Freiheit. Jeanne Hersch zum 80. Geburtstag (1990); Geschichte der neueren Ethik (1992); Was sollen Philosophen lesen? (1994; zusammen mit U. Thurnherr); Philosophische Disziplinen. Ein Handbuch (1998, [2]2004); Angewandte Ethik. Eine Einführung (1998; zusammen mit U. Thurnherr).

Hinweise zu den Autorinnen und Autoren — **235**

Volker Reinhardt ist Professor für Allgemeine und Schweizer Geschichte der Neuzeit an der Universität Freiburg (Schweiz). *Buchveröffentlichungen (Auswahl)*: Die Renaissance in Italien. Geschichte und Kultur (2002, ³2012); Geschichte Italiens (2003, 42011); Geschichte Roms. Von der Antike bis zur Gegenwart (2008, ²2014); Die Geschichte der Schweiz. Von den Anfängen bis zur Gegenwart (2011, ²2014); Machiavelli oder Die Kunst der Macht. Eine Biographie (2012); Pius II. Piccolomini. Der Papst, mit dem die Renaissance begann. Eine Biographie (2013); Schweizer Mythen. Der Stoff, aus dem die Mythen sind – oder auch nicht (2014); De Sade oder die Vermessung des Bösen. Eine Biographie (2014). *Herausgeber*: Hauptwerke der Geschichtsschreibung (1997); Die Kreise der Nepoten. Neue Forschungen zu alten und neuen Eliten Roms in der frühen Neuzeit (2001; zusammen mit D. Büchel); Modell Rom? Der Kirchenstaat und Italien in der Frühen Neuzeit (2003; zusammen mit D. Büchel).

Wilhelm Schmidt-Biggemann ist Professor für Philosophie an der Freien Universität Berlin. *Buchveröffentlichungen (Auswahl)*: Topica Universalis. Eine Modellgeschichte humanistischer und barocker Wissenschaft (1983); Philosophia perennis. Historische Umrisse abendländischer Spiritualität in Antike, Mittelalter und Früher Neuzeit (1998); Apokalypse und Philologie. Wissensgeschichten und Weltentwürfe der Frühen Neuzeit (2007); Geschichte Wissen. Eine Philosophie der Kontingenz im Anschluss an Schelling (2014). *Herausgeber*: Das Böse. Eine historische Phänomenologie des Unerklärlichen (1993; zusammen mit C. Colpe); Grundriß der Geschichte der Philosophie des 17. Jahrhunderts (2001; zusammen mit H. Holzhey); Heinrich Khunrath: Amphitheatrum Sapientiae Aeternae. Schauplatz der ewigen allein wahren Weisheit (2014; zusammen mit C. Gilly, A. Hallacker u. H.-P. Neumann). Herausgeber u. a. der Reihe „Clavis Pansophiae" (zusammen mit Ch. Lohr) und der „Scientia Poetica" (zusammen mit L. Danneberg, H. Thomé u. F. Vollhardt).

Thomas Schölderle ist Publikationsreferent und wissenschaftlicher Redakteur der Akademie für Politische Bildung in Tutzing und Dozent an der Hochschule für Politik München. *Buchveröffentlichungen*: Das Prinzip der Macht. Neuzeitliches Politik- und Staatsdenken bei Thomas Hobbes und Niccolò Machiavelli (2002); Utopia und Utopie. Thomas Morus, die Geschichte der Utopie und die Kontroverse um ihren Begriff (2011); Geschichte der Utopie. Eine Einführung (2012). *Herausgeber*: Idealstaat oder Gedankenexperiment? Zum Staatsverständnis in den klassischen Utopien (2014).

Ivana Skuhala Karasman ist wissenschaftliche Mitarbeiterin mit Forschungsschwerpunkt Renaissance-Philosophie und feministische Philosophie am Institut für Philosophie in Zagreb. *Buchveröffentlichungen*: Auf der Suche nach dem Wissen über die Zukunft (2013), Franceso Patrizi – Ausstellungskatalog (2014; zusammen mit L. Boršić). *Herausgeberin*: Philosophie im Dialog mit den Wissenschaften (2013; zusammen mit L. Boršić); Physics and Philosophy (2015; zusammen mit L. Boršić u. F. Sokolić).

Jörg Tremmel ist Juniorprofessor für generationengerechte Politik an der Universität Tübingen. *Buchveröffentlichungen*: Nachhaltigkeit als politische und analytische Kategorie. Der deutsche Diskurs um nachhaltige Entwicklung im Spiegel der Interessen der Akteure (2003); Bevölkerungspolitik im Kontext ökologischer Generationengerechtigkeit (2005); Eine Theorie der Generationengerechtigkeit (2012); Climate Ethics: Environmental Justice and Climate Change (2014; zusammen mit K. Robinson). *Herausgeber*: Unternehmensleitbild Generationengerechtigkeit – Theorie und Praxis (2005; zusammen mit G. Ulshöfer); Handbook of Intergenerational Justice (2006); Demographic Change and Intergenerational Justice. The Implementation of Long-Term Thinking in Political Decision-Making (2008); A Young Generation Under Pressure? Financial Situation and ‚rush hour of life' of the Cohorts 1970–1985 in a Generational Comparison (2010); Generationengerechte und nachhaltige Bildungspolitik (2014); Politische Beteiligung junger Menschen. Grundlagen – Perspektiven – Fallstudien (2015; zusammen mit M. Rutsche).

www.ingramcontent.com/pod-product-compliance
Lightning Source LLC
Chambersburg PA
CBHW051115230426
43667CB00014B/2585